Paul Schmitz
Heinz Bons
Rudolf van Megen

**Software-Qualitätssicherung —
Testen im Software-Lebenszyklus**

Programm Angewandte Informatik

Herausgeber:
Paul Schmitz
Norbert Szyperski

Wulf Werum / Hans Windauer:
Introduction to PEARL
Process and Experiment Automation Realtime Language

Joachim Kanngiesser:
Die Abrechnung von ADV-Systemleistungen

*Eric D. Carlson / Wolfgang Metz / Günter Müller /
Ralph H. Sprague / Jimmy A. Sutton:*
Display Generation and Management Systems (DGMS)
for Interactive Business Applications

Bernd Rosenstengel / Udo Winand:
Petri-Netze, Eine anwendungsorientierte Einführung

*Norbert Szyperski / Erwin Grochla / Ursula M. Richter /
Wilfried P. Weitz (Eds.):*
Assessing the Impacts of Information Technology

Paul Schmitz / Heinz Bons / Rudolf van Megen:
Software-Qualitätssicherung — Testen im Software-Lebenszyklus

Christina Tiedemann:
Kostenrechnung für Rechenzentren

Norbert Szyperski / Margot Eul-Bischoff:
Interpretative Strukturmodellierung

Günther Becher:
Datenverarbeitung im Luftverkehr

Paul Schmitz
Heinz Bons
Rudolf van Megen

Software-Qualitätssicherung –
Testen im
Software-Lebenszyklus

2., durchgesehene Auflage

Mit 64 Bildern

Friedr. Vieweg & Sohn   Braunschweig/Wiesbaden

CIP-Kurztitelaufnahme der Deutschen Bibliothek

Schmitz, Paul:
Software-Qualitätssicherung — Testen im Software-
Lebenszyklus/Paul Schmitz; Heinz Bons; Rudolf
van Megen. — 2., durchges. Aufl. — Braunschweig;
Wiesbaden: Vieweg, 1983.
  (Programm Angewandte Informatik)

NE: Bons, Heinz:; Megen, Rudolf van:

1. Auflage 1982
2., durchgesehene Auflage 1983

ISBN 978-3-528-13592-8   ISBN 978-3-322-86225-9 (eBook)
DOI 10.1007/978-3-322-86225-9

Geleitwort der Herausgeber

Die Verbesserung der Software-Entwicklung durch Bereitstellung geeigneter Methoden, Verfahren und Werkzeuge ist ein Anliegen, das gerade beim Praktiker einen immer höheren Stellenwert einnimmt. Ergebnisse der Forschung bieten zwar eine Vielzahl unterschiedlicher Lösungsmöglichkeiten, sie sind aber noch nicht ausreichend, die Probleme der Praxis vollständig zu lösen.

Während in den letzten zehn Jahren relativ viel hinsichtlich der konstruktiven Maßnahmen zur Software-Entwicklung und hier eine große Palette von Methoden, Verfahren und Werkzeugen erarbeitet worden ist, wurde der Bereich der Qualitätssicherung und des Testens nur wenig beachtet, da man wohl glaubte, durch eine gute Konstruktion würden analytische Maßnahmen überflüssig. In den letzten Jahren erkannte man aber, daß gerade die Analyse einen bedeutenden Einfluß auf die Qualität von Software hat; nur die Kombination von Konstruktion und Analyse führt zu brauchbaren Produkten.

In dem vorliegenden Buch wird das Testen als Element der Analyse und als Methode der Qualitätssicherung behandelt. Den Herausgebern erscheint dieses Buch als erste geschlossene Darstellung wesentlicher Teile einer durchgehenden Systematik für das Testen von Dokumenten und Programmen im Software-Lebenszyklus. Hierdurch wird der für die Systematisierung des Testens notwendige Rahmen geschaffen, der als Grundlage für die Verbesserung der Effektivität des Testens und damit der Software-Entwicklung notwendig ist.

Paul Schmitz   Norbert Szyperski

Vorwort zur 1. Auflage

Wenn Fehler in Software-Produkten während des Betriebs auftreten, ist dies nicht ausschließlich darauf zurückzuführen, daß in der Entwicklung zu wenig getestet worden ist. Durch verschiedene Umfragen konnten Anteile des Testaufwands (einschließlich Pilottest) am Gesamtaufwand der Software-Entwicklung von bis zu 70 % ermittelt werden (siehe Abb. 0-1). Durchschnittlich kann man davon ausgehen, daß zwischen 30 % und 50 % des Gesamtaufwands der Software-Entwicklung für Testen aufgewendet werden.

Umfrage	Testaufwand
(U1)	20—30 % bzw. 20—40 %
(U2)	60—70 % inklusive Pilottest
(U3)	° 30—50 % für Anwendungssoftware
	° 30—40 % für Systemsoftware

Abb. 0-1: Aufwand des Testens als Anteil des gesamten
Entwicklungsaufwands /BONS82c/
U1: /SCHM78/; U2: /SCHM80a/; U3: /SCHM81/

Sofern der Aufwand für Testen nicht zu gering ist, sondern vielfach als zu hoch bezeichnet wird, ergibt sich zwangsläufig die Frage nach den Ursachen für die dennoch häufig bemängelte Qualität von Software-Produkten. Ursachen sind vielfach, daß zwar eine Vielzahl von Tests durchgeführt werden, jedoch überwiegend zum falschen Zeitpunkt und mit der falschen Vorgehensweise. Vorhandene Fehler werden zu spät gefunden, d. h. später als eigentlich möglich, wodurch zwangsläufig Folgefehler in den Entwicklungsschritten entstehen. Darüber hinaus werden teilweise Methoden verwendet, die nicht effizient sind. So werden z. B. für den Abnahmetest über einen bestimmten Zeitraum ausschließlich Parallelläufe durchgeführt, wobei von vornherein sicher ist, daß eine Vielzahl von Normalfällen verarbeitet werden, aber die — immer wieder zu Fehlverhalten führenden — Grenzwerte oder Falschwerte nicht systematisch einbezogen werden.

Zweck des Buches ist es, die Aufgaben des Testens im Software-Lebenszyklus und die hierbei anzuwendenden Vorgehensweisen zu beschreiben sowie einen Überblick über Methoden zur Durchführung der Testaktivitäten zu geben.

Sofern der Leser dieses Buches über praktische Erfahrungen bei der Entwicklung, Pflege oder Anpassung bzw. beim Betrieb von Software-Produkten verfügt, ist er schon einmal in irgendeiner Form mit Fehlern konfrontiert worden. Aufgrund dieser Erfahrungen ist er in der Lage zu beurteilen, ob diese Fehler durch Zufall oder aufgrund einer systematischen Vorgehensweise zur Aufdeckung dieser Fehler erkannt worden sind; er kann ferner beurteilen, ob die Vorgehensweise zur Fehlererkennung effizient war oder ob er ggf. mit weniger Aufwand die gleichen bzw. mit dem gleichen Aufwand eine größere Zahl von Fehlern — evtl. in kürzerer Zeit — hätte erkennen können. Nachfolgend sollen die Grundlagen für eine Verbesserung der Vorgehensweise des Testens bei der Software-Produktion gegeben werden.

Das Buch ist auf folgende Lesergruppen ausgerichtet:

— Leiter von DV-Abteilungen bzw. Leiter der Software-Entwicklung,
— Projektleiter,
— Systemplaner und Systemanalytiker,
— DV-Organisatoren bzw. Fachorganisatoren,
— Programmierer,
— Test-/Qualitätssicherungsgruppen,
— Anwender(-vertreter),
— DV-Revisoren.

Der Aufbau des Buches und die Einordnung und Abgrenzung des Inhalts ist aus Abb. 0-2 ersichtlich: Nach der Einordnung des Testens in die Qualitätssicherung (Abschnitt 2) wird zunächst auf die Testaufgaben (Abschnitt 3) eingegangen. In Abschnitt 4 werden die Testphasen beschrieben. Die Aktivitäten der Testdurchführung werden im fünften Abschnitt beschrieben. In Abschnitt 6 wird auf das Testmanagement, d. h. die Planung und Kontrolle des Testprozesses, eingegangen. Die Vorgehensweise zur Testdokumentationserstellung ist Gegenstand des Abschnitts 7.

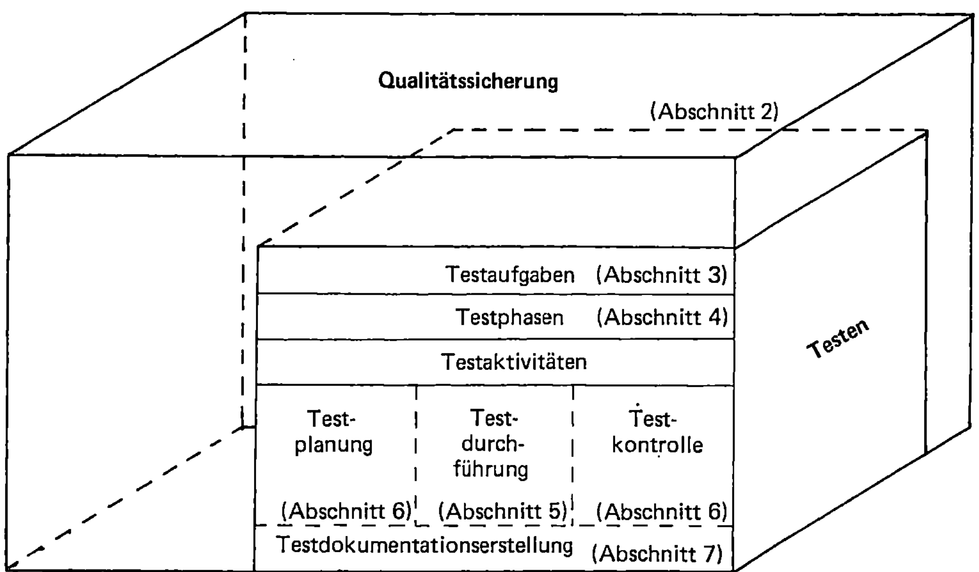

Abb. 0-2: Aufbau des Buches und Einordnung/Abgrenzung des Inhalts

Lesergruppe \ Abschnitt	1	2	3	4	5	6	7	8
— Leiter DV-Abteilung/ Software-Entwicklung	*	***				**	*	*
— Projektleiter	*	**	***	**	*	***	***	*
— Systemplaner	*	*	*	*	***		**	*
— DV-Organisatoren/ Fachorganisatoren	*	*	**	*	***		**	*
— Systemanalytiker	*	*	**	*	***		**	*
— Programmierer	*	*	*	*	***		**	*
— Test-/Qualitäts- sicherungsgruppen	*	**	**	**	**	**	**	*
— Anwender	*		*	*	**		*	*
— DV-Revisoren	*		**	**	**	*	***	*

Abb. 0-3: Bedeutung der Abschnitte des Buches für Lesergruppen
*: zur allgemeinen Information, **: wichtig für Lesergruppe,
***: sehr wichtig für Lesergruppe

Abbildung 0-3 gibt eine Zuordnung der einzelnen Kapitel zu Lesergruppen. Hierdurch soll eine Gewichtung der Bedeutung einzelner Abschnitte für die jeweilige Lesergruppe zum Ausdruck gebracht werden.

Die im Buch verwendeten Definitionen wurden teilweise im Laufe von Arbeiten zusammengestellt, die vom Bundesminister des Innern und vom Bundesminister für Arbeit und Sozialordnung finanziell unterstützt wurden. Einzelne Aspekte der in diesem Buch beschriebenen Vorgehensweise zum Testen sind in Fortführung von Ergebnissen erstellt worden, die im Rahmen des durch den Bundesminister für Forschung und Technologie und der Siemens AG geförderten Forschungs-Projekts „Softwaretechnologische Methoden für das Programmtesten und für die Aufwandschätzung" von den Autoren an der Universität zu Köln erarbeitet wurden. Einzelne Abschnitte dieses Buches wurden als Teil einer Seminardokumentation (MEGE82a) veröffentlicht.

An dieser Stelle möchten wir Herrn KKp. Jürgen Röttges für die wertvollen Anregungen bei der Durchsicht des Manuskripts dieses Buches unseren herzlichen Dank aussprechen. Ganz besonderer Dank gilt Herrn Dipl-Kfm. Heiner Diesteldorf für die Unterstützung bei der kritischen Überarbeitung des Manuskripts und für zahlreiche wertvolle Anregungen.

Dem Vieweg-Verlag danken wir für die gute Zusammenarbeit, die nicht zuletzt die schnelle Drucklegung des Buches ermöglicht hat.

Köln, im Oktober 1982

Paul Schmitz
Heinz Bons
Rudolf van Megen

Vorwort zur 2. Auflage

Der Stellenwert der Software-Qualitätssicherung in der Praxis, aber auch die Unsicherhei·
hinsichtlich der geeigneten methodischen Vorgehensweise haben das Thema Qualitäts
sicherung zu einem der zentralen Rationalisierungsaspekte in der Software-Entwicklun(
werden lassen. Die Grundidee des Buches, einen definitorischen und methodisch abge
sicherten Rahmen für die Qualitätssicherung und das Testen zu geben, hat sich bewähr·
und findet bei den Praktikern große Resonanz. Es erscheint zum jetzigen Zeitpunkt nich·
notwendig, das Konzept des Buches grundlegend zu überarbeiten.
In der 2. Auflage wurden Schreibfehler korrigiert oder andere formale Korrekturen vorge
nommen. Für Hinweise auf Fehler in der ersten Auflage des Buches danken wir aller
Lesern recht herzlich.

Paul Schmitz
Heinz Bons
Rudolf van Megen

Köln, im Juli 1983

Inhaltsverzeichnis

1 Systematisierung und Automatisierung in der Software-Produktion

Der Anteil der Software bei der Erfüllung von Aufgaben nimmt ständig zu. Gleichzeitig wächst die Komplexität der Anwendungssysteme durch die Beziehungen und Verflechtungen ihrer Teilsysteme untereinander. Je größer die Komplexität wird, desto notwendiger ist die systematische Vorgehensweise bei der Erstellung einzelner Software-Produkte. Diese Notwendigkeit ergibt sich auch aus dem immer noch sehr hohen Anteil der Aufwendungen für die Wartung von Software-Produkten gegenüber den Aufwendungen für die Neuentwicklung von Software-Produkten; das Aufwandsverhältnis ist nicht zuletzt dadurch bedingt, daß während der Erstellung von Software-Produkten, ggf. der Software-Produktion, nicht systematisch vorgegangen wird.

1.1 Software-Produkte und Software-Produktion

Ergebnisse von Software-Projekten sind Software-Produkte.

Das Gesamtergebnis eines Software-Projekts muß nicht zwangsläufig eine abgeschlossene Lösung für einen eigenständigen Aufgabenkomplex sein; es kann sich auch um einen Bestandteil innerhalb einer größeren Lösung (Teilprodukt) handeln. Ein Software-Produkt kann ein vorläufiges Ergebnis des Software-Projekts (Zwischenprodukt) oder ein endgültiges Ergebnis (Endprodukt) darstellen.

Für die Erstellung der Software-Produkte, d.h. die Software-Produktion, ist eine geeignete Vorgehensweise zu wählen (siehe Abb. 1-1). Eine Beschreibung der unterschiedlichen Software-Produkte soll in diesem Buch nicht erfolgen; vielmehr steht die Software-Produktion im Vordergrund der Betrachtung. Die unterschiedlichen Aktivitäten der Software-Produktion (Konstruieren, Analysieren und Dokumentieren bzw. Planen, Durchführen und Kontrollieren) werden in Abschnitt 1.2 beschrieben.

Da Software nicht allein Programme umfaßt, sondern auch die erforderlichen Dokumente unter diesen Begriff fallen, ist die Software-Produktion ebenfalls auf die Erstellung von Dokumenten und Programmen ausgerichtet.

Die Vorgehensweise bei der Software-Produktion wird durch die Aufgaben, die Zeitpunkte (Phasen), die Aktivitäten, die Aufgabenträger und die Techniken determiniert (siehe Abb. 1-2). Während durch die erstgenannten Größen das WAS, das WANN, das WIE und das WER bei der Software-Produktion festgelegt werden, determinieren die Techniken das WOMIT.

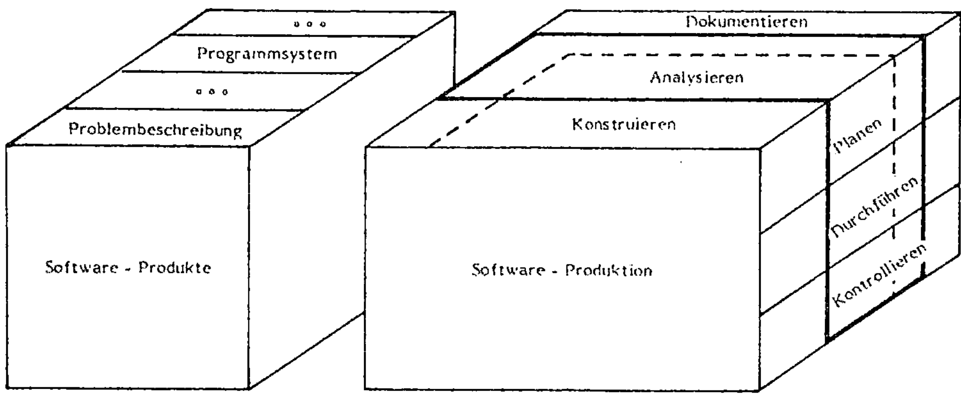

<u>Abb. 1-1:</u> Software-Produkte und Software-Produktion

> **Software-Produkt**
> Ergebnis oder Teilergebnis eines Software-Projekts.
>
> **Dokument**
> Jedes schriftlich fixierte Produkt von bleibender Bedeutung als Ergebnis einer
> Aktivität innerhalb eines Software-Projekts.
>
> Anmerkung: Nachfolgend soll die Bezeichnung Dokument ausschließlich für
> solche Software-Produkte verwendet werden, die keine Programme
> sind.
>
> **Programm[1]**
> Vollständige Folge von Anweisungen einschließlich der erforderlichen Ver-
> einbarungen, die direkt oder nach automatischer Überführung (z.B. durch
> Übersetzer) auf einer ADV-Anlage selbständig ausführbar sind.

Die Beschreibung der Vorgehensweise bei der Software-Produktion dient insgesamt
zur Systematisierung des Erstellungsprozesses. Es sei allerdings darauf hingewiesen,
daß die vielfach im Vordergrund stehende Betrachtung der Techniken für die Software-Produktion allgemein und dabei besonders für das Testen von nachrangiger Bedeutung ist; zunächst ist der Rahmen zu schaffen, durch den festgelegt wird, WAS,
WANN, WIE, WER zu tun hat.

---

1) Es wird hier aus Gründen der Praktikabilität nicht auf die Definition
   nach DIN 44 300 /DIN75/ zurückgegriffen.

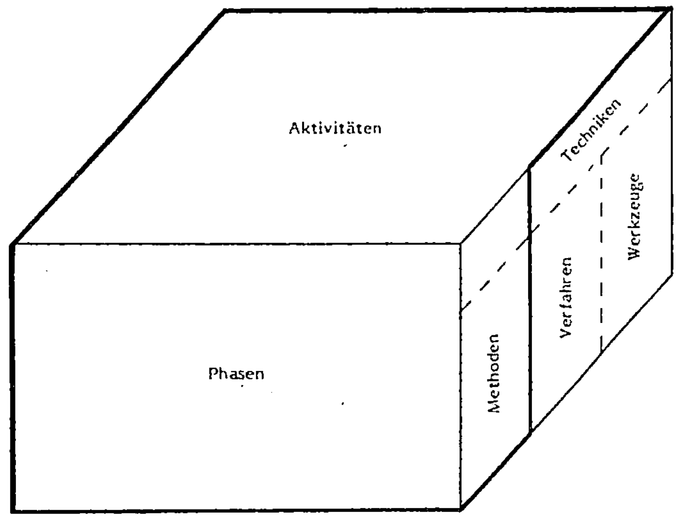

Abb. 1-2:   Vorgehensweise bei der Software-Produktion

Die Bedeutung der Techniken ist zwar ebenfalls nicht zu unterschätzen; allerdings verspricht eine isolierte Betrachtung der Techniken ohne die vorhergehende detaillierte Festlegung der zu bestimmten Zeitpunkten durchzuführenden Aktivitäten nicht den erwünschten Erfolg, da die Ziele und der Rahmen für die Anwendung der Techniken fehlen.

Technik
Zielgerichtete Form einer Vorgehensweise zur Lösung einer Klasse von Problemen.

Methode
Planmäßig angewendete, begründete Vorgehensweise zur Erreichung festgelegter Ziele.

Verfahren
Konkrete Methode, die keine weitere Differenzierung der Darstellung bzw. Lösung einer Klasse von Problemen notwendig macht.

Werkzeug
Automatisiertes, insbesondere rechnergestütztes Verfahren.

Ist die Basis erstellt, sind darauf aufbauend die Techniken, und zwar zunächst die
Methoden, in die Betrachtung einzubeziehen. Erst danach sind Verfahren und Werkzeuge schrittweise in die Systematik zu integrieren. Besonders herauszustellen ist,
daß die verschiedentlich geforderte und als unbedingte Notwendigkeit bezeichnete
Automatisierung von Aktivitäten nicht immer erfolgversprechend ist. Dies resultiert
einerseits daraus, daß für bestimmte Aktivitäten keine Werkzeuge zur Verfügung
stehen, darüber hinaus aber wesentliche Aktivitäten i.a. nicht-automatisiert durchzuführen sind.

A u t o m a t i s i e r u n g ist erst nach Abschluß wesentlicher Teile der S y s t e -
m a t i s i e r u n g voranzutreiben, da sonst sogenannte Insellösungen erstellt werden, die dem Anspruch an ein geschlossenes Software-Engineering-Environment
nicht entsprechen.

Diese Erkenntnis ist nicht zuletzt der wesentliche Grund dafür, daß in diesem Buch
ausschließlich auf einen bestimmten Teil der zu bestimmten Zeitpunkten durchzuführenden Aktivitäten und die hierbei anzuwendenden Methoden eingegangen wird
(siehe den in Abb. 1-2 gekennzeichneten Teil). Aufbauend auf diesen wesentlichen
Teilen der Systematik sind erst in einem Folgeschritt Verfahren und Werkzeuge zu
bearbeiten.

1.2 Testen als Teil der Software-Produktion

Die Beschreibung der Vorgehensweise bei der Software-Produktion kann sich auf
unterschiedliche Klassen von Aktivitäten (Grundfunktionen) beziehen.

> Grundfunktion
> Funktional zusammengehörige Klasse von Aktivitäten, die generell Bestandteil
> aller Phasen eines Software-Projekts sind.

Die Zusammenfassung von Aktivitäten in Software-Projekten zu Grundfunktionen
kann unter verschiedenen Blickwinkeln geschehen. Eine Gruppe bilden die Grund-
funktionen:
- Konstruieren,
- Analysieren,
- Dokumentieren.

Als klassifizierendes Merkmal dieser Gruppe können u.a. ergebnisbezogene Kriterien
herangezogen werden.

> Konstruieren
> Grundfunktion zur Erstellung (i.e.S.) der Software-Produkte.
>
> Analysieren
> Grundfunktion zur Bewertung von Software-Produkten sowie zur Aufdeckung von Fehlern.
>
> Dokumentieren
> Grundfunktion zur Sammlung, Ordnung, Speicherung und Bereitstellung von Informationen über durchgeführte Aktivitäten innerhalb eines Projekts sowie über Aufbau, Funktionen, Eigenschaften und Anwendung von Software-Produkten.

Unter einem anderen Blickwinkel lassen sich die Aktivitäten in Software-Projekten in den Grundfunktionen

- Planen,

- Durchführen und

- Kontrollieren

zusammenfassen. Werden diese Grundfunktionen global hinsichtlich der gesamten Software-Produktion betrachtet, kommen i.d.R. für die genannten Grundfunktionen unterschiedliche Aufgabenträger in Betracht. So kann man davon ausgehen, daß Planen und Kontrollieren i.a. von Aufgabenträgern der Managementebene (z.B. Projektleitern) wahrgenommen werden, während die Aktivitäten des Durchführens von Aufgabenträgern der Sachbearbeitungsebene (z.B. Systemanalytiker, Programmierer etc.) realisiert werden[2].

> Planen
> Grundfunktion zur Festlegung der Ziele sowie der Maßnahmen und Handlungen, die zur Erreichung der Ziele notwendig sind.
>
> Durchführen
> Grundfunktion zur Verwirklichung der in der Planung festgelegten Ziele eines Software-Projekts.
>
> Kontrollieren
> Grundfunktion zur Überwachung und Steuerung der Ziele sowie Maßnahmen und Handlungen zur Zielerreichung im Hinblick auf die Vorgaben des Planens.

Die Grundfunktionen sind sämtlich nicht auf einen bestimmten Zeitabschnitt innerhalb eines Software-Projekts begrenzt, sondern können in allen Phasen des Software-Lebenszyklus bezogen auf alle möglichen Software-Produkte durchgeführt werden. Weiterhin ist zu beachten, daß die oben beschriebenen Grundfunktionsgrup-

---

2) Mit dieser Abgrenzung soll das den folgenden Ausführungen zugrunde liegende Verständnis der Grundfunktionen "Planen", "Durchführen" und "Kontrollieren" verdeutlicht werden.

pen selbständige Dimensionen darstellen, d.h. die Durchführung eines Elementes einer Grundfunktionsgruppe von allen Elementen der anderen Gruppe überlagert wird. So ist z.B. die Grundfunktion des Analysierens zu planen, durchzuführen und zu kontrollieren.

Testen ist neben der Zuordnung zum "Analysieren" auch einem Teilbereich des "Dokumentierens" zuzuordnen; neben dem Testen sind andere Methoden des Analysierens vorhanden (vgl. hierzu Abschnitt 2.4.1). Testen ist im Software-Lebenszyklus neben der eigentlichen Durchführung sowohl Gegenstand des Planens als auch des Kontrollierens (siehe den in Abb. 1-1 gekennzeichneten Teil).

> **Testen**
> Eine Methode zur Aufdeckung von Fehlern in Software-Produkten.
>
> **Fehler**
> Jegliche Abweichung in Inhalt, Aufbau und Verhalten eines Testobjekts zwischen ermittelten, beobachteten, gemessenen Daten einerseits und den entsprechenden, in den Zielvorgaben spezifizierten oder theoretisch gültigen Daten andererseits.

Das Aufdecken von Fehlern ist im gesamten Software-Lebenszyklus von Bedeutung und zielt darauf ab, in Zwischen- oder Endprodukten vorhandene Unzulänglichkeiten im weitesten Sinne zu erkennen. Unter dem Begriff "Testen" wird vielfach ausschließlich die Fehlererkennung in Programmen subsumiert, während das Aufdecken von Fehlern in Dokumenten, d.h. in allen nicht in Form von Programmen vorliegenden Zwischen-/Endprodukten im Software-Projekt, mit anderen Begriffen wie z.B. "Inspection", "Review", "Verification" etc. bezeichnet wird. Wegen der ähnlichen Vorgehensweise bei der Fehlererkennung in Dokumenten und in Programmen wird "Testen" in diesem Buch - und dieser Gedanke setzt sich in der Praxis immer mehr durch - als eine Methode zur Fehlererkennung in allen Arten von Zwischen- und Endprodukten des Software-Lebenszyklus verstanden.

Im Software-Lebenszyklus werden hier folgende vier Phasen differenziert:
- Entwicklung,
- Abnahme,
- Betrieb sowie
- Pflege und Anpassung.

Diese Phasen stellen - neben den zuvor genannten Aktivitäten (Konstruieren, Analysieren und Dokumentieren bzw. Planen, Durchführen und Kontrollieren) eine dritte Dimension von Grundfunktionen dar. Hinsichtlich des Entwicklungsprozesses ergibt sich insbesondere die Notwendigkeit, in weitere Phasen zu differenzieren (siehe

Abb. 1-3). Den einzelnen Projektphasen[3] sind in Abbildung 1-3 die zu erstellen-
den Ergebnisse (Zwischen-/Endprodukte) zugeordnet. Hierdurch wird dem Leser die
Transformation auf ein anderes Phasenmodell erleichtert.

Testen ist hinsichtlich der Phasen des Entwicklungsprozesses - dies ist auf den gesamten Software-Lebenszyklus übertragbar - nicht einer bestimmten Phase zuzuordnen; vielmehr sollte es so sein, daß "a well-planned test approach will start in
parallel with program development, making it possible ... to detect errors at the
earliest possible time ..." /HART77, S. 285/.

1.3 Systematisierung des Testens im Software-Lebenszyklus

Testen im Software-Lebenszyklus kann unter verschiedenen Blickrichtungen betrachtet werden, wobei inzwischen durch Praxisnachweis bestätigt worden ist, daß
eine Ausrichtung auf die Systematisierung der Durchführung von Aktivitäten des
Testens im Software-Lebenszyklus eher einen Beitrag zur Verbesserung des Testens
liefert als die rein technische Betrachtung des Testens.

T e s t e n   d i e n t hinsichtlich einer Vielzahl von Eigenschaften von Software-
Produkten z u r A u f d e c k u n g v o n F e h l e r n ; darüber hinaus kann Testen
hinsichtlich einiger anderer Eigenschaften auch zum Nachweis der Fehlerfreiheit
verwandt werden.[4] Die Formulierung dieser Zielsetzung ist insbesondere wegen
der psychologischen Einstellung des Testträgers wichtig, da verständlicherweise ein
Entwickler, der ein bestimmtes Zwischen-/Endprodukt erstellt hat, grundsätzlich
eher daran interessiert ist festzustellen, daß sein Werk "richtig" arbeitet, als daß es
fehlerhaft ist /BROOK75/. Dies resultiert nicht zuletzt aus der Tatsache, daß im
Fehlerfall zusätzliche Arbeit - bei der allgemein knappen Zeit - erforderlich wird.

Insbesondere aber ist das Aufdecken von Fehlern auch ein Problem gegenüber dem
Management. Vielfach wird die Tatsache, daß in einem Software-Produkt - ggf.
viele - Fehler gefunden worden sind, von Verantwortlichen eher negativ als positiv
betrachtet. Diese Einstellung mag in gewissem Maße begründet sein, denn ein Software-Produkt, in dem eine Vielzahl von Fehlern gefunden worden ist, könnte ja noch
weitere Fehler enthalten; andererseits muß jeder Verantwortliche für die Software-Produktion wissen, daß eine fehlerfreie Software-Produktion (bisher) i.a. nicht
möglich ist. Dies ist eine Besonderheit dieses speziellen Bereichs der Software-Produktion; das Management muß diese Situation akzeptieren.

---

3) Zur Erläuterung der Phasenbezeichnungen vgl. /SCHM82/.
4) Vgl. hierzu die Beschreibung der Testaufgaben im Abschnitt 3.

Projektphasen	Ergebnisse/Zwischen-Endprodukte .
Initialisierung	Problembeschreibung
Voruntersuchung	Sollkonzept
Grobkonzept	fachliches Grobkonzept
Logisch-Organisatorischer Detailentwurf	fachliches Feinkonzept Schulungskonzept
DV-technischer Detailentwurf	Systementwurf DV-technische Schnittstellen- spezifikation Programmiervorgaben
Logisch-Organisatorische Realisierung	Schulungsprogramme/-unterlagen Organisationskonzept Organisationshandbücher - Benutzerhandbuch - Betriebshandbuch
DV-technische Realisierung	Programme/Programmsystem angepaßte Programme Programmdokumentation
Logisch-Organisatorische Einführung	Protokolle zur Einführung
DV-technische Einführung	Protokolle zur Einführung
Kontrolle und Anpassung	Angepaßtes und abgenommenes Informationssystem

Abb. 1-3:   Ergebnisse der Phasen im Software-Entwicklungsprozess

Ein Vergleich mit der durch andere Voraussetzungen gekennzeichneten Situation in der allgemeinen industriellen Produktion - hier sind Fehler der Produktion grundsätzlich vermeidbar - macht die Problematik deutlich. Geht man einmal davon aus, daß Ursachen für Fehler (z.B. Abweichungen hinsichtlich der Genauigkeit des vorgegebenen Durchmessers eines sehr wertvollen Rohres) ergründet werden, so führen Fehler i.d.R. - insbesondere bei mehrmaligem Auftreten - zu Konsequenzen für den hierfür verantwortlichen Mitarbeiter, sofern der Fehler eigentlich hätte vermieden werden können. Derartige unmittelbaren Konsequenzen sind bei der Software-Produktion weitaus problematischer.

Man könnte die Frage stellen, warum in der allgemeinen Produktion die erreichte Qualität weitgehend nachweisbar ist und beim Testen in der Software-Produktion derartige Möglichkeiten nicht gegeben sind.

Hinsichtlich der Software-Produktion haben die Erfahrungen folgendes gezeigt :
- Fehler bei der Software-Produktion sind unvermeidlich.
- Jeder Software-Entwickler macht Fehler.
- Keine Vorgehensweise garantiert fehlerfreie Software-Produkte.

Testen ist eine Methode zur Aufdeckung derartiger Fehler und dient damit der Erhöhung der Sicherheit bezüglich der Erreichung bestimmter Eigenschaften eines Software-Produkts. Testen sollte daher als ein "destruktiver Ansatz" verstanden werden /MYER82, S.4/.

Hieraus ergibt sich eine wesentliche Erkenntnis für das Management in Software-Projekten. Da die allgemeine Erfahrung zeigt, daß Fehler in jedem Software-Produkt vorhanden sind, sind nicht diejenigen Testaktivitäten erfolgreich, bei denen möglichst wenige Fehler erkannt werden, sondern diejenigen, bei denen möglichst viele der vorhandenen Fehler aufgedeckt werden. Die Schwierigkeit besteht darin, daß die Anzahl der Fehler i.a. unbekannt ist; insofern müssen Hilfsgrößen definiert werden, die relative Aussagen im Hinblick auf die (erreichte) Fehlerfreiheit erlauben. Hierzu wird beispielsweise die Anzahl der innerhalb einer vorgegebenen Zeit (z.B. einer Woche) gefundenen Fehler herangezogen. Andere Kriterien zielen darauf ab, den Umfang der Testaktivitäten zu messen und bei Erreichen der vorgegebenen Werte z.B. für die Ausführungshäufigkeit von Elementen des Software-Produkts dieses als "gut" zu klassifizieren.

Insgesamt ist Testen also eine destruktive Tätigkeit, letztlich aber insofern doch konstruktiv, als Fehler in Software-Produkten aufgedeckt werden und damit - nach Behebung der Fehler - die Qualität dieser Software-Produkte i.a. erhöht wird.

Die negative Wirkung von Fehlern - und wer hat dies nicht schon erlebt - tritt insbesondere im Betrieb auf. Insofern besteht hinsichtlich der Fehlererkennung bei der Software-Entwicklung auch ein vitales Interesse seitens des Anwenders. Anwender müssen in der Zukunft noch stärker darauf drängen, daß systematisch in der Entwicklung getestet wird und möglichst viele der vorhandenen Fehler gefunden werden, damit während des Betriebs des Software-Produkts so wenig Fehler wie möglich auftreten. Neben der Tatsache, daß der Anwender (i.d.R. der Auftraggeber) für ein Software-Produkt einen gewissen Einfluß auf die Festlegung der Vorgehensweise beim Testen in der Entwicklung nehmen sollte, hat er selber auch die Aufgabe, Fehler zu finden. Bei der Abnahme ist es nämlich die Aufgabe des Anwenders, sozusagen "letzte noch vorhandene" Fehler zu erkennen, um dann im Betrieb nicht mehr (so oft) den Ausfall des Systems erfahren zu müssen. Insofern hat auch der Anwender nicht nur ein Interesse an der systematischen Vorgehensweise beim Testen durch die Entwicklungsabteilung, sondern er ist selbst aktiv zu beteiligen.

Die ökonomische Notwendigkeit dieser Forderung läßt sich leicht durch Praxis-Nachweis belegen. Wenn z.B. in einer Unternehmung durch Ausfall eines Software-Systems zur Zahlungsabwicklung nur für einige Tage Skonto-Fristen nicht eingehalten werden können, sind hierdurch Verluste u.U. in Millionenhöhe (ggf. durch einen einfachen Fehler) zu verzeichnen. Geht man einmal davon aus, daß nicht nur falsche Bearbeitung sondern auch Nicht-Bearbeitung zu Fehlern führt, dann wird die ökonomische Bedeutung des systematischen Testens sehr schnell deutlich.

Daneben können Fehler auch persönliche Konsequenzen für Verantwortliche mit sich bringen. So soll aufgrund eines schwerwiegenden Fehlers in einem Software-Produkt und hieraus resultierende falsche Berechnungen der Leiter der Lohn- und Gehaltsabrechnung in einem Großunternehmen der Bundesrepublik Deutschland entlassen worden sein. Dies ist umso bedeutender, als in diesem Fall der Anwender für ein nicht von ihm selbst erstelltes Software-Produkt, sondern eines, das er "lediglich" abgenommen hat, in die volle Verantwortung genommen wurde.

Diese Beispiele machen deutlich, daß die systematische Vorgehensweise beim Testen erforderlich ist, wobei insbesondere aber die Notwendigkeit gegeben ist zu quantifizieren, was beim Testen getan worden ist. Allein hierdurch können konkrete Daten und Informationen über die Vollständigkeit des Testens ermittelt werden, damit Entscheidungen über Freigabe oder Abnahme begründbar werden. Diese Forderung wird nicht zuletzt durch die vorgenannten Beispiele belegt, denn die dort aufgetretenen Fehler sind primär der Unvollständigkeit des Testens zuzurechnen. Dies heißt nun nicht, daß zukünftig ein "vollständiges Testen" - im theoretisch umfassenden Sinne - durchzuführen ist, vielmehr sollen quantitative Aussagen über die Vollständigkeit des Testens überhaupt ermöglicht werden. Anhand dessen sind dann auch - vergleichbar zu Angaben über Meßgenauigkeiten in der allgemeinen industriellen Produktion - Aussagen über die "Güte" von Software-Produkten möglich, sofern Korrelationen zwischen Maßzahlen für das Testen von Software-Produkten und Fehlerhäufigkeiten (z.B. im Betrieb) ermittelt werden.

Insgesamt ist daher die Notwendigkeit gegeben, Testen zunächst zu systematisieren, d.h. festzulegen, WANN, WER, WAS, WIE zu tun hat, um die Effektivität des Testens und damit letztlich die Wahrscheinlichkeit, vorhandene Fehler zu erkennen, gegenüber der heute vielfach üblichen Vorgehensweise zu erhöhen. Darüber hinaus sind für die durchzuführenden Aktivitäten geeignete Techniken (WOMIT) bereitzustellen.

Die Testsystematik für die unterschiedlichen Phasen des Software-Lebenszyklus muß natürlich vollständig und konsistent sein. Sie erfüllt ihren Zweck nicht, wenn - wie in einer Vielzahl von Vorgehensmodellen, Richtlinien etc. - zwar einzelne Aspekte des Testens behandelt werden, nicht jedoch in dem erforderlichen Umfang und Detaillierungsgrad. Hierbei werden z.B. vielfach die Aspekte, die das Management des Testens, d.h. die Testplanung und Testkontrolle, betreffen, nicht behandelt, oder es werden nur einzelne Aktivitäten der Testdurchführung beschrieben, nicht aber die Gesamtzahl der Testaktivitäten; so ist z.B. die Einbeziehung des Dokumentierens als Teil des Testens i.a. kaum zu finden.

1.4 Zielsetzung des Buches

Ziele des vorliegenden Buches sind :
- Einordnung des Testens in den Themenbereich Qualitätssicherung,
- Definition der Aufgaben des Testens,
- Beschreibung der Untergliederung des Testprozesses in Zeitabschnitte,
- Beschreibung der Aktivitäten zur Planung, Durchführung und Kontrolle des Testens,
- Beschreibung der Methoden für die Testaktivitäten,
- Beschreibung der Vorgehensweise beim Testen von Dokumenten und Programmen.

Die Darstellung der Vorgehensweise beim Testen umfaßt sowohl das Testen in der Software-Entwicklung als auch bei der Abnahme, im Betrieb sowie in der Pflege und Anpassung.

Die nachfolgenden Ausführungen sind nicht auf eine bestimmte Betriebsart der zu entwickelnden Software-Systeme eingegrenzt, sondern gelten generell, wobei in

Abhängigkeit vom Einzelfall (Programmsysteme für Stapelverarbeitung, Online-
bzw. Echtzeitbetrieb) Ergänzungen bzw. Änderungen sinnvoll sein können.

Die Beschreibung der Vorgehensweise für das Testen im Software-Lebenszyklus ist
unabhängig von dem hier zugrunde gelegten Phasenschema, das lediglich zur Orien-
tierung dient; durch die Zuordnung der Zwischen-/Endprodukte zu den einzelnen
Phasen ist die unternehmungs-/institutionsspezifische Anpassung an das jeweilige
Phasenschema möglich.

2 Testen als Methode zur Sicherstellung der Qualität von Software-Produkten

Software-Projekte sind auf die Entwicklung, Abnahme, Pflege oder Anpassung von Software-Produkten ausgerichtet. Software-Produkte sind die Ergebnisse, die im Rahmen eines Projekts entwickelt, abgenommen oder geändert werden.

Wenn im folgenden von Software-Entwicklung gesprochen wird, gelten die Aussagen i.d.R. analog für die Pflege und Anpassung, da eine Vielzahl von Aktivitäten und Techniken zur Durchführung gleich sind für die Software-Entwicklung sowie für die Pflege und Anpassung.

2.1 Ziele in Software-Projekten

Bei der Durchführung von Software-Projekten werden Entscheidungen hinsichtlich der Zielgrößen
- Kosten,
- Zeit und
- Qualität

getroffen (vgl. u.a. /GEWA77/, /SCHM80a/, /MEGE82a/). Ziele für die Software-Produkte sind Forderungen an diese Zielgrößen, z.B. Maximierung der Lebensdauer oder Maximierung der Qualität.

Es ist i.a. keine einseitige Ausrichtung auf eine der genannten Zielgrößen gegeben. So werden also Software-Produkte nicht ausschließlich unter dem Aspekt der fristgerechten Fertigstellung ohne Berücksichtigung der hierbei entstehenden Kosten und der erreichten bzw. angestrebten Qualität erstellt.

Traditionell waren Entscheidungen hinsichtlich der Ziele für Software-Produkte primär auf die Kosten und auf die Zeit, aber nur in geringem Maße auf die Qualität ausgerichtet.

Die zunehmende Bedeutung der Qualität von Software-Produkten resultiert nicht zuletzt daraus, daß die steigenden absoluten Kosten für die Software und der gleichzeitig steigende Anteil der Software-Kosten gegenüber den Hardware-Kosten an den Gesamtkosten der Datenverarbeitung zum großen Teil durch den hohen Anteil der Aufwendungen für nachträgliche Pflege und Anpassung bedingt sind. Diese hohen Kosten sind aber wesentlich durch Qualitätsmängel begründet, die bei der Entwicklung entstanden sind.

Die Qualität von Software-Produkten ist ein Problembereich, der gerade in der letzten Zeit zunehmend an Interesse in der Praxis gewonnen hat. Die Qualität war zwar nie unwichtig, sie wurde aber mehr als Zufallsprodukt oder Nebensache empfunden, die nicht geplant oder systematisch sichergestellt werden konnte bzw. wurde.

> Software-Produkt-Qualität[1])
> Gesamtheit von Eigenschaften eines Software-Produkts, die sich auf die Eignung zur Erfüllung gegebener Erfordernisse beziehen.
>
> Anmerkung: Die Erfordernisse ergeben sich aus dem Verwendungszweck des Software-Produkts unter Berücksichtigung der Realisierungsmöglichkeiten. (In Anlehnung an die Definition von Qualität nach DIN 55 350, Teil 11, Nr. 1 /DNA80/)

Im Vordergrund der folgenden Betrachtung steht die Qualität der Software-Produkte als Ergebnisse des Produktionsprozesses. Um die Qualität von Zwischen- und Endprodukten sicherzustellen, müssen die Tätigkeiten, die zur Erstellung der Software-Produkte herangezogen werden, d.h. der Software-Produktionsprozeß (s. Abb. 2-1), selber bestimmten Qualitätsanforderungen genügen.

Qualität ist keine Eigenschaft, die ein Software-Produkt entweder hat oder nicht hat bzw. haben muß; vielmehr ist unter Berücksichtigung der Erfordernisse für das Software-Produkt festzulegen, welche Anforderungen an die Qualität gestellt werden; es ist im Rahmen der Software-Produktion - unter Einbeziehung der dafür erforderlichen Kosten und Zeit - zu prüfen, ob die Qualitätsanforderungen realisiert werden können.

So können z.B. bei der Entwicklung eines "Einmal-Statistik-Programms" durchaus hohe Anforderungen bezüglich der Richtigkeit und ggf. der Effizienz gestellt werden; andererseits werden bei diesem Produkt aber wohl kaum hohe Anforderungen an die Portabilität und Änderbarkeit gestellt, weil es ja nur einmal benutzt wird. Anders ist die Situation dagegen bei einem Standard-Anwendungssystem zur Lohn-/ Gehalts-Abrechnung; dort werden vielfach hohe Anforderungen an die Portabilität und Änderbarkeit gestellt.

Qualitätsanforderungen sind also unter Berücksichtigung der Erfordernisse der gesamten Aufgabe zu determinieren.

Qualität ist eine Zielgröße in Software-Projekten, die einerseits zwar Kosten verursacht, aber andererseits auch Nutzen bringt. Insbesondere bei einer Betrachtung des gesamten Software-Lebenszyklus zeigt sich - wenn auch zum gegenwärtigen

---

1) Daneben kann die Software-Produktions-Qualität betrachtet werden; diese umfaßt die Eigenschaften von Tätigkeiten innerhalb eines Software-Projekts.

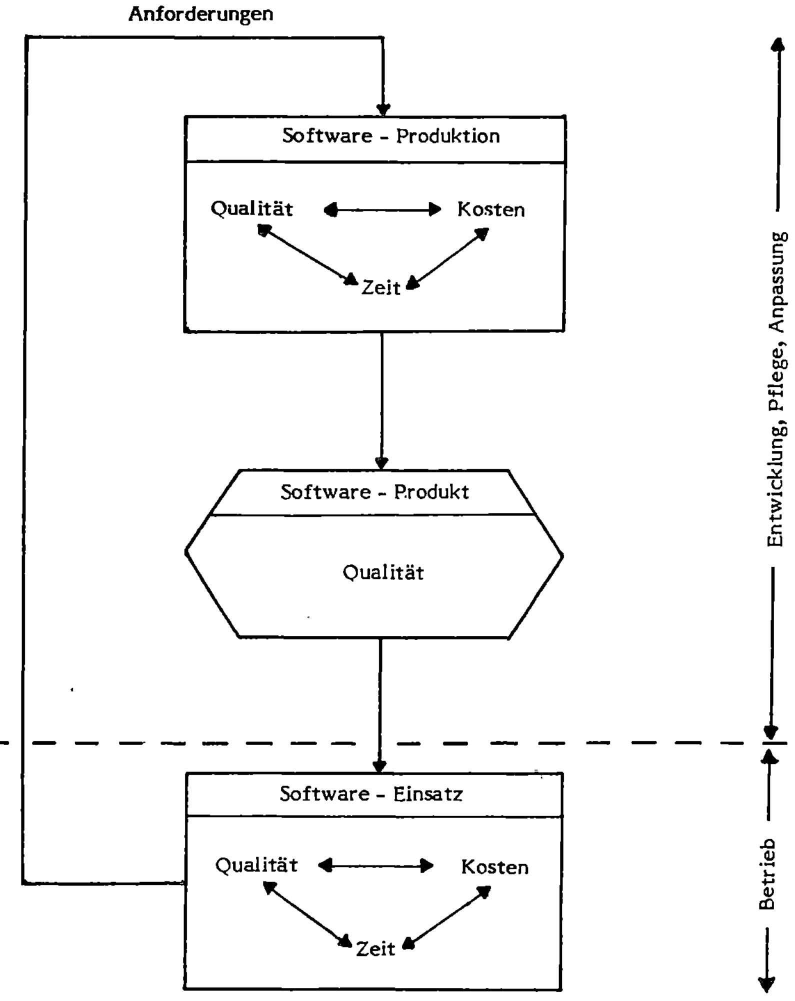

Abb. 2-1:   Ziele im Software-Lebenszyklus

Zeitpunkt nur Erwartungswerte und noch keine gesicherten Erkenntnisse vorliegen -, daß der Aufwand, der für die Erreichung der angestrebten Qualität (zusätzlich) getätigt werden muß, durch Einsparungen während des Betriebs bzw. in der Wartung nicht nur ausgeglichen, sondern sogar überkompensiert werden dürfte (siehe Abb. 2-2).

	Aufwand (Zeit und Kosten) für		
	Entwicklung/ Abnahme	Betrieb	Pflege/ Anpassung
Hohe Qualität	−	+	+
Niedrige Qualität	+	−	−

Abb. 2-2: Wirkungen der Qualität von Endprodukten im Software-Lebenszyklus: -: steigender Aufwand, +: sinkender Aufwand

Durch die Realisierung von Qualitätseigenschaften entsteht Aufwand; denn gute Handhabbarkeit oder hohe Effizienz erfordern z.B. bestimmte Maßnahmen der Konstruktion sowie der Analyse, um einerseits das Software-Produkt so zu gestalten, daß diese Anforderungen gegeben sind, und andererseits etwaige Abweichungen festzustellen und notwendige Korrekturmaßnahmen einzuleiten.

Waren schon bei der Einbeziehung der zwei Zielgrößen Kosten und Zeit wegen der teilweise unterschiedlichen Wirkungen Zielkonflikte gegeben, so ergibt sich durch die Berücksichtigung der Qualität als dritte Zielgröße eine noch größere Komplexität der Entscheidungssituation.

Qualität beeinflußt das Verhalten des Software-Produkts im Hinblick auf den Aufwand

- zur Transformation von Software-Produkten (z.B. bei Zwischenprodukten),
- für den Betrieb von Software-Produkten (z.B. beim Programmsystem),
- für Pflege und Anpassung von Software-Produkten,
- für die Übertragung von Zwischen-/Endprodukten (z.B. von einem Betriebssystem auf ein anderes).

Die Wirkung der Qualität kann an dieser Stelle nur tendenziell aufgezeigt werden. Es ist zu beachten, daß Qualität eigentlich nur in Verbindung mit dem zugehörigen Produkttyp sowie der Einsatzumgebung (Einsatzanforderungen u.a.) betrachtet werden kann.

Der Zeitaufwand, im wesentlichen die Entwicklungsdauer sowie die Lebensdauer (oder auch die Einsatzhäufigkeit des Software-Produkts), ist ebenfalls von der Qualität abhängig. Allgemein ist festzustellen, daß erhöhte Qualitätsanforderungen die Entwicklungsdauer eines Software-Produkts ausdehnen können. Andererseits kann die Entwicklungsdauer aber analog den Entwicklungskosten auch verkürzt werden; diese Situation ist in der Regel bei Zwischenprodukten gegeben, wenn Qualitätsanforderungen gestellt werden, die zusätzlichen Aufwand in einer Phase des Software-Projekts bereits in nachfolgenden Phasen kompensieren bzw. dazu führen können, daß die Einsparungen größer sind als die getätigten Aufwendungen.

Die Vielzahl der hier nur grob skizzierten Wirkungen der Qualität lassen auf die zentrale Bedeutung der Qualität schließen.

2.2 Qualität als Bestimmungsgröße des Software-Lebenszyklus

Die Qualität ist (sollte) neben den Kosten und der Zeit die wesentliche Komponente für die Gestaltung und den Ablauf im Software-Lebenszyklus (sein). Die Qualität eines Software-Produkts drückt sich in einer Vielzahl von Eigenschaften der Zwischen- und Endprodukte, die im Software-Lebenszyklus erstellt werden, aus.

2.2.1 Zentrale Bedeutung der Qualität von Software-Produkten

Die Qualität bezieht sich nicht nur auf das/die Endprodukt(e) eines Software-Projekts; die Qualität von Endprodukten ist vielmehr als Abhängige der Qualität der Zwischenprodukte zu betrachten. So beeinflußt z.B. die Qualität des Sollkonzepts oder des fachlichen Grob-/Feinkonzepts die Qualität eines darauf aufbauenden Programm-Systems; sind etwa im Sollkonzept bzw. im fachlichen Grob-/Feinkonzept nicht alle Aufgaben beschrieben, so ist zu erwarten, daß die entsprechenden Aufgaben im Programm-System unvollständig enthalten sind.

Die Qualität des Endprodukts baut sich also schrittweise während der Software-Entwicklung auf; sie kann sich im Einsatz und in der Wartung verändern.

In Abhängigkeit davon, ob es sich um die Freigabe, Abnahme oder die Bewertung von Software-Produkten handelt, hat die Qualität von Software-Produkten unterschiedliche Bedeutung:

-   Qualität als Leitlinie bei der Entwicklung sowie Pflege und Anpassung

    In diesem Fall ist die Qualität eine Zielgröße für Zwischen- und Endprodukte der einzelnen Phasen und Kriterium für deren Freigabe. Freigabe bedeutet hierbei, daß derjenige, der eine (mehrere) Aktivität(en) durchgeführt hat bzw. für die Durchführung verantwortlich ist, die ordnungsgemäße Durchführung bestätigt. Die Gesamtheit der hier zuzuordnenden Aktivitäten ist auf die "Qualitätserzeugung" ausgerichtet, d.h. auf die Erstellung eines den Qualitätsanforderungen entsprechenden Software-Produkts für die Nutzung.

-   Qualität als Eignungsmerkmal

    Bei der Abnahme analysiert derjenige, der das erhaltene Software-Produkt verwenden soll, dieses daraufhin, ob es seinen Anforderungen entspricht; "Verwenden" bezieht sich in diesem Zusammenhang sowohl auf das Benutzen als Vorgabe für ein nachfolgend zu erstellendes bzw. zu pflegendes/anzupassendes Produkt als auch auf die Anwendung des entsprechenden Produkts. Mangelnde Qualität führt zur Zurückweisung bzw. Nachbesserung des Produkts. Hierbei wird nicht allein auf die Qualität von Endprodukten Bezug genommen; ebenso ist hier die Qualität von Zwischenprodukten von Bedeutung.

    Die Bewertung der Qualität von Software-Produkten kann mit dem Ziel erfolgen, mögliche Veränderungen der Qualität im Laufe der Zeit zu erkennen; darüber hinaus erfolgt die Qualitätsbewertung z.B. in Hinblick auf die Entscheidung über Kauf/Miete eines Software-Produkts.

    Qualitätsbewertungen können sowohl während des Betriebs als auch im Hinblick auf den möglichen Betrieb des Software-Produkts erfolgen.

Abbildung 2-3 zeigt schematisch den Ablauf von Entwicklungsschritten in einem Software-Projekt in Verbindung mit dem Betrieb. Als Entwicklungsschritt können der gesamte Entwicklungsprozeß, eine Phase oder eine einzelne Aktivität mit definiertem Ergebnis innerhalb des Software-Lebenszyklus betrachtet werden. Das Erreichen der Qualität der Zwischen-/Endprodukte ist Voraussetzung für den Beginn des jeweils nächsten Entwicklungsschrittes, indem einerseits die Freigabe eines Entwicklungsschrittes und andererseits die Abnahme davon abhängt. Des weiteren können während des Betriebs zu unterschiedlichen Zeitpunkten Qualitätsbewertungen (z.B. durch DV-Revision, Wirtschaftsprüfung etc.) erfolgen.

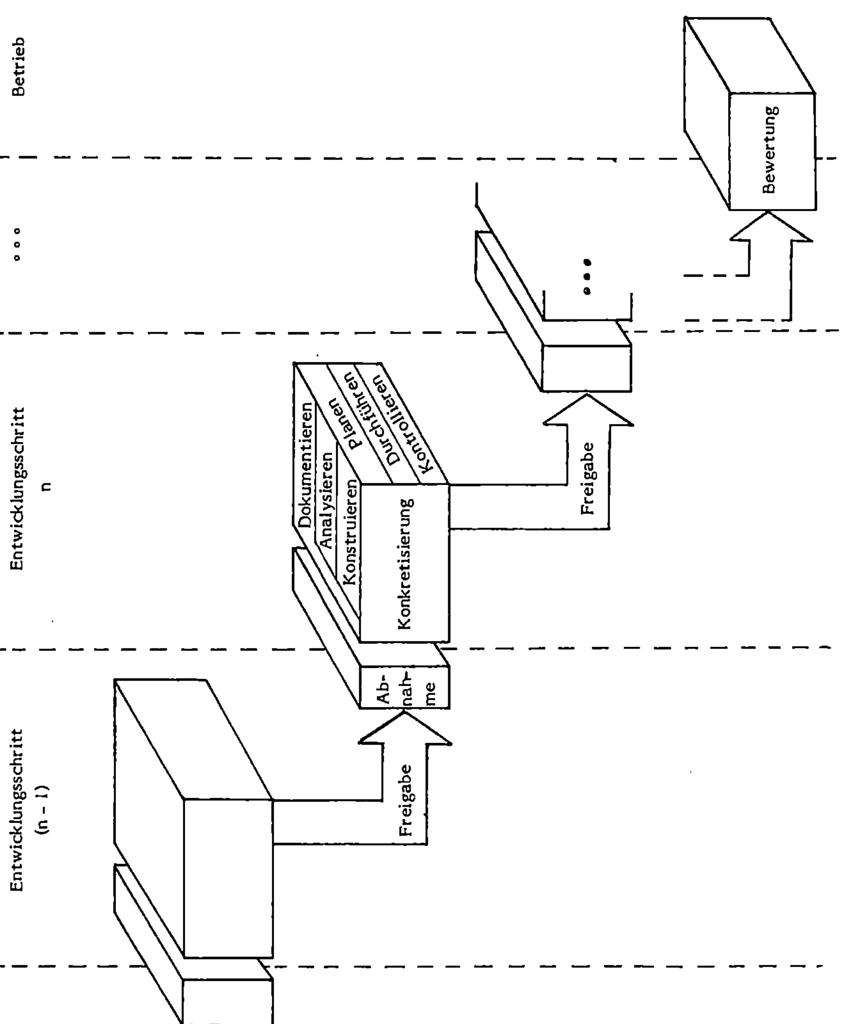

Abb. 2-3:   Freigabe, Abnahme und Bewertung von Software-Produkten

2.2.2 Operationalisierung der Qualität

Um Qualität als Ziel- und Ergebnisgröße bei der Durchführung von Software-Projekten bzw. als Charakteristikum von Software-Produkten allgemein verwenden zu können, sind folgende Voraussetzungen zu erfüllen:

(1)   Der Begriff "Qualität" ist inhaltlich zu beschreiben.

Qualität ist keine einzelne Größe. Qualität setzt sich aus einer Vielzahl unterschiedlicher Qualitätsmerkmale zusammen, die inhaltlich unterschiedliche Bereiche im Eignungsspektrum des Produkts bezeichnen sowie untereinander in Beziehung stehen.

(2)   Die Qualitätsmerkmale sind durch Qualitätsmaße zu konkretisieren.

Die Nennung von Qualitätsmerkmalen als Anforderung ist unzureichend, da Termini wie z.B. "Effizienz" und "Richtigkeit" keine Möglichkeit zur Quantifizierung bieten. Die Quantifizierung der Qualität ist unter Zuhilfenahme von Qualitätsmaßen möglich.

(3)   Anhand der Qualitätsmaße sind Zielgrößen (Qualitätsziele) festzulegen und Istgrößen (Qualitätsmaßzahlen) zu ermitteln.

Probleme bei der Realisierung von Qualitätsanforderungen, die ausschließlich durch die Qualitätsmerkmale beschrieben sind, resultieren daraus, daß diese nicht als konkrete Handlungsziele für die Entwicklung bzw. Pflege und Anpassung geeignet sind. Ein Beispiel dafür ist etwa die Forderung nach "hoher Richtigkeit"; eine Konkretisierung ist z.B. dadurch möglich, daß für das Qualitätsmaß eine Zielgröße (z.B. "mindestens einmalige Ausführung von Verzweigungen in jeder Richtung") vorgegeben wird.

Qualitätsmerkmal
Element der Qualität, das Eigenschaften abdeckt, die eingeschränkt auf einen konkreten Anwendungs- oder Zielbereich des Software-Produkts wirken.

Qualitätsmaß
Objektive, meßbare Größe, die sensitiv in bezug auf unterschiedliche Ausprägungen eines oder mehrerer Qualitätsmerkmale ist.

Qualitätsziel
Operationale Anforderung an die Qualität eines Software-Produkts, die als angestrebter Wert eines Qualitätsmaßes formuliert wird.

Qualitätsmaßzahl
Quantitative Angabe über den Grad der Erfüllung eines Qualitätsziels.

2.2.2.1 Qualitätsmerkmale

Ein Qualitätsmerkmal beschreibt Eigenschaften eines Software-Produkts. Die wesentlichen Klassen von Qualitätsmerkmalen sind /HEID79/, /SCHM81/, /BONS82/:

- Betriebsbezogene Qualitätsmerkmale
  Diese Merkmale wirken auf die Eignung des Software-Produkts für den Betrieb, d.h. für die geplante Aufgabenlösung.
- Wartungsbezogene Qualitätsmerkmale
  Diese Merkmale wirken auf die Eignung des Software-Produkts für notwendige Pflege (Fehlerlokalisierung, Fehlerbehebung) und Anpassungen (Ausbau des Funktionsumfangs).

- Übertragungsbezogene Qualitätsmerkmale
  Diese Merkmale wirken auf die Eignung des Software-Produkts für die Übertragung in eine andere Einsatzumgebung (funktionale und technische Einsatzumgebung).

Diese Klassifizierung bezieht sich primär auf Endprodukte von Software-Projekten.

Die Qualität eines Endprodukts ist aber in hohem Maße abhängig von der Qualität der Zwischenprodukte (diese Aussage gewinnt mit der Größe eines Projekts zunehmend an Bedeutung). Dementsprechend sind auch bei Zwischenprodukten Qualitätsmerkmale zu unterscheiden, um das kontinuierliche "Sich-Aufbauen" von Qualität im Software-Projekt planen, steuern und überhaupt realisieren zu können. Als zusätzliche, für Zwischenprodukte relevante Klassen von Qualitätsmerkmalen ergeben sich /SCHM81/, /BONS82/:

- Transformationsbezogene Qualitätsmerkmale
  Diese Merkmale wirken auf die Eignung eines Software-Zwischenprodukts für anschließende Transformationsaktivitäten (Weiterentwicklung, Übertragung in ein nachfolgendes Zwischenprodukt) und damit unmittelbar auf die Fehlerrate sowie den Aufwand für die Transformation.
- Software-Endprodukt-bezogene Qualitätsmerkmale
  Diese Merkmale von Zwischenprodukten wirken unmittelbar auf die spätere Eignung des Software-Endprodukts für die geplante Aufgabenlösung (z.B. Merkmale eines Lösungsalgorithmus im Entwurf, der unmittelbar die Laufzeit sowie den Speicherbedarf des Software-Endprodukts bestimmt).

Folgende Qualitätsmerkmale werden differenziert (vgl. hierzu /BMI82/)[2]

- **Änderbarkeit**

    Die Änderbarkeit von Software-Produkten wird durch deren Verständlichkeit und Erweiterbarkeit determiniert.

    ° Verständlichkeit bezieht sich u.a. auf

        °° Umfang,

        °° Aufbau und

        °° Beziehungen zwischen Teilen von Software-Produkten.

    ° Erweiterbarkeit bezieht sich sowohl auf das Produkt selbst als auch auf Ressourcen, die ein Produkt nutzt.

    Änderbarkeit ist z.B. immer dann wichtig, wenn aufgrund des Aufgabentyps auf eine lange Nutzungsdauer und auf eine entsprechende Anzahl Änderungen geschlossen werden kann.

    Gute Änderbarkeit ist z.B. gegeben, wenn ein Programmsystem modular aufgebaut ist und die einzelnen Moduln jeweils abgeschlossene Funktionen umfassen oder wenn standardisierte Konstrukte (z.B. solche der strukturierten Programmierung (Sequenz, Verzweigung, Schleife)) verwendet werden.

- **Allgemeingültigkeit**

    Sofern unterschiedliche Anwender ein Produkt nutzen, muß dieses sowohl funktional als auch in bezug auf die organisatorische Umgebung den möglichen, teilweise beim Start eines Projekts noch nicht exakt definierten Anforderungen unterschiedlicher Einsatzbereiche genügen.

    Funktionale Allgemeingültigkeit ist etwa dann gegeben, wenn z.B. unterschiedliche Kontenrahmen für ein Finanzbuchhaltungssystem verwendbar sind oder wenn ein Lohnabrechnungssystem sowohl für die Textil- als auch für die Bauindustrie einsetzbar ist.

    Die Schwierigkeiten bezüglich der Allgemeingültigkeit resultieren primär daraus, daß möglicherweise vorhandene Anforderungen antizipiert werden müssen, ohne daß diese konkret durch den potentiellen Anwender vorgegeben werden.

---

[2] Zu weiteren Beschreibungen bzw. Erläuterungen von Qualitätsmerkmalen vgl. auch: /CHO80/, /BOEH78/, /GILB77/

Änderbarkeit
Eigenschaften des Software-Produkts, welche die spätere Durchführung möglicher Änderungen erleichtern. Die Änderbarkeit drückt sich aus im Aufwand zur Änderung des Software-Produkts im Bedarfsfalle.

Allgemeingültigkeit
Eigenschaften des Software-Produkts, welche die Eignung zur Aufgabenlösung und -erfüllung in unterschiedlichen gleichartigen Einsatzbereichen (Abteilungen, Organisationen, Aufgabenstellungen u.a.) ausdrücken. Die Allgemeingültigkeit drückt sich aus in der Anwendungsbreite sowie in dem Aufwand zur Einführung des Software-Produkts bei einem neuen Anwender.

Effizienz
Eigenschaften des Software-Produkts, die das zeitliche Leistungsverhalten der Software in einem vorgegebenen Hardware-System sowie die kapazitative oder kostenmäßige Beanspruchung von Ressourcen ausdrücken.

Funktionsabdeckung
Eigenschaften des Software-Produkts, die ausdrücken, inwieweit die für den geplanten oder vorgesehenen Verwendungszweck notwendigen Funktionen realisiert bzw. vorhanden sind.

Handhabbarkeit
Eigenschaften des Software-Produkts, welche die Nutzung durch Menschen erleichtern.

Portabilität
Eigenschaften des Software-Produkts, welche die Eignung für andere Hardware/Software-Konfigurationen ausdrückt. Sie drückt sich aus im Aufwand für die Übertragung des Software-Produkts von einer gegebenen Konfiguration auf eine bestimmte andere oder potentielle andere Hardware/Software-Konfiguration.

Richtigkeit
Eigenschaften des Software-Produkts, welche die Übereinstimmung des Software-Produkts mit den Vorgaben zu seiner Erstellung sowie die logische Fehlerfreiheit ausdrückt. Sie wirkt sich aus im verfügbaren Leistungsspektrum der Funktionen sowie dem fehlerfreien Ablauf der Funktionen bei korrekter Anwendung.

Robustheit
Eigenschaften des Software-Produkts, die ausdrücken, inwieweit Software-Produkte bei Fehlern "intelligent" reagieren, d.h. auf fehlerhaftes Verhalten ihrer Umwelt oder interner Funktionen des Produkts vorbereitet sind. Sie wird durch die Stabilität des Systems bei Fehlern, durch Anzeige des Fehlers sowie ggf. durch Einleitung von Maßnahmen, Fehlerfolgen zu verhindern oder zu minimieren, beschrieben.

Sicherheit
Eigenschaften des Software-Produkts, die sich auf den Schutz von Programmen oder Daten eines Benutzers vor unerlaubtem Zugriff bzw. Verwendung oder zufälliger bzw. nicht zulässiger Zerstörung durch einen anderen Benutzer oder eine Komponente des DV-Systems beziehen. Die Sicherheit drückt sich aus in technischen und organisatorischen Regelungen, die produktintern und -extern konkret den Schutz sicherstellen.

> Testbarkeit
> Eigenschaften des Software-Produkts, die Maßnahmen des Testens erleichtern.
>
> Verständlichkeit
> Eigenschaften des Software-Produkts, die ausdrücken, inwieweit Inhalt, Zweck
> und Ziel eines Software-Produkts einem verständigen Aufgabenträger deutlich
> werden (können).
>
> Vollständigkeit
> Eigenschaften des Software-Produkts, welche das Verhältnis von notwendigem
> (gefordertem oder sinnvollem) zu realisiertem Inhalt von Software-Zwischen- und
> -Endprodukten zum Ausdruck bringen. Sie drückt sich aus in der unmittelbaren
> Nutzbarkeit des Produkts (ohne Nacharbeit zur Bereitstellung ergänzender
> Daten, Informationen u.a.).

- **Effizienz**

    Effizienz eines Software-Produkts drückt das Ausmaß der Inanspruchnahme der

    jeweiligen Ressourcen bei gegebenem Funktionsumfang aus (vgl. u.a. /CHOW79/,

    /GEWA77/).

    Damit werden Aussagen über die Sparsamkeit des Software-Produkts bei der

    Verwendung von Ressourcen (z.B. Betriebsmitteln) ermöglicht. Effizienz wird

    u.a. am notwendigen Speicherbedarf sowie der Laufzeit gemessen.

    ° Speichereffizienz, d.h.
        °° interne Speichereffizienz und/oder
        °° externe Speichereffizienz

    ° (Lauf)Zeiteffizienz, d.h.
        °° Effizienz der CPU-Nutzung und/oder
        °° Effizienz externer Ressourcenbelegung

    Effizienz ist wichtig, wenn

    ° Dialog-Software entwickelt wird,

    ° vom Aufgabentyp her auf entsprechende Anforderungen geschlossen werden
        kann (lang laufende oder ständig residente Systeme, Prozeßsteue-
        rungssoftware u.a.),

    ° eine hohe Nutzungsintensität geplant ist.

    Lange Zeit stand die Effizienz von Software-Produkten im Vordergrund der An-

    forderungen bei der Software-Entwicklung. Dies war im wesentlichen durch die

    Beschränkungen seitens der Hardware bedingt. Da von dieser Seite i.a. nur noch

    geringe Beschränkungen ausgehen, hat die Effizienz für eine Vielzahl von An-

    wendungen zwar nicht ihre Bedeutung verloren, aber sie hat sich doch in erheb-

    lichem Maße verringert.

- <u>Funktionsabdeckung</u>

  Für die Beurteilung der Qualität ist ein wesentliches Merkmal, in welchem Ausmaß die erforderlichen Funktionen tatsächlich vorhanden sind.

  Die Sicherstellung der Funktionsabdeckung ist das primäre Ziel für Software-Produkte, wobei es allerdings vielfach realistisch ist anzunehmen, daß nach der Freigabe der ersten Version sämtliche Funktionen noch nicht vorhanden sind /GEWA77/.

- <u>Handhabbarkeit</u>

  Die Handhabbarkeit umfaßt alle Eigenschaften, die ein einfaches, angenehmes und damit gleichzeitig effizientes Arbeiten mit dem entsprechenden Software-Produkt gestatten.

  Hierzu gehören u.a.:

  ° Erlernbarkeit der Bedienung und Benutzung,
  ° Integration in bestehende Abläufe,
  ° Humanisierungsgrad,
  ° Aussagefähigkeit der Dokumentation,
  ° Benutzerführung durch das Software-Produkt,
  ° Verständlichkeit der Fehlermeldungen.

  Handhabbarkeit ist z.B. aus Gründen der Akzeptanz bei Dialog-Systemen nahezu unverzichtbar. Darüber hinaus ist die Handhabbarkeit wichtig, wenn der zukünftige Benutzer des Systems DV-unerfahren ist.

- <u>Portabilität</u>

  Portabilität drückt aus, wie einfach es ist, ein Software-Produkt von einem Maschinensystem auf ein anderes, von einem Betriebssystem auf ein anderes derselben ADV-Anlage oder von einer Konfiguration einer ADV-Anlage auf eine andere Konfiguration derselben ADV-Anlage zu übertragen (vgl. u.a. /CHOW79/, /GEWA77/, /GILB77/, /BMI82/).

  Portabilität bezieht sich u.a. auf

  ° Hardware-Unabhängigkeit,
  ° Software-Unabhängigkeit.

  Die Eigenschaft gewinnt an Bedeutung, wenn bei der Entwicklung von Software-Produkten ein hoher Standardisierungs- und Verbreitungsgrad angestrebt wird.

Portabilität ist z.B. von hoher Bedeutung, wenn eine hohe externe Schnittstellenkomplexität insbesondere zu Hardware- und Software-Komponenten gegeben ist, weiterhin wenn ein Software-Produkt auf einer ADV-Anlage unterschiedlicher Hersteller ablauffähig sein soll.

Portabilität wird vielfach auch als ökonomische Größe zur Entscheidung über Ankauf oder Eigenentwicklung von Anwendungssoftware herangezogen. Hierbei wird der Aufwand für die Entwicklung eines Software-Systems für eine bestimmte Hardware-/Software-Umgebung (z.B. DV-Anlage eines Herstellers) dem Aufwand für die Umstellung auf eine die Gegebenheiten dieser Umgebung andere ADV-Anlage gegenübergestellt.

- <u>Richtigkeit</u>

Die Richtigkeit eines Produkts ergibt sich aus der internen und der externen Konsistenz.

Interne Konsistenz ist bei Übereinstimmung gleicher oder korrespondierender Informationen, die an verschiedenen Stellen desselben Software-Produkts verfügbar sind, gegeben /HEMM77/.

Externe Konsistenz ist gegeben, wenn die Informationen in dem Testobjekt mit solchen, die in einem anderen - meist zeitlich früher fertiggestellten - Software-Produkt niedergelegt sind, übereinstimmen und das tatsächliche Verhalten des Testobjekts mit dem erwarteten Verhalten übereinstimmt.

Richtigkeit ist u.a. von besonderer Bedeutung, wenn aufgrund der besonderen Verarbeitungsobjekte des Systems Fehler zu schwerwiegenden Folgen führen oder vom Aufgabentyp her entsprechende Anforderungen gegeben sind.

Richtigkeit ist - zumindest teilweise - z.B. dann gegeben, wenn
° die durch die Programmiersprache vorgegebenen ADVA-spezifischen Sprachkonventionen eingehalten werden oder
° ein Programmsystem alle in dem Sollkonzept beschriebenen Aufgaben richtig erfüllt.

- <u>Robustheit</u>

Die Robustheit von Software-Produkten (i.a. Programmen) zeigt sich dadurch, daß sie auf Fehler, die z.B. vom Benutzer desselben gemacht werden, vorbereitet sind und entsprechend reagieren (z.B. durch Fehlermeldungen bei Eingabe alphabetischer Zeichen in numerisch definierte Aufgabenfelder) und/oder die Wirkung der Fehler begrenzt ist (z.B. kein Programmabbruch).

Die Bedeutung des Qualitätsmerkmals Robustheit steigt in dem Maße, wie z.B.

° Dialog-Software entwickelt wird,

° ein Systemabbruch und mangelnde Möglichkeiten der Wiederherstellung aufgrund der Verarbeitungsobjekte des Systems zu schwerwiegenden Folgen führen oder

° die zukünftigen Benutzer DV-unerfahren sind.

- Sicherheit

Sicherheit ist in bezug auf Software-Projekte sowohl auf den Schutz der Software-Produkte selbst vor nichtzulässigem Zugriff, nichtzulässiger Zerstörung etc. als auch auf den Schutz der Ergebnisse (Daten, Dateien), die mit den Software-Produkten erstellt oder verwaltet werden, ausgerichtet.

Sicherheit ist z.B. von Bedeutung, wenn

° Dialog-Software entwickelt wird,

° aufgrund der Verarbeitungsobjekte des Systems ein unerlaubter Zugriff auf oder der Verlust von Daten und Programmen schwerwiegende Folgen haben kann.

Beispiele für hohe Sicherheit sind:

° Schreibender Zugriff auf eine bestimmte Datei ist nur für den Projektleiter erlaubt.

° Der Zugriff auf eine Ergebnisdatei eines Programms ist nur mit einer speziellen Zugriffsberechtigung (z.B. PASSWORT) möglich.

- Testbarkeit

Die Testbarkeit von Software-Zwischen-/Endprodukten drückt sich in den Ergebnissen des Testens, d.h. in der Fehleraufdeckungsrate und dem Testaufwand aus.

Testbarkeit ist z.B. von Bedeutung, wenn

° vom Aufgabentyp her auf zahlreiche zukünftige Änderungen geschlossen werden kann,

° ein großes Projekt oder umfangreiche Programme vorliegen oder

° eine lange Nutzungsdauer (mit erfahrungsgemäß mehreren Änderungen) geplant ist.

Ein Software-Produkt, dessen Inhalt man nicht oder nur schwer erfassen kann, ist schlecht testbar, da es z.B. nicht oder unübersichtlich strukturiert ist. Andererseits sind Anforderungen, die nicht quantifiziert sind, nicht testbar; so ist z.B. die globale Forderung nach Effizienz ohne Quantifizierung (etwa durch Angabe des Antwortzeitverhaltens oder des maximalen zulässigen Speicherplatzes) eine nicht testbare Anforderung.

Beispiele für gute Testbarkeit sind:
° Aussagefähige Fehlermeldungen /CHOW79/,
° Funktional modulariserter Aufbau eines Programms,
° Selbstsprechende Variablen.

- <u>Verständlichkeit</u>

Die Verständlichkeit drückt sich aus in dem Strukturierungsgrad, der Nachvollziehbarkeit, der Lesbarkeit, dem Detaillierungsgrad und der Selbsterklärung.

Verständlichkeit ist z.B. von Bedeutung, wenn ein großes Projekt oder umfangreiche Programme vorliegen. Verständlichkeit ist auch bei Dokumenten von Bedeutung (z.B. für die richtige Umsetzung des Detailentwurfs im Programmcode).

Folgende Faktoren dienen u.a. zur Beurteilung der Verständlichkeit:
° Grad der Strukturierung und Modularisierung des Software-Produkts,
° Aussagefähigkeit der Variablennamen,
° Bekanntheitsgrad der verwendeten Algorithmen,
° Verwendungshäufigkeit von Kommentaren,
° Aussagefähigkeit der Dokumentation,
° Übersichtlichkeit der Darstellungsform.

- <u>Vollständigkeit</u>

Ein vollständiges Software-Produkt enthält sämtliche in einem Inhaltsverzeichnis aufgeführten bzw. innerhalb des Produkts benötigten (da aufgerufenen bzw. angesprochenen) Bestandteile.

Beispiele für Vollständigkeit sind:
° Ein Dokument (z.B. Benutzungsdokumentation) ist vollständig, wenn alle Teile des Inhaltsverzeichnisses enthalten sind.
° Ein Programm ist vollständig, wenn alle externen Referenzen (z.B. Unterprogramme) verfügbar sind.

Die Bedeutung der hier in alphabetischer Reihenfolge beschriebenen Qualitäts-
merkmale ist i.a. nicht gleich. Vielmehr ist aufgrund der Erfahrung in der Praxis die
Relevanz abhängig von der durch das Software-Produkt zu lösenden Aufgabe selbst.
Darüber hinaus ist die Relevanz der Qualitätsmerkmale abhängig vom Zeitpunkt
bzw. von der Art des Zwischenprodukts im Software-Lebenszyklus; beim Analysieren
und Konstruieren von Bausteinen stehen z.B. die Richtigkeit, Vollständigkeit und
Funktionsabdeckung im Vordergrund, während etwa beim Analysieren des gesamten
Software-Produkts (z.B. in der letzten Testphase der Entwicklung) die Änderbarkeit,
Portabilität und Effizienz von besonderer Relevanz sind.

Unter Berücksichtigung beider Faktoren erscheint die in Abbildung 2-4 vorgenommene allgemeine Einordnung der Bedeutung der einzelnen Qualitätsmerkmale möglich.

Die Funktionsabdeckung z.B. ist wegen der hieraus resultierenden Eignung bzw.
Nicht-Eignung des Software-Produkts für die angestrebte Aufgabenlösung un-
zweifelbar von höchster Bedeutung. Dahingegen ist die Handhabbarkeit zwar auch
wichtig, aber nicht von primärer Bedeutung; die grundsätzliche Möglichkeit des Einsatzes eines Software-Produkts ist i.a. nicht abhängig von einfachster Handhabbarkeit. Die Handhabbarkeit unterstützt den Einsatz. Die Portabilität ist z.B. nur in
bestimmten Fällen - wenn ein hoher Verbreitungsgrad angestrebt wird - von Bedeutung.

Prioritätsklasse	Qualitätsmerkmale
Klasse I	Funktionsabdeckung, Richtigkeit, Vollständigkeit
Klasse II	Effizienz, Handhabbarkeit, Robustheit, Sicherheit, Testbarkeit, Verständlichkeit
Klasse III	Änderbarkeit, Allgemeingültigkeit Portabilität

Abb. 2-4:   Ordnung der Qualitätsmerkmale nach ihrer Bedeutung

Es sei darauf hingewiesen, daß die hier vorgenommene Einordnung der Qualitätsmerkmale hinsichtlich ihrer generellen Relevanz im Einzelfall (z.B. bei der Entwicklung von System-Software) in gewissem Maße unterschiedlich sein kann.

Die Vielzahl der aufgeführten Qualitätsmerkmale macht noch einmal deutlich, daß Qualität nicht als eine einzelne Größe zu verstehen ist. Weiterhin sind aber auch die einzelnen Merkmale nicht ausschließlich als sich ergänzende Teile zu verstehen, sondern es bestehen eine Vielzahl von Interdependenzen. Qualität ist ein mehrdimensionales Gebilde, in dem Merkmale als Elemente eingehangen sind und teils neutrale, teils ergänzende, teils konkurrierende Beziehungen zueinander aufzeigen (siehe Abb. 2-5). So ist z.B. die Wirkung der Handhabbarkeit auf die Änderbarkeit nicht eindeutig; hinsichtlich der Testbarkeit sind dagegen i.a. positive Auswirkungen auf die Änderbarkeit gegeben.

Die Vielzahl der unterschiedlichen Qualitätsmerkmale einerseits sowie die Interdependenzen zwischen den Qualitätsmerkmalen andererseits machen es erforderlich, bei der Durchführung eines Software-Projekts exakt zu definieren, welche Qualitätsmerkmale für das (die) zu erstellende(n) Software-Produkt(e) relevant sind.

Die Bedeutung der für Software-Produkte relevanten Qualitätsmerkmale kann sehr unterschiedlich sein. So ist z.B. bei einem Dialogsystem die Effizienz (ausgedrückt durch das Antwortzeitverhalten) i.a. von größerer Bedeutung als bei einem Programm, das im Stapelbetrieb abläuft.

Neben der globalen Betrachtung des gesamten Software-Systems kann es bei der Festlegung der relevanten Qualitätsmerkmale durchaus sinnvoll und notwendig sein, für einzelne Zwischenprodukte. oder Endprodukte bzw. Teilprodukte zu differenzieren. So ist i.a. für Programmteile, die Eingaben bei einem Finanzbuchhaltungssystem im Dialogbetrieb erfassen, die Robustheit und Handhabbarkeit von höchster Bedeutung, während für die Programmteile, welche z.B. die Buchungen durchführen, andere Qualitätsmerkmale (z.B. Richtigkeit, Änderbarkeit) von Bedeutung sind.

Die hier angeführten Qualitätsmerkmale erlauben zwar eine differenzierte Betrachtung der Qualität von Software-Produkten. Es ist jedoch zu beachten, daß auch diese Merkmale immer noch sehr global sind und keine direkte Umsetzung in Maßnahmen der Software-Entwicklung sowie keine unmittelbare Qualitätsbewertung zu-

Wirkung von Qualitätsmerkmal \ Wirkung auf Qualitätsmerkmal	Änderbarkeit	Allgemeingültigkeit	Effizienz	Funktionsabdeckung	Handhabbarkeit	Portabilität	Richtigkeit	Robustheit	Sicherheit	Testbarkeit	Verständlichkeit	Vollständigkeit
Änderbarkeit		+	-		-	+	+		-	+	+	
Allgemeingültigkeit	?		-	?					-			
Effizienz	-	-		?	-	-		-	?	-	?	
Funktionsabdeckung			?						?			
Handhabbarkeit	?	+	-						?	+		
Portabilität			-						-	?		
Richtigkeit	+	?			+	?		?	+			
Robustheit	?	?	-		+	?	+		+	+		
Sicherheit	-	-	-		-	-	+	+		-		
Testbarkeit	+		-		+	+	?		-			
Verständlichkeit	+		?		+	+				+		
Vollständigkeit					+	+	+	+	+			

Abb. 2-5: Wirkung von Qualitätsmerkmalen auf andere Qualitätsmerkmale
+: positive Wirkung, -: negative Wirkung, ?: nicht eindeutige Wirkung,
( ): keine/geringe Wirkung

lassen. Hierzu ist es zunächst notwendig, die Merkmale weiter in elementare Merkmale zu zerlegen. So kann z.B. das Merkmal "Richtigkeit" in folgende, voneinander weitgehend unabhängige Submerkmale, die insgesamt die Richtigkeit ausdrücken, unterschieden werden:

- Genauigkeit,
- Abdeckung der Anforderungsspezifikation,
- sachlich richtige Verarbeitung.

Auch bei der hier vorgenommenen Differenzierung ist allerdings noch keine direkte Bewertung der Qualität möglich; es sind vielmehr für die entsprechenden Submerkmale geeignete Maße zu definieren, die eine hohe Korrelation zu den Submerkmalen haben und anhand derer die Bewertung der Qualität ermöglicht wird.

2.2.2.2 Qualitätsmaße

Qualitätsmaße dienen dazu, Qualitätsmerkmale zu operationalisieren. Hierdurch werden Qualitätsmerkmale einerseits umsetzbar in Maßnahmen der Software-Entwicklung und andererseits bewertbar hinsichtlich der Erfüllung von Qualitätsanforderungen.

<u>Umsetzbarkeit</u> besagt, daß die Abhängigkeiten konkreter Tätigkeiten, Methoden und Verfahren sowie organisatorischer Regelungen (Zuordnung von Aufgabenträgern zu Tätigkeiten u.a.) zu Qualitätsmerkmalen erkennbar werden und entsprechend eine qualitätsorientierte Gestaltung des Entwicklungsprozesses erfolgen kann. Dies setzt natürlich voraus, daß quantitative Aussagen über die Wirkung von Gestaltungselementen (konstruktive Maßnahmen u.a.) auf die Software-Qualität bzw. auf konkrete Qualitätsmerkmale möglich sind und zur Verfügung stehen. Derartige Aussagen sind in der Praxis, wenn auch nur für globale Qualitätsmerkmale und Maßnahmenpakete, vorhanden und wirken - zwar u.U. nur unbewußt - auf den Produktionsprozeß (z. B. Maßnahmen der Dokumentation zur Erhöhung der Wartbarkeit).

<u>Bewertbarkeit</u> besagt, daß Qualität meßbar sein muß und jedem Qualitätsmerkmal ein Qualitätsmaß zuzuordnen ist.

Zur Klassifikation von Qualitätsmaßen eignen sich einerseits die abzubildenden Qualitätsmerkmale (Maße zur Richtigkeit, Robustheit, Sicherheit etc.), andererseits die Informationsquellen zur Ableitung von Qualitätsmaßen (z.B. Entwicklungsprozeß, Software-Produkt) /MEGE81b/. In Abhängigkeit von möglichen Informationsquellen werden folgende Klassen von Qualitätsmaßen unterschieden:

- Entwicklungsprozeßbezogene Qualitätsmaße
  Diese Qualitätsmaße basieren auf den Aktivitäten des Software-Entwicklungsprozesses sowie der Pflege und Anpassung. Sie dienen zur Bewertung der Vollständigkeit oder des Umfangs der Maßnahmen. Hierzu gehören u.a. Maße zur Testabdeckung /MILL77/, /BONS81/.

Ein Beispiel ist etwa der Quotient aus der Anzahl der ausgeführten Verzweigungen zur Anzahl der vorhandenen Verzweigungen in einem Programm als Testabdeckungsmaß (TAM):

$$TAM_b = \frac{\text{Anzahl ausgeführter Verzweigungen}}{\text{Anzahl vorhandener Verzweigungen}}$$

Weiterhin können Qualitätsmaße u.a. als Quotient der bearbeiteten Fragen einer Checkliste zu den insgesamt vorhandenen Fragen verwendet werden (vgl. hierzu Qualitätsmaße nach /MCCA77/, /BOEH78/).

Die Größe "Mean time between failure" ist ebenfalls dieser Klasse von Qualitätsmaßen zuzurechnen.

- Software-Produkt-bezogene Qualitätsmaße
  Diese Qualitätsmaße beinhalten statisch ableitbare Charakteristika der Produkte. Hierzu gehören u.a. Komplexitätsmaße wie z.B. /GILB77/:
  ° Absolute strukturelle Komplexität (z.B. Anzahl der Moduln)
  ° Relative strukturelle Komplexität C_s

$$C_s = \frac{\text{Anzahl der Modulverbindungen}}{\text{Anzahl der Moduln}}$$

- Betriebsbezogene Qualitätsmaße
  Diese Qualitätsmaße beschreiben das Verhalten der Software im realen Betrieb (Anzahl Fehler bezogen auf Produktcharakteristika oder Zeitgrößen /BOWE79/ etc.).

Die Definition von Qualitätsmaßen erlaubt es, operationale Qualitätsziele festzulegen und diese anhand von Qualitätsmaßzahlen zu überprüfen (zu einer Aufzählung und Diskussion unterschiedlicher Qualitätsmaße und Qualitätsziele siehe u. a. /GILB77/, /MCCA77/, /BASI80/).

2.2.2.3 Qualitätsziele und Qualitätsmaßzahlen

Während Qualitätsanforderungen allgemeine Aussagen, wie z.B. "gute Änderbarkeit", "hohe Richtigkeit", " hohe Sicherheit" etc. beinhalten, stellen Qualitätsziele meßbare Größen dar, bei deren Erreichen die Qualität als hinreichend betrachtet wird /MEGE81b/. Beispiele für typische Qualitätsziele, die für die genannten globalen Qualitätsanforderungen herangezogen werden können, sind Abbildung 2-6 zu entnehmen. Sie können für unterschiedliche Betrachtungsebenen (Zeitpunkt, Zweck) mit entsprechender Konkretisierung vorgegeben werden. Qualitätsziele dienen als Endekriterien für Maßnahmen der Software-Entwicklung (z.B. Testziel für Testaktivitäten) sowie als Freigabe- und Abnahmekriterien im Rahmen der Kontrolle.

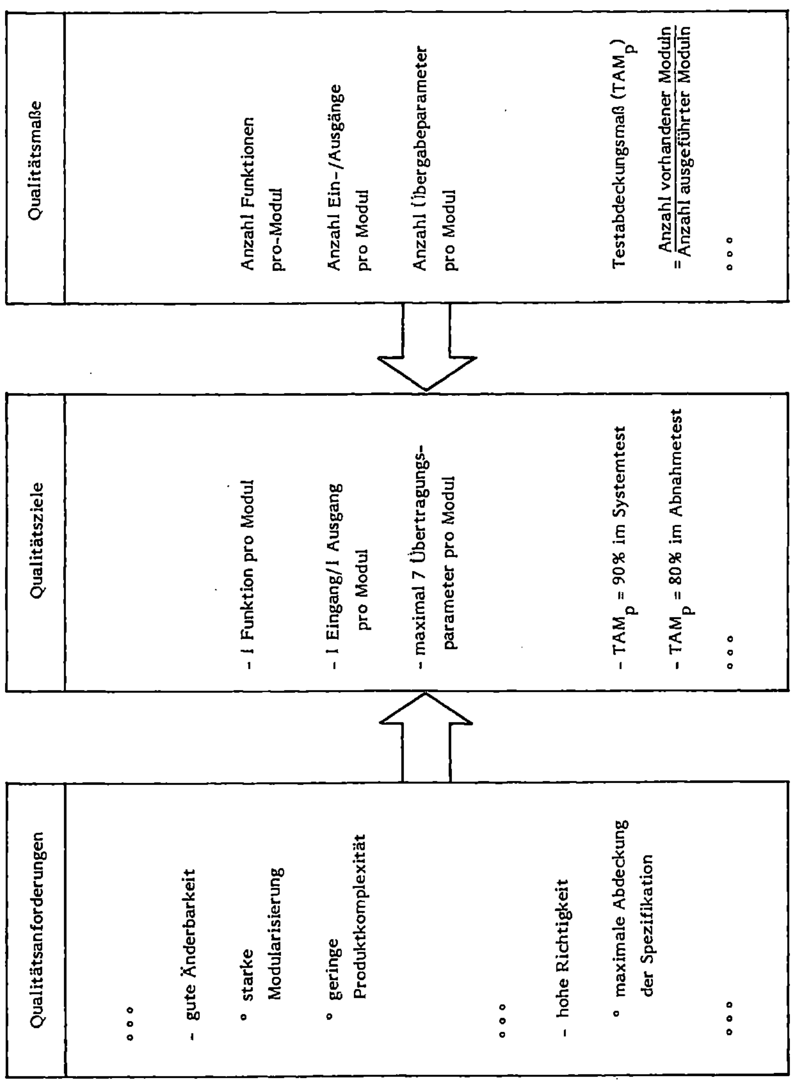

Abb. 2-6: Beispiele für Qualitätsziele

Durch Abbildung 2-6 werden folgende Aspekte verdeutlicht:

- Als Basis für einzelne Qualitätsanforderungen können unterschiedliche Qualitätsmaße Verwendung finden. Es sind solche Maße auszuwählen, die eine hohe Korrelation zu den Anforderungen haben.

- Ein Qualitätsziel deckt hierbei nicht notwendigerweise sämtliche Aspekte einer Qualitätsanforderung ab, so daß es teilweise notwendig ist, mehrere Qualitätsziele zu verwenden (z.B. Qualitätsziele für Richtigkeit).

- Ggf. sind alternativ mehrere (gleich aussagefähige) Qualitätsziele verfügbar; in diesem Fall ist unter Zweckmäßigkeitsaspekten auszuwählen (z.B. unter Aufwandsaspekten).

Die konkrete Festlegung von Qualitätszielen als eine wesentliche Aufgabe zur Sicherstellung der Qualität stößt in der Praxis auf weitgehend ungelöste Probleme.

Schwierigkeiten sind unter anderem durch folgende Faktoren bedingt:

- Es treten Zielkonflikte dadurch auf, daß verschiedene Qualitätsziele unterschiedliche Wirkungen haben. Dies ist analog zu den Zielbeziehungen zwischen den Qualitätsmerkmalen.

- Es fehlen gesicherte Aussagen über Werte von Qualitätszielen. So ist etwa weder praktisch noch theoretisch nachgewiesen, welcher Wert z.B. für die Anzahl der Übergabeparameter pro Modul sinnvoll ist (siehe Abb. 2-6). Hier ist zur Zeit i.a. nur eine pragmatische Vorgehensweise möglich, bei der bestimmte, sinnvoll erscheinende Werte für die Qualitätsmaße bestimmt werden und nachfolgend die positiven bzw. negativen Wirkungen erfaßt und analysiert werden.[3]

Die Bedeutung der Qualitätsmaßzahlen ist dadurch gegeben, daß hierdurch objektive Aussagen über die Qualität von Zwischen-/Endprodukten in Software-Projekten möglich sind. Gerade diese objektiven Aussagen können aber nur die Grundlage für eine verantwortungsvolle Freigabe, Abnahme oder Bewertung von Software-Produkten sein. Dies wird bisher in der Praxis in einem viel zu geringen Ausmaß beachtet.

Bereiche, in denen auch bisher schon Qualitätsmaßzahlen in mehr oder weniger großem Umfang Anwendung finden, sind solche mit besonders hohen Qualitätsanforderungen, speziell mit extrem sicherheitsrelevanten Aufgabenstellungen. Beispiele hierfür sind Software-Produkte

- zur Steuerung von Kernkraftwerken,

- in der Raumfahrt,

- für komplexe Dialoganwendungen in Banken/Versicherungen.

---

3) Vergleiche hierzu auch die anläßlich der GI-Jahrestagung 1982 unter dem Generalthema "Quantifizierung der Qualität" vorgestellten Beiträge /BALZ81/, /KEUT81/, /MEGE81b/, /SCHU81/, /VOGE81/).

Allein die Qualitätsmaßzahlen sind noch nicht ausreichend und zwar wegen der - oben schon erwähnten - Schwierigkeiten der Bewertung quantitativer Angaben. Neben den Qualitätsmaßzahlen sind zusätzliche Angaben/Informationen über die Eignung der Software-Produkte erforderlich; die Eignung kann z.B. durch die Anzahl der aufgetretenen Fehler bei der Nutzung, den Aufwand zur Pflege und Anpassung von Software-Systemen zum Ausdruck gebracht werden.

Durch das Aufstellen von Beziehungen zwischen den Qualitätsmaßzahlen einerseits und den Angaben zur Eignung andererseits ist man langfristig in der Lage, quantitative Angaben über die Qualität zu machen.

Darauf aufbauend ist die Möglichkeit gegeben, die zur Erreichung der gemessenen Qualität angewendeten Maßnahmen feinzusteuern. Dies ist insbesondere wichtig, da die aus den Qualitätsanforderungen abgeleiteten Qualitätsziele und die zur Erreichung der Qualitätsziele erforderlichen Maßnahmen in einem angemessenen Nutzen-/Kosten-Verhältnis stehen müssen.

2.3 Maßnahmen zur Erreichung der Qualität von Software-Produkten

Geht man einmal davon aus, daß der Software-Entwickler weiß, welche Funktionen das Software-Produkt haben soll und welchen Umfang und welche Art von Software-Qualität er anstrebt, dann stellt sich die Frage, wie die definierten Funktionen und die definierte Qualität erreicht werden können.

> Software-Qualitätssicherung
> Gesamtheit aller Tätigkeiten im Software-Lebenszyklus, die bewußt auf die Erreichung von Qualität ausgerichtet sind.

Die Software-Qualitätssicherung ist nicht auf den Entwicklungsprozeß begrenzt, sondern bezieht sich auch auf den Betrieb eines Software-Produkts sowie insbesondere auf die Pflege und Anpassung von Software-Produkten. Die Notwendigkeit dieser Sichtweise ergibt sich dadurch, daß Software-Qualität keine einmal erreichte feste Größe ist, sondern im Laufe der Zeit (Betrieb, Pflege und Anpassung) die einmal erreichte Qualität eines Software-Produkts sowohl positiv als auch negativ beeinflußt werden kann.

Sofern keine Änderungen des Software-Produkts durchgeführt werden, ist bezüglich einiger Merkmale, wie z.B. Effizienz, Richtigkeit oder Robustheit, die Konstanz der einmal erreichten Qualität sicherlich gegeben. Bei den Qualitätsmerkmalen Sicherheit und Handhabbarkeit aber ist dies zweifelhaft: hierbei kann das Qualitätsniveau durch Änderungen der Einsatzumgebung, die keine direkten Änderungen in dem Software-Produkt darstellen, beeinflußt werden, wie z.B.:

- Einfache Sicherheitsregelungen können kurzfristig zu einer hohen Sicherheit führen. Mit der Zeit lernen jedoch die Benutzer das System kennen und spüren zwangsläufig auch Schwächen oder Lücken im Sicherungssystem auf. Die Sicherheit des Software-Produkts nimmt ab.

- Die Handhabbarkeit wird wesentlich bestimmt von den Anforderungen der Benutzerseite. Diese aber steigen ständig mit der Dauer seiner DV-Erfahrung sowie insbesondere durch technische Neuerungen oder Möglichkeiten der Rationalisierung und Verbesserung. Mit steigender Nutzungsdauer nimmt die Handhabbarkeit ab, da die Anforderungen des Benutzers steigen.

Sobald Änderungen in einem Software-Produkt erfolgen, ist die Konstanz der Qualität in keiner Weise mehr gesichert; es ist vielmehr so, daß gerade Änderungen vielfach zu negativen Auswirkungen auf die Gesamtqualität führen. So kann es z.B. sein, daß zwar ein Fehler in einem Software-Produkt behoben wird, hierbei aber gleichzeitig - als sog. "side-effects" - neue Fehler verursacht werden.

Nachfolgend wird auf folgende Aspekte der Software-Qualitätssicherung bezogen auf Software-Produkte eingegangen :
- Aufgaben der Qualitätssicherung,
- Maßnahmen zur Qualitätssicherung,
- Aktivitäten der Qualitätssicherung.

Während der Entwicklung, des Betriebs bzw. der Pflege und Anpassung sind folgende Aufgaben der Qualitätssicherung zu differenzieren.
- Qualitätserzeugung

  Die Erzeugung der Qualität umfaßt folgende Teilaufgaben:
  ° Fehlervermeidung,
  ° Fehlererkennung,
  ° Fehlerlokalisierung,
  ° Fehlerbehebung.

  Durch die Fehlervermeidung soll die geforderte Qualität beim Konstruieren von vornherein sichergestellt werden. Da die Erfahrungen jedoch gezeigt haben, daß die Fehlervermeidung bisher (noch) nicht in der Lage ist, die geforderte Qualität sicherzustellen, sind weitere Aufgaben einzubeziehen, die am konkreten Software-Produkt ansetzen. Die Fehlerkennung dient zur Aufdeckung von Qualitätsmängeln durch einen Soll-/Ist-Vergleich, während die Fehlerlokalisierung und -behebung zur Behebung von Mängeln herangezogen werden.

Die Qualitätserzeugung ist insgesamt eine Aufgabe der Qualitätssicherung, die in allen Phasen des Software-Lebenszyklus zu erfolgen hat. Während die Fehlervermeidung primär in der Entwicklung und bei der Pflege und Anpassung von Bedeutung ist, sind die anderen Teilaufgaben in allen Phasen im Software-Lebenszyklus - ggf. in unterschiedlicher Form - durchzuführen. So ist z.B. der Einsatz von Entscheidungstabellen möglich, um während der Entwicklung sowie bei der Pflege und Anpassung Fehler zu vermeiden; dieses Hilfsmittel ist aber für den Betrieb des Software-Produkts nicht bedeutend. Dahingegen ist das Testen eine Methode zum Erkennen von Fehlern sowohl in der Entwicklung, Pflege und Anpassung als auch während des Betriebs.

- Qualitätsbewertung

  Die Qualitätsbewertung wird mit der Zielsetzung der ausschließlichen Feststellung der vorhandenen Qualität durchgeführt.

Die Aufgaben der Qualitätssicherung für Software-Produkte können durch unterschiedliche Maßnahmen realisiert werden. Die Gesamtheit der Maßnahmen zur Durchführung der Qualitätssicherung kann in zwei Klassen untergliedert werden:[4]

- Konstruktive Maßnahmen

  Konstruktive Maßnahmen sind alle Maßnahmen, die während der Entwicklung bzw. Wartung von Software-Produkten angewendet werden, um das Entstehen von Fehlern oder minderer Qualität zu vermeiden bzw. allgemein die Qualitätsanforderungen zu erfüllen.

- Analytische Maßnahmen

  Analytische Maßnahmen setzen stets an konkreten Software-Produkten (Zwischen- oder Endprodukten) an und zielen darauf ab, Aussagen über die Qualität der Software-Produkte zu machen und gegebenenfalls zusätzlich erforderliche konstruktive bzw. weitere analytische Maßnahmen zu veranlassen.

Der Zusammenhang zwischen den Aufgaben der Qualitätssicherung und den Maßnahmen ist aus Abbildung 2-7 ersichtlich.

---

4) Die Zuordnung der Grundfunktionen Konstruieren, Analysieren und Dokumentieren (siehe Abschnitt 1.1) zu den genannten Maßnahmen ist hinsichtlich der beiden erstgenannten Grundfunktionen eindeutig; Dokumentieren ist dagegen sowohl bei den konstruktiven als auch bei den analytischen Maßnahmen erforderlich. Die Notwendigkeit ergibt sich daraus, daß sowohl die Ergebnisse konstruktiver Tätigkeiten als auch die Ergebnisse analytischer Tätigkeiten zu dokumentieren sind.

	Aufgaben der Qualitätssicherung
Konstruktive Maßnahmen	Fehlervermeidung Fehlerbehebung
Analytische Maßnahmen	Fehlererkennung Fehlerlokalisierung Qualitätsbewertung

<u>Abb. 2-7:</u>   Maßnahmen zur Lösung der Aufgaben der Software-Qualitätssicherung

Während die konstruktiven Maßnahmen insbesondere in der ersten Hälfte der 70er Jahre im Vordergrund der Betrachtung standen, hat sich inzwischen die Einsicht durchgesetzt, daß diese alleine nicht ausreichen, sondern analytische Maßnahmen in jedem Fall erforderlich sind. Die Bedeutung konstruktiver Maßnahmen wurde u.a. durch die These hervorgehoben, daß die Erzeugung von Qualität allein durch die Wahl geeigneter Konstruktionsmethoden, die zur Vermeidung von Fehlern geeignet sind, möglich sei /DIJK75/; hier wurde jedoch relativ schnell erkannt, daß - insbesondere in der industriellen Produktion von Software - diese These nicht realistisch ist, sondern i.a. die Teilaufgaben der Fehlervermeidung, -erkennung, -lokalisierung und -behebung in Kombination miteinander einzusetzen sind.

Die Bedeutung konstruktiver Maßnahmen soll hier aber nicht geschmälert werden. Sie können zur Vermeidung von Fehlern beitragen, nicht aber deren Entstehen garantiert verhindern; ferner können sie analytische Maßnahmen erleichtern (z.B. Verbesserung der Testbarkeit). Die Möglichkeit der Fehlervermeidung und/oder Erleichterung analytischer Maßnahmen sind somit wesentliche Kriterien zur Auswahl und Gestaltung konstruktiver Maßnahmen.

Die analytischen Maßnahmen dienen zunächst zur Fehlererkennung, -lokalisierung und -behebung; sie verifizieren bzw. falsifizieren, daß geforderte Funktionen oder Eigenschaften eines Software-Produkts mit den realisierten Funktionen bzw. Eigenschaften übereinstimmen bzw. geforderte Tätigkeiten während des Produktionsprozesses anforderungsgerecht durchgeführt worden sind. Darüber hinaus werden analytische Maßnahmen zur Qualitätsbewertung herangezogen (siehe Abb. 2-7).

Hervorzuheben ist, daß nur die Kombination von konstruktiven und analytischen Maßnahmen eine sinnvolle Qualitätssicherung ermöglicht. Auf die konstruktiven Maßnahmen soll an dieser Stelle nicht weiter eingegangen werden.

Für die Einbeziehung der analytischen Maßnahmen der Qualitätssicherung in den Software-Lebenszyklus können folgende Klassen von Aktivitäten differenziert werden (siehe Abb. 2-8).

- Qualitätsplanung

  Aufgabe der Qualitätsplanung ist die Definition der Qualitätsanforderungen des Software-Produkts (Qualitäts-Produktplanung) und die Planung der Produktion zur Sicherstellung der Qualitätanforderungen. Die Tätigkeiten der Qualitäts-Produktplanung führen zu Ergebnissen in Form von Qualitätszielen (vgl. hierzu u.a. /BONS82b/, /BOWE79/, /BASI80/). Bei der Festlegung der Vorgehensweise zur Erreichung der Qualitätsziele werden sämtliche Komponenten der Durchführung determiniert, die geeignet sind, zur Erreichung der Qualitätsziele für ein Software-Produkt beizutragen. Diese umfassen:
  ° Konstruktionsplanung,
  ° Dokumentationsplanung,
  ° Analyseplanung.

  Ergebnisse dieser Planungsaktivität sind u.a. (vgl. z.B. /IEEE81/):
  ° Festlegung von Standards und Konventionen für das Konstruieren, Analysieren oder Dokumentieren,
  ° Festlegung der durchzuführenden Tätigkeiten,
  ° Festlegung der Zuständigkeiten von Mitarbeitern für Tätigkeiten,
  ° Auswahl der einzusetzenden Verfahren bzw. Werkzeuge.

- Qualitätsdurchführung

  Die Qualitätsdurchführung beinhaltet alle Tätigkeiten des Konstruierens, Analysierens und Dokumentierens zur Realisierung der in der Qualitätsplanung festgelegten Komponenten. Hierzu zählen alle Komponenten, die der unmittelbaren Erzeugung sowie der Verbesserung der Qualität in der Durchführungsphase zuzuordnen sind (z.B. Erstellen (Konstruieren) einer Anforderungsspezifikation mit SADT /ROSS77/, Durchführung von Walk Throughs /MEGE82a/, Dokumentieren der Testfälle, Dokumentieren des Betriebshandbuchs nach vorgegebenen Konventionen etc.).

- Qualitätskontrolle

  Die Qualitätskontrolle dient der Kontrolle des Erreichens der Qualitätsanforderungen an Software-Produkte sowie der Überwachung und Steuerung der Produktion von Software im Hinblick auf die Vorgaben der Qualitätsplanung. Die Kontrolle des Erreichens der durch die Qualitätsplanung festgelegten Zielgrößen für die Produkte wird auch als Qualitäts-Produktkontrolle bezeichnet. Darüber hinaus ist die Kontrolle der Vorgehensweise durchzuführen. Diese umfaßt:

  °   Konstruktionskontrolle,

  °   Dokumentationskontrolle,

  °   Analysekontrolle.

  Hierbei erfolgt die Kontrolle u.a. im Hinblick auf die Einhaltung der festgelegten Tätigkeiten, des Einsatzes von Methoden, Verfahren und Werkzeugen sowie Standards.

  Ergebnisse der Qualitätskontrolle können sowohl Entscheidungen über die Abnahme und Freigabe von Zwischen-/Endprodukten als auch die Initiierung von Korrekturmaßnahmen bei Nichterreichen der geforderten Qualität sein. Hierbei werden unterschiedliche Informationen aus der Durchführung verwendet bzw. zusätzliche, ausschließlich für die Qualitätskontrolle relevante Daten ermittelt.

Von der Gesamtheit der unterschiedlichen Aktivitäten, die im Rahmen der Qualitätssicherung von Bedeutung sein können, wird nachfolgend primär auf die Aktivitäten eingegangen, die dem Analysieren zuzuordnen sind. Darüber hinaus werden Teilbereiche des Dokumentierens behandelt, soweit sie für die hier einbezogenen Teile des Analysierens von Bedeutung sind. Hierbei werden sowohl Aspekte der Durchführung als auch der Planung und Kontrolle behandelt.

2.4 Testen als analytische Maßnahme der Qualitätssicherung

Testen ist eine "Methode zur Aufdeckung von Fehlern" in Zwischen- und Endprodukten des Software-Lebenszyklus.

Fehler sind sämtliche Abweichungen zwischen dem geforderten und dem tatsächlich realisierten Aufbau und Verhalten von Software-Produkten.

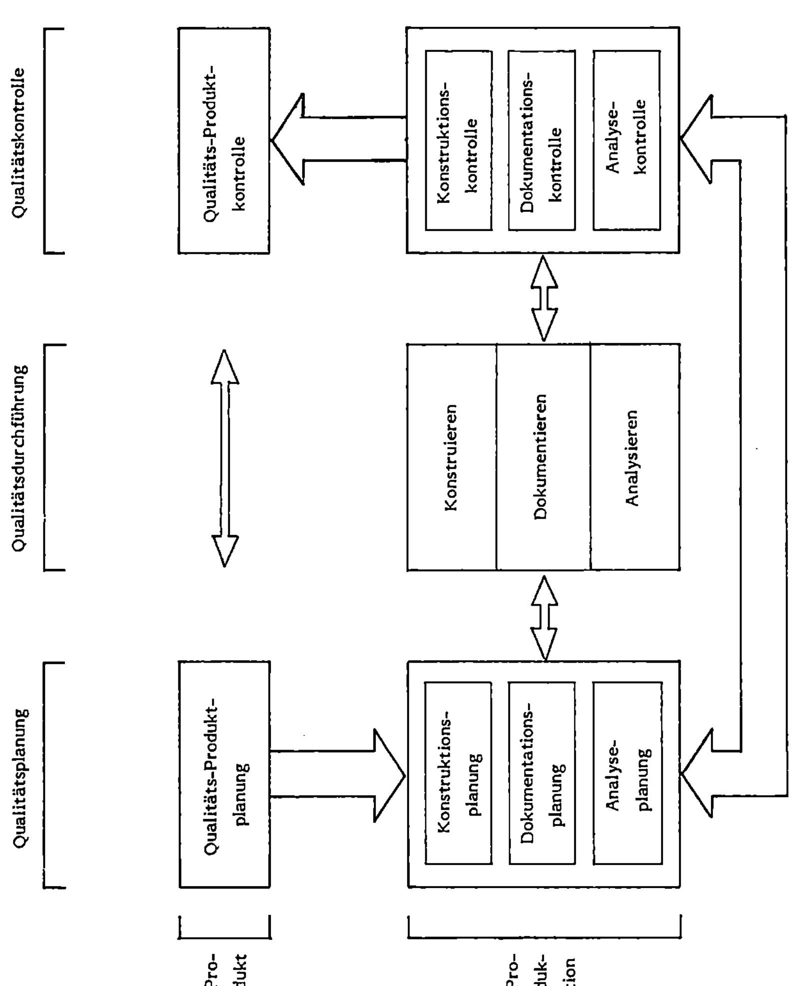

Abb. 2-8: Beziehungen zwischen den Aktivitäten der Qualitätssicherung

2.4.1 Einordnung des Testens

Analytische Maßnahmen der Qualitätssicherung für Software-Produkte sind - wie im Abschnitt 2.3 ausgeführt - solche Maßnahmen, die Ergebnisse (Zwischen-/End-produkte) im Software-Lebenszyklus analysieren, um Fehler in den Produkten aufzu-decken bzw. Aussagen über die Qualität der vorliegenden Produkte zu machen.

Analytische Maßnahmen werden auf alle Qualitätsmerkmale bezogen, wenn auch die einzelnen analytischen Maßnahmen in unterschiedlichem Maße zur Beurteilung von Software-Produkten bzw. der Vorgehensweise im Erstellungs-/Änderungsprozeß (Software-Produktion) hinsichtlich der einzelnen Qualitätsmerkmale geeignet sind.

Hinsichtlich der Analyse von Software-Produkten sollen folgende Klassen analy-tischer Maßnahmen unterschieden werden (vgl. z.B. /MILL77/, /RAMA82/, /SCHM80b/, /FAIR78/, /DARR78/):
- Beweisen,
- Symbolische Ausführung,
- Testen,
- Messen.

Beweisen beinhaltet eine formale Vorgehensweise zur Analyse der funktionalen Korrektheit eines Programms anhand "mathematisch-logischer Schlußweise" /NTG82, Empfehlung 3004/; das Beweisen bezieht sich ausschließlich auf das Quali-tätsmerkmal Richtigkeit. Beweisen ist hinsichtlich der Praktikabilität durch starke Restriktionen gekennzeichnet. Da der Aufwand für den Beweis von Programmen "sich stärker als proportional zum Umfang des Programmes vergrößert, wird darin sehr oft die Beschränkung des Verfahrens gesehen" /ENDR77, S. 324/. Selbst bei re-lativ kleinen Programmen ist der Aufwand zur Durchführung eines Beweises relativ groß /RAMA82/. Darüber hinaus ist der Beweis "vor allem deshalb nicht umfassend praktikabel, weil er nur die Konsistenz zweier statischer Formulierungen nachwei-sen kann, nicht aber die Übereinstimmung des dynamischen, zeitabhängigen Prozes-ses der Programmausführung mit den realen Anforderungen" /HEMM77, S.40/.

Die symbolische Ausführung ist eine Vorgehensweise zur Prüfung von Programmen durch interpretative Ausführung, wobei das Testobjekt mit symbolischen Daten ausgeführt wird; die hierbei erstellten Ergebnisse (Pfadprädikate) werden hinsicht-lich der Übereinstimmung mit vorgegebenen Zielsetzungen (assertions) überprüft (vgl. u.a. /KING75/, /CLAR76/, /HOWD77/, /RAMA76/, /HENN79/). Eine einzelne symbolische Ausführung kann äquivalent sein zur Ausführung eines Testobjekts mit einer Vielzahl von Testdaten /RAMA82/. Die symbolische Ausführung bezieht sich auf das Qualitätsmerkmal Richtigkeit. Die Bedeutung der symbolischen Ausführung wird zukünftig größer werden, wenn die - heute noch im experimentellen Stadium befindlichen - Werkzeuge praktisch einsetzbar sind.

Testen ist die am weitesten verbreitete analytische Maßnahme zur Aufdeckung von Fehlern in Software-Produkten (siehe Abb. 2-9). Testen ist eine informelle Vorgehensweise, durch die zwar das Vorhandensein von Fehlern, nicht aber - zumindest hinsichtlich bestimmter Qualitätsmerkmale (z.B. Richtigkeit, Robustheit etc.) - deren Nicht-Vorhandensein nachgewiesen werden kann /DAHL72/, /MYER76/. Der Erfolg des Testens - insbesondere die angestrebte Vollständigkeit - ist im wesentlichen von der systematischen Vorgehensweise abhängig. Testen dient der Analyse von Zwischen- und Endprodukten im Software-Lebenszyklus in bezug auf sämtliche Qualitätsmerkmale.

Messen ist eine Vorgehensweise zur Feststellung der Qualität von Software-Zwischen-/Endprodukten. Hierbei werden für ein Software-Produkt bestimmte Qualitätsmaßzahlen ermittelt; wesentlicher Unterschied gegenüber dem Testen ist darin zu sehen, daß beim Messen nicht notwendigerweise den Qualitätsmaßzahlen Sollgrößen (Qualitätsziele) gegenübergestellt werden, um so mögliche Abweichungen aufzudecken. Vielmehr ist es das ausschließliche Ziel des Messens, die Qualitätsmaßzahlen zu bestimmen. Dies ist z.B. für die DV-Revision wichtig.

	Aufgaben der Qualitätssicherung
Konstruktive Maßnahmen	Fehlervermeidung Fehlerbehebung
Analytische Maßnahmen	**TESTEN** Fehlererkennung Fehlerlokalisierung Qualitätsbewertung

Abb. 2-9:   Einordnung des Testens als Methode der Software-Qualitätssicherung

Während das Beweisen trotz langjähriger, teilweise intensiver Bemühungen nicht zu einer praktikablen analytischen Maßnahme wurde, stellt die symbolische Ausführung einen vielversprechenden Ansatz dar, der allerdings im jetzigen Stadium noch teilweise erhebliche Restriktionen aufweist, die einem industriellen Einsatz entgegenstehen. Testen ist die allgemein übliche Methode zur Aufdeckung von Fehlern. Messen wird heute noch in relativ geringem Maße angewendet, was im wesentlichen dadurch begründet ist, daß Qualitätsmaße nicht in ausreichendem Umfang definiert sind und die Nutzung von Qualitätsmaßzahlen umfassend (bisher) weder theoretisch dargestellt noch der Nutzen praktisch aufgezeigt und nachgewiesen worden ist.

2.4.2 Testen von Software-Produkten

Testen bezieht sich auf alle Arten von Software-Produkten, d.h. sowohl auf Zwischen- als auch auf Endprodukte (Testobjekte).

Testobjekte sind somit nicht nur Programme, sondern - insbesondere aufgrund der Vielzahl derartiger Produkte - auch Dokumente. Dokumente werden insofern als Testobjekte bezeichnet, als für diese Art von Testobjekten teilweise gleiche Methoden und Verfahren des Testens eingesetzt werden sowie ähnliche Vorgehensweisen bei der Analyse erforderlich sind. Für das Testen von Dokumenten werden teilweise andere Bezeichnungen wie z.B. Inspektion, Review, Code Reading etc. (vgl. z.B. /BONS80/, /LUMB82/) verwendet.

2.4.2.1 Testen von Dokumenten

Dokumente können sowohl manuell als auch automatisiert erstellt und verwaltet werden.

Folgende Zwischen-/Endprodukte in Software-Projekten liegen - beim gegenwärtigen Stand der Technologie - im allgemeinen als Dokumente in dem hier definierten Sinne vor :
- Problembeschreibung,
- Sollkonzept,
- Fachliches Grobkonzept,
- Fachliches Feinkonzept,
- Detailentwurf,
- Programmdokumentation,
- Organisationshandbücher
    ° Benutzerhandbuch,
    ° Betriebshandbuch.

Die Bedeutung des Testens von Dokumenten ist dadurch begründet, daß nach empirischen Untersuchungen die Mehrzahl der während des Software-Lebenszyklus gefundenen Fehler schon bei der Erstellung der Vorgaben für die Codierung (Problembeschreibung bis DV-technischer Detailentwurf) verursacht werden und nur ein geringer Teil aus der Codierung resultiert.

Bei Untersuchungen von Boehm (siehe Abb. 2-10) ergab sich, daß 64% der Software-Entwicklungsfehler vor der DV-technischen Realisierung vorhanden waren und nur 36% der Fehler in der DV-technischen Realisierung verursacht worden sind. 70% dieser Entwurfsfehler, das sind 45% der Gesamtfehler, wurden erst nach Abschluß der DV-technischen Realisierung beim Abnahmetest oder in der Nutzungsphase entdeckt /BOEH75/.

Es ist notwendig, durch frühzeitiges Testen Fehler möglichst nahe ihrem Ursprung aufzudecken, d.h. bevor durch Folgefehler in nachfolgenden Produkten zusätzlicher vermeidbarer Aufwand für die Fehlerbeseitigung entstanden ist.

Testen von Dokumenten wird im allgemeinen nicht-automatisiert durchgeführt. Sofern die Dokumente formal beschrieben sind - z.B. Entwurfsspezifikationen in PSL (Problem Statement Language) - und entsprechende Werkzeuge zur Verfügung stehen (z.B. PSA (Problem Statement Analyzer) /TEIC77/), besteht die Möglichkeit, bestimmte Testaufgaben automatisiert durchzuführen. Hierbei handelt es sich im wesentlichen um formale Analysen; inhaltliche Analysen können nur in begrenztem Umfang durchgeführt werden (vgl. hierzu u.a. /OEST82/).

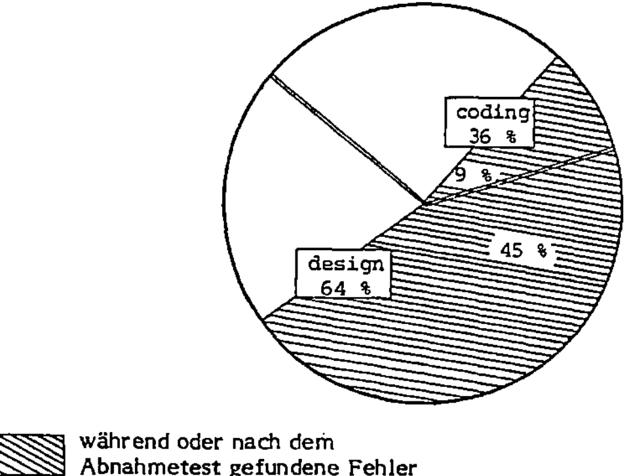

Abb. 2-10:   Fehlerentstehung und Fehlererkennung /BOEH75/

Die nicht-automatisierte Vorgehensweise beim Testen von Dokumenten wird vielfach gleichgesetzt mit einer unsystematischen Vorgehensweise; so wird z.B. ein Systementwurf von zwei Systemanalytikern "durchgesprochen", oder die geplanten Ausgabelisten eines Software-Systems werden mit dem zukünftigen Anwender "abgesprochen", wobei der Anwender das Protokoll der Absprache ggf. auch noch gegenzeichnet. Eine derartige Vorgehensweise kann aber keineswegs als systematisches Testen von Dokumenten bezeichnet werden, sondern erfüllt vielfach lediglich eine Alibi-Funktion. Das systematische Testen von Dokumenten erfordert vielmehr eine formalisierte Vorgehensweise, die auf die Fehleraufdeckung ausgerichtet ist. Hierbei sollten u.a.

- die für das Testen heranzuziehenden Personen entsprechend den Anforderungen an die für sie erforderlichen Kenntnisse ausgewählt werden,
- die Besprechungsunterlagen frühzeitig zur Verfügung gestellt und die Besprechung vorbereitet werden,
- Checklisten verwendet werden (z.B. TEST-CHECK /CHEC82/).

2.4.2.2 Testen von Programmen

Als "Programme" werden sowohl einzelne als auch die zur Lösung einer Aufgabe insgesamt erforderlichen Programme (Programmsystem) sowie darüber hinaus Bestandteile von einzelnen Programmen (Programmbausteine) bezeichnet. Programmbausteine sind Moduln oder Komponenten. Als Moduln werden selbständig übersetzbare, aber nicht selbständig ausführbare Folgen von Anweisungen, die über einen Namen angesprochen werden können, bezeichnet; Moduln können wiederum in Prozeduren differenziert werden. Mehrere zusammengehörige Moduln werden als Komponente bezeichnet.

Obwohl das Testen von Dokumenten in der Zukunft eine immer größere Bedeutung erlangen wird, steht heute (noch) das Testen von Programmen im Vordergrund der Betrachtung. Testen von Programmen wird allerdings auch in der Zukunft - selbst bei Verfügbarkeit umfassender Techniken zur Konstruktion und Analyse von Dokumenten - weiterhin eine hohe Bedeutung haben, da immer noch der letzte, durchzuführende Dekompositions- oder Umsetzungsschritt zu überprüfen ist. Ausnahmen sind ausschließlich dann zu erwarten, wenn die eigentliche Realisierung (Codierung) generell durch Werkzeuge wie z.B. Generatoren erfolgen könnte; in diesem Fall wären die generierten Programme zwar auch nur in gewissem Maße zu testen - insbesondere da die Fehlerfreiheit des Generators wohl nicht sicherzustellen ist - , das Hauptaugenmerk würde in diesem Fall auf die Analyse der Vorgaben für der Generierung und auf das Testen des fertigen Endprodukts im Hinblick auf diese Vorgaben gelegt.

Zielsetzung des Testens von Programmen ist nun nicht nur die Analyse eines Testobjekts hinsichtlich der Codierungsfehler, die i.a. nur einen relativ geringen Teil der insgesamt nachgewiesenen Fehler ausmachen (siehe Abb. 2-9), sondern ebenso die Analyse im Hinblick auf die richtige Umsetzung der Vorgaben als auch die Berücksichtigung der nicht schriftlich formulierten Anforderungen an das Testobjekt sowie die Analyse hinsichtlich der Einhaltung vorgegebener Standards etc.

Testen von Programmen wird vielfach als automatisiertes Testen - ohne bzw. mit Daten - betrachtet; demgegenüber ist aber auch die nicht-automatisierte Analyse von Programmen (z.B. Quellcodelisten) Gegenstand des Testens von Programmen; dies nicht zuletzt deshalb, weil bestimmte Analysen eben nur nicht-automatisiert durchführbar sind. So ist z.B. die Analyse eines Programms auf Verständlichkeit (etwa durch Analyse der Aussagefähigkeit von Kommentaren etc.) nahezu ausschließlich nicht-automatisiert durchführbar.

Beim automatisierten Testen von Programmen sind neben der eigentlichen Ausführung auf der ADV-Anlage - insbesondere beim dynamischen Testen - eine Vielzahl vorbereitender Aktivitäten (z.B. Analyse der Einhaltung von Darstellungskonventionen, Testfallermittlung, Testdatenerstellung etc.) sowie der Testausführung nachfolgender Aktivitäten (Ergebnisprüfung, Erstellen von Teststatistiken etc.) erforderlich.

Für das Testen - und dies gilt sowohl für das Testen von Dokumenten als auch Programmen - ist die Berücksichtigung einer umfassenden Testsystematik unverzichtbar um sicherzustellen, daß festgelegte Aufgaben (Testaufgaben) zu bestimmten Zeitpunkten im Testprozeß (Testphasen) durch definierte Vorgehensweisen (Testarten) und genau festgelegte Aktivitäten (Testaktivitäten) bearbeitet werden.

3 Aufgaben des Testens

Hinsichtlich bestimmter Qualitätsmerkmale, wie z.B. Richtigkeit, Robustheit, Sicherheit etc., ist Testen primär darauf ausgerichtet, das Vorhandensein von Fehlern nachzuweisen; dies resultiert im wesentlichen daraus, daß hinsichtlich dieser Merkmale die für den Nachweis der Fehlerfreiheit erforderliche Vollständigkeit des Testens (exhaustive testing) - bei praxisrelevanten Software-Produkten - nicht realistisch ist. Hinsichtlich anderer Qualitätsmerkmale, wie z.B. Portabilität, Änderbarkeit etc., ist es dahingegen (eher) möglich, den Nachweis der Fehlerfreiheit eines Software-Produkts in Bezug auf diese Eigenschaften zu erbringen.

Die kritische Einstellung zum Software-Produkt - d.h. die Ausrichtung sämtlicher Maßnahmen auf die Fehlererkennung - sollte die beherrschende Komponente im Testprozeß sein.

Die Aufgabe der Fehlererkennung ist bisher nur sehr allgemein abgegrenzt. Sie wird im folgenden stärker konkretisiert, um letztlich eine Operationalisierung der Aufgaben des Testens für unterschiedliche Anwendungsbereiche zu schaffen.

> Testaufgabe
> Zielsetzung des Testens in Verbindung mit der Bestimmung der Objekte für einen
> Soll-/Ist-Vergleich.

3.1 Fehler in Software-Produkten

Potentiell in Software-Produkten vorhandene Fehler sind eine wesentliche Bestimmungsgröße zur Unterscheidung von Testaufgaben. Testaufgaben werden außerdem unter dem Gesichtspunkt der Durchführbarkeit und der Möglichkeiten zur Aufdeckung jeweils unterschiedlicher Klassen von Fehlern unterschieden.

Zur Unterscheidung von Fehlern sind eine Vielzahl unterschiedlicher Möglichkeiten der Klassifizierung gegeben; im folgenden werden zwei wesentliche Möglichkeiten näher charakterisiert.

Bei einer Klassifizierung von Fehlern nach Objekteigenschaften ergeben sich u.a. folgende Fehlerklassen (zur Begriffsabgrenzung einzelner Fehlertypen siehe u.a. /THAY78/):

- Fehler in der Be- oder Verarbeitung von Daten (z.B. Logikfehler (logic error), Berechnungsfehler (computation error), Fehler in der Datenbehandlung (data handling), Fehler in Funktions- oder Routineschnittstellen (interface error),
- Ein-/Ausgabe-Fehler (z.B. Fehler in der Daten- oder Dateibeschreibung (data definition), Fehler im Datenaustausch mit einem Anwender, einer Datenbank, einer Datei oder anderen Programmen),
- Umgebungsfehler (z.B. Fehler in der Dokumentation, importierte Fehler aus Betriebssystemen oder externen Hilfsroutinen),
- Fehler hinsichtlich nicht eingehaltener Qualitätsanforderungen (z.B. Mängel bezüglich der Sicherheit, Änderbarkeit, Testbarkeit etc.).

Bei einer Klassifizierung nach der tätigkeitsbezogenen Verursachung werden folgende Fehlerklassen unterschieden :

- Vorgabefehler (z.B. Fehler durch falsche Information, Fehler durch falsche Annahmen über die Umgebung der Software, Fehler in Spezifikationen (Sollkonzept, Grobkonzept etc.), Fehler in bisherigen Lösungen),
- Konstruktionsfehler (z.B. Auffassungs- oder Auswertungsfehler, Umsetzungsfehler, Darstellungsfehler, Kompilierungs-, Generierungs- oder Konfigurierungsfehler).

Zu weiteren Beispielen vgl. u.a. /TASS77/, /BOEH76/, /RUBE75/, /THAY78/.

Zur Unterscheidung von Testaufgaben erscheint es sinnvoll, ausgehend von der Definition des Fehlers als Abweichung zwischen einem vorgegebenen oder angestrebten Soll und einem realisierten Ist, geeignete Soll-Größen zu formulieren, die letztlich - im Soll-/Ist-Vergleich die Aufdeckung möglichst vieler Fehler zulassen.

3.2 Aufgaben des Testens von Software-Produkten

Aufgabe des Testens ist der Soll-/Ist-Vergleich zur Aufdeckung von Fehlern. Zur Charakterisierung des Soll-/Ist-Vergleichs ist das Objekt, das zu testen ist, sowie das Soll-Objekt, das als Anforderung an das Testobjekt dem Vergleich zugrunde liegt, zu definieren (siehe Abb. 3-1).

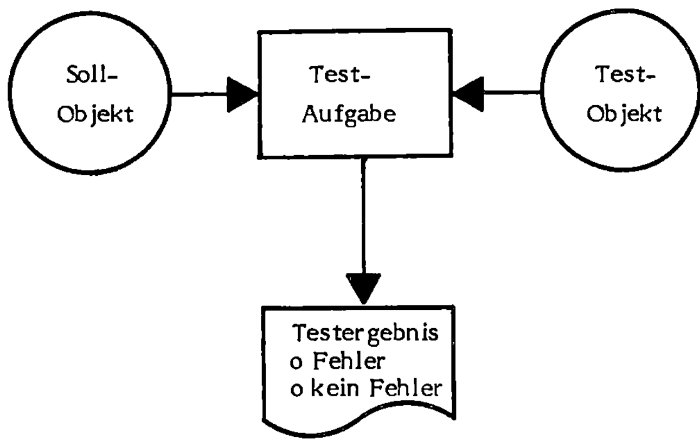

Abb. 3-1:   Eingangsgrößen und Ergebnisse von Testaufgaben

3.2.1 Testobjekte

Testobjekte können generell sämtliche Software-Produkte sein. Hierzu zählen Programme, Programmsysteme, zugehörige Dokumentationen, aber auch übergeordnete Aufgabenlösungen, in denen Programme wesentliche Teilaufgaben übernehmen.

Die Entwicklung von Software-Produkten erfolgt i.d.R. nicht in einem Schritt. Software-Produktion impliziert vielmehr eine Abfolge von Tätigkeiten, wodurch die angestrebte Problemlösung in mehreren Schritten konkretisiert wird. Software-Produkte können daher sowohl Zwischen- als auch Endergebnisse der Entwicklung sein, die unterschiedliche Konkretisierungsstufen der angestrebten Problemlösung dokumentieren.

Durch gezieltes Testen soll die Erkennung potentiell vorhandener Fehler in einem Produkt mit möglichst geringem Aufwand sichergestellt werden. Testen erfolgt aus Gründen der Durchführbarkeit und aus ökonomischen Gesichtspunkten nicht in einem Schritt (z.B. in einer Phase); Testen ist vielmehr eine projektbegleitende Maßnahme, die - in viele Einzelschritte aufgeteilt - in Kombination mit den übrigen Maßnahmen der Software-Entwicklung durchgeführt wird. Für die einzelnen Schritte des Testens sind jeweils bestimmte Teilaufgaben zu differenzieren, die durch funktional und zeitlich zusammenhängende Maßnahmen erfüllt und denen Einzelschritte im Software-Entwicklungsprozeß zugeordnet werden können.

Nachfolgend werden Objekte beschrieben, die mögliche Soll-Objekte zur Durchführung des Testens darstellen.

3.2.2   Soll-Objekte des Testens

Abb. 3-2 gibt einen Überblick über mögliche Soll-Objekte zur Durchführung des Testens. Im einzelnen können folgende Soll-Objekte differenziert werden:

- Umgebung des Testobjekts

  Die Umgebung des Testobjekts umfaßt im wesentlichen Elemente, mit denen die durch das Produkt beschriebene Software-Lösung im geplanten realen Einsatz zusammenwirkt und über einen Funktions- oder Datenaustausch eine bestimmte Leistung erbringt.

  Elemente in der Umgebung können sein:
  ° Programmbausteine, Moduln oder Komponenten sowohl in Form von Programmcode als auch in Form einer Spezifikation oder eines Entwurfs,
  ° Programme und Programmsysteme (als Programmcode oder als Spezifikation),
  ° Systemsoftware (z.B. Betriebssystem, Datenbank- und Datenkommunikationssysteme),
  ° technische Komponenten (z.B. Hardware-Komponenten, technische Prozesse),
  ° Benutzer (z.B. Sachbearbeiter der Fachabteilung).

  Diese Elemente decken die funktionale Umgebung eines Testobjekts ab. Sie legen aufgrund des logischen oder realen Zusammenwirkens bei der Leistungserstellung Anforderungen an das Testobjekt fest; Beispiele hierfür sind:
  ° Der Datenaustausch zwischen zwei Moduln setzt z.B. eine technisch richtige Schnittstelle voraus. Erwartet Modul A die Erfüllung einer bestimmten Funktion durch B, so muß diese Funktion in Modul B implementiert sein.
  ° Arbeitet ein Benutzer mit einem Programm, so müssen Programmergebnisse verständlich sein und sich richtig in den sonstigen Arbeitsablauf im Benutzerbereich einfügen.

  Ferner sind solche Elemente Bestandteil der Umgebung des Testobjekts, die als Hilfsmittel zur Anwendung bzw. zur Pflege und Anpassung von Programmen dienen. Hierzu zählen:
  ° Benutzerdokumentation und
  ° Programmdokumentation.

  Eine evtl. vorhandene Abweichung eines Programms von der Benutzer- oder Programmdokumentation kann z.B. zu Fehlern in der Anwendung, zur Nichtausnutzung des Funktionsumfangs oder auch zu erhöhten Kosten bei der Pflege und Anpassung von Software-Produkten führen.

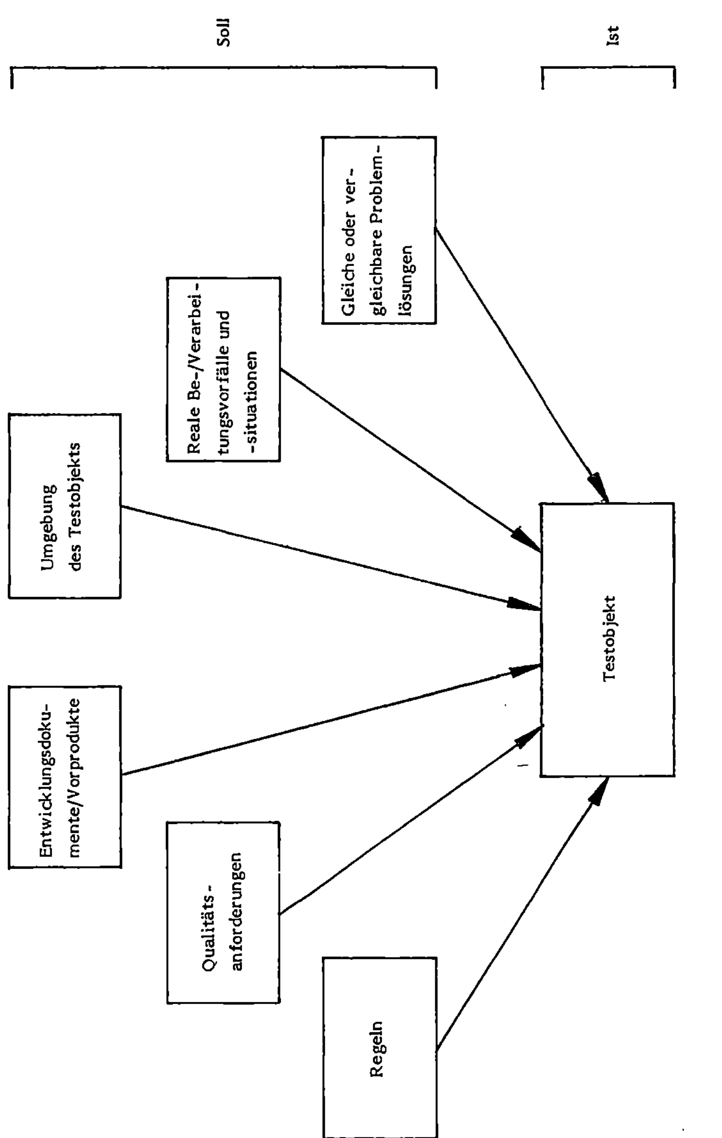

Abb. 3-2: Testobjekt und Soll-Objekte für den Soll-/Ist-Vergleich

- Entwicklungsdokumente/Vorprodukte

  Hierzu zählen Dokumente, die unterschiedliche Konkretisierungsstufen der Erstellung des Testobjekts dokumentieren und bei der Konstruktion des Testobjekts zugrunde gelegen haben.

  Für den Systementwurf sind z.B. folgende Vorprodukte zuzuordnen :
  ° Fachliches Feinkonzept mit der Funktionsbeschreibung des Gesamtsystems und der funktionalen Schnittstellenspezifikation,
  ° Fachliches Grobkonzept,
  ° Sollkonzept mit den System-Anforderungen als Ergebnis der Voruntersuchung sowie
  ° Problembeschreibung.

  Der Systementwurf selbst ist wiederum ein Entwicklungsdokument höherer Abstraktion (Vorprodukt) für die aufgrund dessen realisierten Programme oder Moduln.

- Qualitätsanforderungen

  Qualitätsanforderungen beinhalten die bei der Erstellung des Sollkonzepts explizit fixierten Anforderungen an das Ergebnis des Software-Projekts. Aufgrund ihrer Bedeutung für den Testprozeß werden sie in dieser Klassifikation als eigenständiges Soll-Objekt herausgestellt.

  Qualitätsanforderungen sind nicht nur Vorgaben für das Testen von Programmen, sondern auch für das Testen von Dokumenten (z.B. des fachlichen Feinkonzepts oder des Detailentwurfs). In diesen Dokumenten werden bereits Teile der Qualität des Endprodukts determiniert; Beispiele hierfür sind die Festlegung des Funktionsumfangs bezüglich der Sicherheit (etwa Funktionen zur Sicherstellung der Datensicherheit) oder die Festlegung der Struktur des Endprodukts.

- Regeln

  Regeln umfassen generelle Vorschriften für den Entwicklungsprozeß oder für die Erstellung einzelner Produkte. Regeln können sich sowohl auf den sachlichen Inhalt als auch auf die qualitative Gestaltung des Testobjekts beziehen. Regeln müssen nicht in einem Entwicklungsdokument spezifiziert sein, sondern können als projektabhängige Normen, Standards und anderes vorgegeben sein. Es werden folgende Arten von Regeln differenziert :
  ° Generelle Regeln
    Diese Regeln sind unternehmungsunabhängig und können z.B. für das spezielle Software-Projekt von Bedeutung sein (z.B. Verordnungen oder Gesetze);

> daneben können Regeln projektunabhängig gelten (z.B. Regeln der Program-
> miersprache, der Mathematik, der Logik etc.).
> ° Unternehmungsindividuelle Regeln
>   Diese Regeln gelten unternehmungsspezifisch (z.B. Programmier-, Entwurfs-
>   standards etc.).

- Reale Be- oder Verarbeitungsfälle und -situationen

  Diese stellen objektiv vorhandene Anforderungen an ein Software-Produkt dar,
  und zwar unabhängig von der schriftlichen Niederlegung in einer Spezifikation.
  Hierbei handelt es sich um Anforderungen, die während der Nutzung an die Software gestellt werden, unabhängig davon, ob sie zu Beginn eines Software-Projekts erkannt, spezifiziert und entsprechend umgesetzt wurden.

  Diese Soll-Objekte ergeben sich aus realen Problemfällen sowie aus realen Beispielen der jetztigen oder zukünftigen Anwendungsumgebung (Lastsituationen
  etc.).

- Funktional oder qualitativ gleiche oder vergleichbare Problemlösungen

  Hierzu zählen vergleichbare andere Produkte, die das gleiche Problem (ggf. mit
  geringen Abweichungen) z.B. für eine andere ADV-Anlage oder in einer anderen
  Programmiersprache lösen. Ferner kann auch eine bisherige Problemlösung, die
  durch eine neue abgelöst werden soll, Soll-Objekt sein.

  Soll-Objekte können dabei neben Software-Produkten ebenso auch
  Produkte, die mit anderen (z.B. konventionellen) Lösungsmethoden
  erstellt werden, sein (z.B. ein nicht-automatisiertes Verfahren).

Den aufgeführten Soll-Objekten können in der Praxis leicht konkrete Objekte (z.B.
Phasenergebnisse, Handbücher, Standards) zugeordnet werden. Inhaltlich sind u.U.
Redundanzen gegeben. So können z.B. bestimmte Anforderungen an Qualitätsmerkmale sowohl in Entwicklungsdokumenten als auch zusätzlich in Form genereller Regeln aufgeführt werden. Die Beschreibungen in den Entwicklungsdokumenten sollten
darüber hinaus die realen Be- oder Verarbeitungsfälle und -situationen vollständig
abdecken.

Für das Testen ist es aber durchaus sinnvoll, Redundanzen in Kauf zu nehmen, um
eine höhere Sicherheit hinsichtlich der Fehleraufdeckung zu erreichen.

3.2.3 Testaufgaben als Soll/Ist-Vergleich

Die oben aufgeführten Soll-Objekte sind Grundlage zur Ableitung von Testaufgaben. Die Testaufgaben beziehen sich jeweils auf ein Software-Produkt als Testobjekt, das gegen ein spezielles Soll-Objekt getestet wird. Im einzelnen werden folgende Testaufgaben unterschieden:

<u>TAG1</u> : Testen gegen Elemente in der Umgebung des Testobjekts

Diese - auch als Integrations- und Identitätstest zu bezeichnende - Aufgabe hat das Ziel, je nach Elementtypen das Zusammenwirken unterschiedlicher Produkte sowie die inhaltliche Identität zweier Elemente zu überprüfen.

Teilaufgaben sind :

- Testen der technischen Schnittstellen zweier Elemente auf Vollständigkeit, Gleichheit und Richtigkeit,
- Testen der funktionalen Schnittstellen zweier Elemente hinsichtlich ihres Zusammenwirkens auf Vollständigkeit, Redundanzfreiheit, Ablauffähigkeit, Richtigkeit, Verständlichkeit und Handhabbarkeit,
- Testen auf inhaltliche Identität (Vollständigkeit, Gleichheit), zumeist zwischen Programmen und der zugehörigen Dokumentation.

<u>TAG2</u> : Testen gegen Zwischenprodukte (Vorprodukte)

Diese Aufgabe hat das Ziel, die Ergebnisse zweier unterschiedlicher Konkretisierungsstufen durch Vergleich zu überprüfen.

Teilaufgaben sind :
- Testen der negativen Abdeckung

  Zu überprüfen ist, ob alle Ergebniselemente der Konkretisierungsstufe i in der Konkretisierungsstufe (i + n) berücksichtigt worden bzw. in deren Ergebnis enthalten sind. Es wird z.B. analysiert, ob in den Programmiervorgaben alle Funktionen aus dem Systementwurf oder in den Programmbausteinen alle Funktionen aus den Programmiervorgaben realisiert sind. Beim Testen der negativen Abdeckung wird die Vollständigkeit und die Richtigkeit überprüft.

- Testen des Vorhandenseins nicht-gewünschter Funktionen

  Es ist zu analysieren, ob mehr Elemente im Ergebnis der Stufe (i + n) enthalten sind als in Konkretisierungsstufe i gefordert worden sind. Es wird geprüft, ob die Lösung (z.B. Entwurf, Programm) "mehr tut, als sie soll" (Problematik der Programm- und Datensicherheit und/oder der Effizienz).

- Testen der richtigen Konkretisierung

  Es ist zu analysieren, ob überhaupt eine Konkretisierung in der Abfolge zweier Dokumente stattgefunden hat und ob Elemente auf der Konkretisierungsstufe (i + n) aufgrund der Vorgaben der Konkretisierungsstufe i richtig umgesetzt worden sind. Es ist z.B. zu analysieren, ob im Feinkonzept für die Funktion 'Gehaltsberechnung' der richtige Algorithmus zur Berechnung des Gehalts entsprechend den Vorgaben des Grobkonzepts gewählt wurde.

TAG3 : Testen gegen Qualitätsanforderungen

Diese Aufgabe hat das Ziel zu analysieren, ob das Software-Produkt den Qualitätsanforderungen genügt. Hierbei sind - beim Testen von Zwischenprodukten - Anforderungen an die 'eigene Qualität' des Software-Produkts hinsichtlich der (besseren) Transformation in nachfolgende Produkte wie auch Anforderungen an die Qualität des Endprodukts zu unterscheiden.

Teilaufgaben sind :

- Testen hinsichtlich der eigenen Qualität

  Es sind unmittelbar die Qualitätsmerkmale des Software-Produkts selbst zu überprüfen (z.B. Verständlichkeit, Testbarkeit, Nachvollziehbarkeit, etc.). Dies gilt für Zwischenprodukte sowie insbesondere für die Dokumentation.

- Testen hinsichtlich der Qualität des Endprodukts

  Es ist zu analysieren, ob Anforderungen an die Qualität des Endprodukts bereits auf der zur Diskussion stehenden Konkretisierungsstufe des Testobjekts hinreichend berücksichtigt und entsprechende Überlegungen oder Vorkehrungen korrekt durchgeführt sowie geeignete Lösungswege beschritten wurden.

  So beeinflußt z.B. die Wahl der Lösungsmethode im Grobkonzept bereits wesentlich die Effizienz der Programme; Funktionen zur Sicherheit werden nicht erstmalig bei der Programmierung in den Entwicklungsprozeß eingebracht, sie werden vielmehr bereits frühzeitig geplant und entworfen.

  Diese Teilaufgabe ist nur bei Zwischenprodukten anzuwenden.

TAG4 : Testen gegen Regeln

Ziel dieser Aufgabe ist es zu analysieren, ob bei der Erstellung des Testobjekts gegen Regeln verstoßen worden ist.

Teilaufgaben sind:

- Testen gegen generelle Regeln

  Dieser Punkt enthält eine Vielzahl von Einzelanalysen, die sicherstellen sollen, daß problemunabhängige, zumeist DV-spezifische Fehler vermieden werden. Es sind allgemeine Regeln zu überprüfen, die ggf. nicht explizit aufgeführt oder für eine Institution vorgegeben, aber dennoch allgemein anerkannt sind. Verstöße gegen Regeln ergeben sich vielfach unbewußt aufgrund der hohen Komplexität der Entwicklungsarbeit bei der Konstruktion.

  Zu dieser Klasse von Testaufgaben gehören u.a.:

  ° Syntaxtest

    Es ist die Einhaltung Hersteller-spezifischer Darstellungs- oder Sprachkonventionen zu überprüfen. So wird z.B. bei Entscheidungstabellen die Umsetzbarkeit in Programmcode, bei Programmen die Übersetzbarkeit in Maschinensprache sichergestellt.

  ° Strukturtest

    Es ist zu überprüfen, ob alle Anweisungen, Zweige, Pfade oder anderes ausführbar sind. Es wird u.a. 'toter' Programmcode, d.h. Code aufgedeckt, der im Programmablauf nicht erreichbar ist. Ferner können Endlosschleifen oder Deadlock-Situationen aufgedeckt werden. Dieser Test gilt analog auch für Entwurfsspezifikationen (z.B. bei Ablaufplänen, Petri-Netzen).

  ° Daten- oder Grenzwerttest

    Es ist zu analysieren, ob das Programm alle aufgrund der Definition der Eingabedaten möglichen Eingaben (repräsentative Analyse) überhaupt verarbeitet. Hierbei wird insbesondere die Verarbeitungsfähigkeit unterer und oberer Grenzwerte möglicher Eingabedaten analysiert.

  ° Konsistenz- und interner Vollständigkeitstest

    Es ist zu analysieren, ob widersprüchliche Aussagen im Produkt enthalten oder Elemente nicht hinreichend behandelt sind. Beispiele für die Analyse von Programmen sind:

    °° unterschiedliche Anzahl von Parametern an den Schnittstellen zweier Moduln,

    °° Variablen sind definiert, werden aber nicht im Ausführungsteil benutzt,

    °° Variablen werden im Kontrollfluß unmittelbar aufeinanderfolgend zweimal gesetzt, ohne zwischenzeitlich genutzt zu werden,

    °° auf einem möglichen Strukturpfad widersprechen sich zwei Bedingungen ((1): a 'größer' b ; (2): (a+b) 'kleiner' 2b),

    °° es werden Entscheidungszweige unterschieden, die schließlich gleiche Aktionen auslösen.

° Testen gegen Gesetzmäßigkeiten

Hierzu zählt das Testen gegen Gesetzmäßigkeiten der Mathematik, Physik, Logik etc. sowie gegen Gesetze oder Verordnungen öffentlicher Institutionen.

- Testen gegen unternehmungsindividuelle Regeln

Es ist die Einhaltung unternehmungsindividueller Entwurfsstandards, Darstellungs- oder Sprachkonventionen (z.B. Programmierstandards, DIN-Normen) zu überprüfen. Hiermit soll i.a. eine Standardisierung oder Normierung des Entwicklungsprozesses erreicht werden.

Unternehmungsstandards können u.a. Regeln zur Modularisierung und Strukturierung, Namensvergabe für Programme, Variablen sowie sonstige Vorschriften für die Gestaltung eines Software-Produkts (Verwendung bestimmter Hilfsmittel, Techniken, etc.) enthalten.

TAG5 : Testen gegen reale Be- oder Verarbeitungsfälle

Ziel dieser Aufgabe ist es zu analysieren, ob das Software-Produkt reale Be- oder Verarbeitungsfälle vollständig und richtig löst sowie in typischen Anwendungssituationen seine Funktion erfüllt. Die realen Anwendungsfälle können nachgebildete (konstruierte) Vorfälle sowie vergangene reale Vorfälle (Originalfälle) beinhalten oder aber den laufenden Betrieb darstellen. Durch nachgebildete Anwendungsfälle wird stichprobenartig (i.d.R. spezielle Besonderheiten im Anforderungsspektrum) geprüft; hinsichtlich der Originalfälle kann unter zeitlichen oder inhaltlichen Aspekten selektiert sein.

Teilaufgaben sind :
- Testen der negativen Abdeckung der durch die praktische Anwendung geforderten Aufgaben und Funktionen,
- Testen der funktionalen Schnittstellen zum Umsystem im Anwendungsbereich,
- Testen der Qualitätsanforderungen,
- Testen der Realisierung in der Anwendung nicht gewünschter Aufgaben und Funktionen.

TAG6 : Testen gegen gleiche Problemlösungen

Ziel dieser Aufgabe ist es zu analysieren, ob das Software-Produkt alle oder bestimmte Funktionen einer anderen vergleichbaren Problemlösung vollständig und mit gleichem Ergebnis löst sowie gleiche qualitative Eigenschaften aufweist. Es wird die Identität zwischen dem Testobjekt und einer anderen Problemlösung, ggf. für eine vorgegebene begrenzte Menge von Funktionen und Qualitätsmerkmalen, analysiert.

Teilaufgaben sind :

- Testen der negativen Abdeckung von Aufgaben und Funktionen hinsichtlich des Vergleichsobjekts,
- Testen der Realisierung nicht gewünschter Funktionen aus dem Vergleichsobjekt,
- Testen gegen Qualitätseigenschaften des Vergleichsobjekts.

3.3 Aufgaben des Testens im Ablauf des Software-Lebenszyklus

Während bisher die Aufgaben des Testens isoliert ohne Berücksichtigung des zeitlichen Ablaufs des Testprozesses für ein einzelnes beliebiges Produkt gesehen wurden, soll im folgenden die Einordnung der Testaufgaben in den Software-Lebenszyklus bzw. den Entwicklungsprozeß erfolgen. Die Aufgabe des Testens wird hierbei in Abhängigkeit vom Entwicklungsprozeß und der sich hierbei ergebenden Folge von abhängigen Produkten gesehen.

Während der Entwicklungsaktivitäten entstehen Zwischenprodukte, die zunächst über mehrere Konkretisierungsschritte schließlich zum Endprodukt führen. Abbildung 3-3 zeigt schematisch den Zusammenhang.

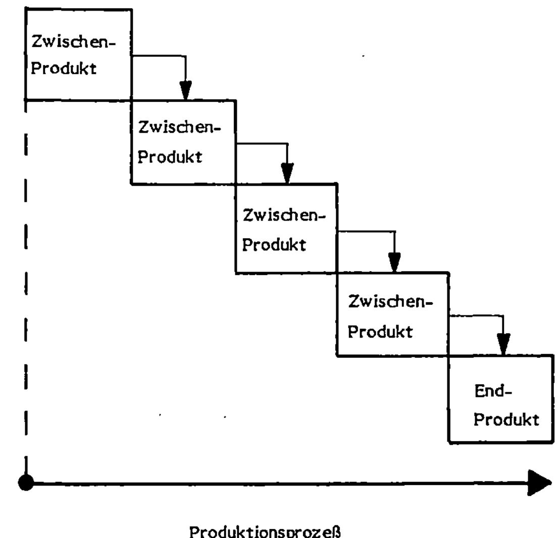

Abb. 3-3:   Produkte im Entwicklungsprozeß

Die Frage ist, wie die Testaufgaben unter Berücksichtigung des Prozeßablaufs für einzelne Produkte zu bestimmen sind; zu beachten ist dabei, daß die Produkte inhaltlich wie auch qualitativ voneinander abhängig sind.

3.3.1 Notwendigkeit des frühzeitigen Testens

Eine wichtige Forderung ist das frühzeitige Testen. In jedem Entwicklungsschritt werden i.a. Fehler gemacht. Unterschiedliche Entwicklungsschritte bauen aber auf den Ergebnissen vorhergehender Schritte auf. Sind nun Fehler in einem Zwischenprodukt enthalten, so werden diese Fehler in ein nachfolgendes Zwischenprodukt übernommen (Vorgabefehler); diese führen i.d.R. zu weiteren Fehlern (Folgefehlern). Software-Produkte enthalten daher Fehler, die auf die unmittelbare fehlerhafte Umsetzung eines Zwischenprodukts in das Software-Produkt zurückzuführen sind (Konstruktionsfehler), als auch Folgefehler bedingt durch fehlerhafte Vorgaben.

Abbildung 3-4 verdeutlicht schematisch den wachsenden Anteil von Folgefehlern bezogen auf die Konstruktionsfehler im Zeitablauf.

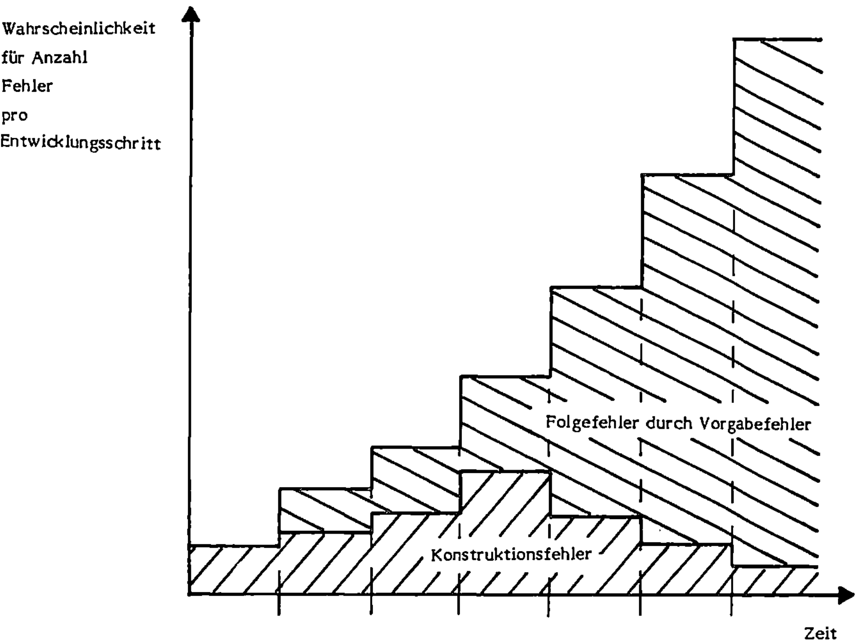

Abb. 3-4:   Entwicklung des Fehleraufkommens bei der Konstruktion von Software-Zwischenprodukten ohne anschließende Analyse

Ein Ziel des Testens besteht darin, durch frühzeitiges Testen jedes Zwischenprodukt unmittelbar nach seiner Fertigstellung zu analysieren, um möglichst viele Konstruktionsfehler aufzudecken und damit das Risiko von Folgefehlern zu reduzieren.

Im Idealfall sind in einem Testobjekt keine Vorgabefehler, sondern lediglich Konstruktionsfehler enthalten, die schließlich durch eine gezielte Fehlervermeidung mittels konstruktiver Maßnahmen reduziert sowie durch analytische Maßnahmen aufgedeckt werden könnten.

Testen ist im Rahmen der Aufdeckung von Fehlern ganz wesentlich auf die Reduzierung von Folgefehlern und der damit verbundenen Fehlerfolgen (erhöhte Kosten der Fehlerfindung und -behebung in späteren Produkten oder Phasen u.a.) ausgerichtet.

Empirische Untersuchungen haben ergeben, daß Fehler, die in frühen Phasen des Entwicklungsprozesses verursacht, aber erst in späten Phasen der Software-Entwicklung oder sogar erst im Betrieb gefunden werden, teuer sind. Mit einer Aufwandsvervielfachung um ein Zehn- und Mehrfaches muß gerechnet werden; so hat z.B. Heidrich ermittelt, daß die Lokalisierung und Behebung eines Fehlers, der im Systemtest gefunden wird, aber bereits im Detailentwurf vorhanden war, circa das Zehnfache dessen kostet, was die Lokalisierung und Beseitigung des Fehlers im Test des Detailentwurfs gekostet hätte /HEID78/.

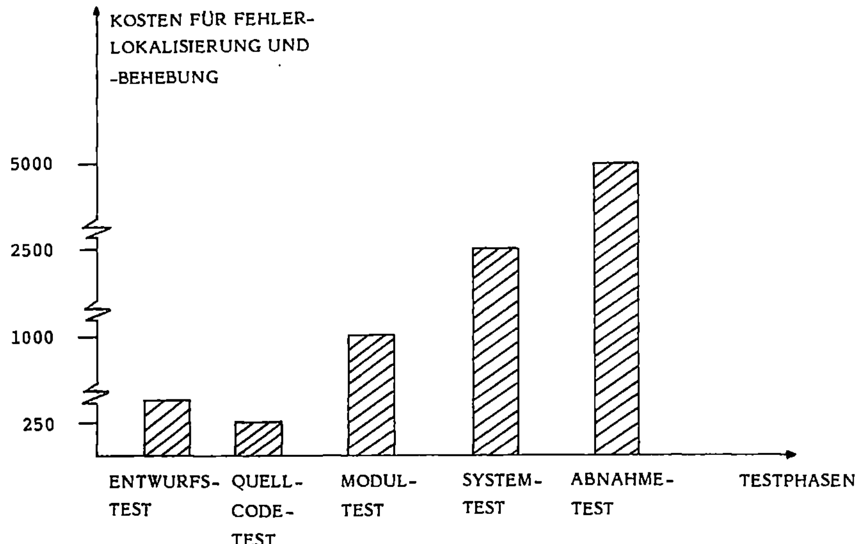

__Abb. 3-5:__   Kosten der Fehlerlokalisierung und -behebung im Software-Lebenszyklus /HEID78/

Frühzeitiges Testen ist damit im wesentlichen durch eine ökonomische Notwendigkeit. Es ist darauf ausgerichtet,

- die Gesamtkosten des Testens sowie die Kosten durch Fehler im Software-Betrieb zu minimieren sowie
- zum richtigen Zeitpunkt die geeigneten Testmaßnahmen im notwendigen und sinnvollen Umfang durchzuführen.

Folgende Aspekte sind hierbei zu beachten:
- Welche abgeschlossenen Zwischenprodukte der Software-Entwicklung sind als Testobjekte zu analysieren?
- Welche Fehlertypen sind in den Testobjekten potentiell vorhanden?
- Welche Folgefehler werden verursacht und welche Fehlerfolgen ergeben sich hieraus (Kosten der späten Fehleraufdeckung, Kosten bei fehlerhaftem Betrieb)?
- Welche Soll-Objekte können im Soll-/Ist-Vergleich zur Aufdeckung der Fehlertypen führen?

Dieser Ansatz verdeutlicht den entscheidenden Kern der Testaufgaben. Die Aufgaben des Testens bezogen auf einzelne Produkte sind so aufeinander abzustimmen, daß das Risiko der Folgefehler (Wahrscheinlichkeit des Vorkommens von Folgefehlern, insbesondere das Kostenrisiko) gering ist.

3.3.2 Testen im Zeitablauf

Es ist nun notwendig, hinsichtlich der zeitlichen Abstimmung der Fehleraufdeckung die Testaufgaben für einzelne Produkte systematisch festzulegen.

Die in Abschnitt 3.1.4 aufgeführten Testaufgaben (TAG1 bis TAG6) gelten generell für alle Zwischen- und Endprodukte von Software-Projekten. Die Auswahl konkreter Soll-Objekte für eine Testaufgabe hat jedoch entsprechend dem Typ und dem Konkretisierungsgrad des Testobjekts zu erfolgen.

So sind z.B. für den Qualitätstest (TAG3) des Grobentwurfs einerseits geeignete Qualitätskriterien zur Überprüfung des Grobentwurfs selbst als auch zur Bewertung der Qualität der beschriebenen Lösung (hinsichtlich der Qualität des Endprodukts) heranzuziehen. Beim Testen gegen Regeln (TAG4) ist ein Strukturtest bezogen auf mögliche Datenflüsse im geplanten Anwendungssystem, ein Konsistenz- und interner Vollständigkeitstest, insbesondere auch eine Analyse der Einhaltung von Darstellungskonventionen sinnvoll. Beim Analogtest (TAG6) sind ggf. vorhandene Referenzlösungen (auf der Konkretisierungsebene des Grobentwurfs) für die Überprüfung heranzuziehen.

Die für ein bestimmtes Testobjekt erforderlichen Testaufgaben sind unter Berücksichtigung des Typs des Testobjekts sowie der Verfügbarkeit adäquater Soll-Objekte festzulegen.

Ausführlicher wird im folgenden die Testaufgabe TAG2 betrachtet, bei der das Testobjekt gegen Entwicklungsdokumente oder Vorprodukte getestet wird.

Bei der Durchführung der Testaufgabe TAG2 ist zu entscheiden, ob das Testobjekt

- gegen ein oder mehrere Zwischenprodukte (ggf. auch wesentlich früher erstellte Zwischenprodukte) bzw.
- gegen unmittelbar vorhergehende oder andere Zwischenprodukte getestet werden soll.

Eine Aussage über die richtige Zuordnung kann nur für den Einzelfall getroffen werden. Sie ist u.a. abhängig von der Art des Testobjekts, der Art und dem Inhalt möglicher Zwischenprodukte sowie von den Sicherheitsanforderungen bezüglich der realisierten Qualität. Im folgenden werden die wesentlichen Grundformen angesprochen und kurz diskutiert.

Testen wurde in der Vergangenheit und wird auch heute in der Praxis vielfach noch gleichgesetzt mit dem Testen von Programmen. Dokumente werden nicht oder nur in geringem Maße getestet. Dementsprechend setz(t)en Testaufgaben beim Endprodukt (den Programmen) an. Das Endprodukt wurde/wird dann gegen die unterschiedlichen Zwischenprodukte des Entwicklungsprozesses getestet (siehe Grundform (1) 'Endtest' in Abbildung 3-6). Testen wird in diesem Falle auch meist als eine einzige geschlossene Projektphase definiert.

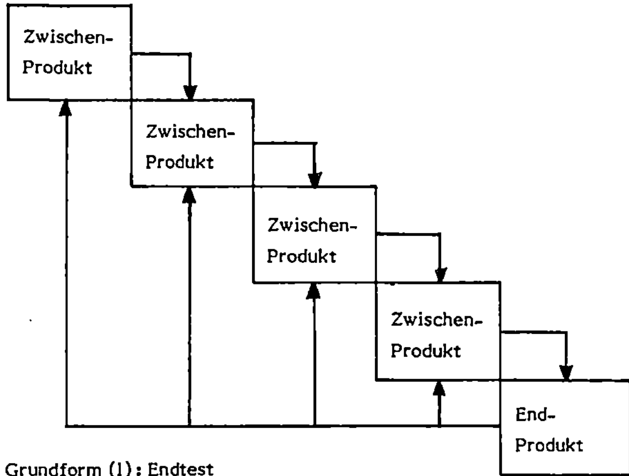

<u>Abb. 3-6:</u>   Grundform (1) für die Testaufgabe TAG2 (Konkretisierungstest) bezogen auf eine Folge von Software-Produkten

Die Durchführung des Testens bei einer derartigen Strukturierung der Gesamtaufgabe des Testens ist i.d.R. ineffizient. Da die Zwischenprodukte nicht getestet worden sind, ergeben sich für den Programmtest folgende Situationen:

- Das Endprodukt wird gegen Zwischenprodukte getestet, die (mit großer Wahrscheinlichkeit viele und ggf. schwerwiegende) Fehler beinhalten können.

- Späte Zwischenprodukte können - bedingt durch Vorgabefehler - trotz guter Konkretisierung in großen Teilen falsch sein. Trotz Übereinstimmung eines Zwischenprodukts mit dem Endprodukt im Soll-/Ist-Vergleich ist das Endprodukt fehlerhaft.

- Fehler in frühen Zwischenprodukten ziehen nicht nur eine Fehlerbehebung im Endprodukt nach sich, sondern ebenso in anderen Zwischenprodukten.

Das Testen durch den "Endtest" ist i.d.R. außerordentlich aufwendig. Zudem ist die Sicherheit bezüglich einer hohen Fehleraufdeckung durch die vorgenommenen Tests nur gering.

Erstrebenswert ist daher der 'Stufentest' (siehe Grundform (2) in Abb. 3-7). Stufentest besagt, daß jedes Software-Produkt (auch Zwischenprodukte) nach seiner Fertigstellung gegen das in der Entwicklungsfolge unmittelbar vorhergehende Produkt getestet wird. Nach dem Testen eines Zwischenprodukts werden die vorhergehenden Produkte gewissermaßen 'vergessen'; das neue Produkt gilt für die weiteren Entwicklungsarbeiten als das einzige Soll-Objekt.

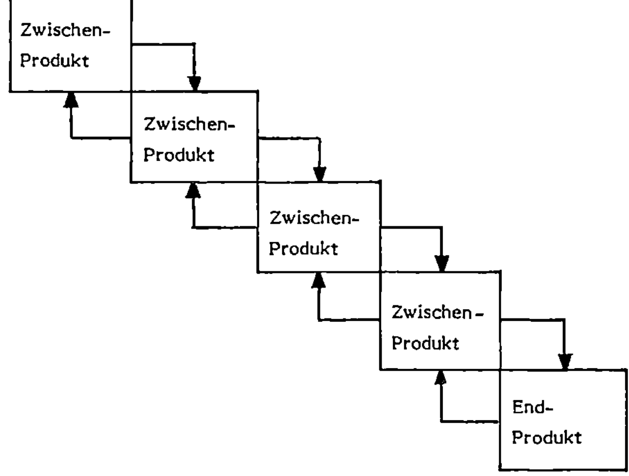

Grundform (2): Stufentest

Abb. 3-7: Grundform (2) für die Testaufgabe TAG2 (Konkretisierungstest) bezogen auf eine Folge von Software-Produkten

Diese Strukturierung der Aufgaben des Testens ist erstrebenswert; bei entsprechenden Maßnahmen zur Durchführung der einzelnen Testaufgaben ergeben sich insgesamt geringe Kosten zur Fehlerlokalisierung und Fehlerbehebung, da vorhandene
Fehler nahe ihrer Entstehung aufgedeckt werden und nur eine geringe Anzahl Folgefehler entstehen. Außerdem ist eine hohe Sicherheit bezüglich der Aufdeckung der
vorhandenen Fehler gegeben.

Ein Nachteil ist aber dann gegeben, wenn beim Testen früher Zwischenprodukte
nicht alle Fehler erkannt werden, die dann in den nachfolgenden Produkten zu
Folgefehlern führen. Derartige Fehler können beim Stufentest zwangsläufig nicht
systematisch, sondern i.d.R. nur zufällig, z.B. durch sich ergebende Widersprüche
aufgedeckt werden.

Bei hohen Anforderungen hinsichtlich der Fehleraufdeckung sind daher ergänzende
Tests durchzuführen. Beim 'Matrixtest' (siehe Grundform (3) in Abbildung 3-8) wird
jedes Produkt gegen alle in der Entwicklungsfolge vorhergehenden Produkte getestet. Grundtyp (3) schließt den Grundtyp (2) ein. Es wird zwangsläufig redundant
getestet. Das Testen kann in diesem Fall sehr aufwendig sein. Es ist allerdings eine
relativ hohe Sicherheit bezüglich der Fehleraufdeckung gegeben.

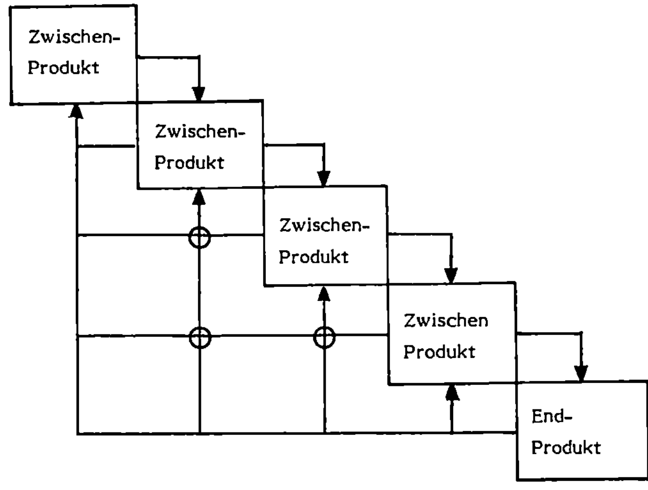

Grundform (3): Matrixtest

<u>Abb. 3-8:</u>   Grundform (3) für die Testaufgabe TAG2 (Konkretisierungstest) bezogen
auf eine Folge von Software-Produkten

Für die praktische Anwendung dürfte sich in den unterschiedlichen Projekten jeweils eine Zwischenform zu den Grundformen (2) und (3) als sinnvoll ergeben.

Für Programme sei auf die Sonderform des 'Schalenprogrammtests' (siehe Abbildung 3-9) hingewiesen. Das Endprodukt wird in unterschiedliche technische Komponenten (Bausteine, einzelne Programme und das gesamte Programmsystem) aufgeteilt. Diese Komponenten werden jeweils getrennt gegen ein genau definiertes Zwischenprodukt getestet, das eine geeignete Beschreibung von Anforderungen (unterschiedlicher Abstraktion) an die Komponente enthält. Die Eignung eines Zwischenprodukts als Vorgabe wird im wesentlichen anhand des Aufwands und der Beherrschbarkeit des Soll-/Ist-Vergleichs beurteilt. So ist es i.d.R. nicht möglich, durch Ablauf des gesamten Programmsystems z.B. einzelne Funktionen detailliert gegen den Detailentwurf zu testen. Dieser Test sollte beim Testen des Bausteins erfolgen. Andererseits sind im Detailentwurf die globalen Benutzeranforderungen nicht mehr erkennbar. Hierzu sind die Leistungsbeschreibung oder das Pflichtenheft für einen Test heranzuziehen.

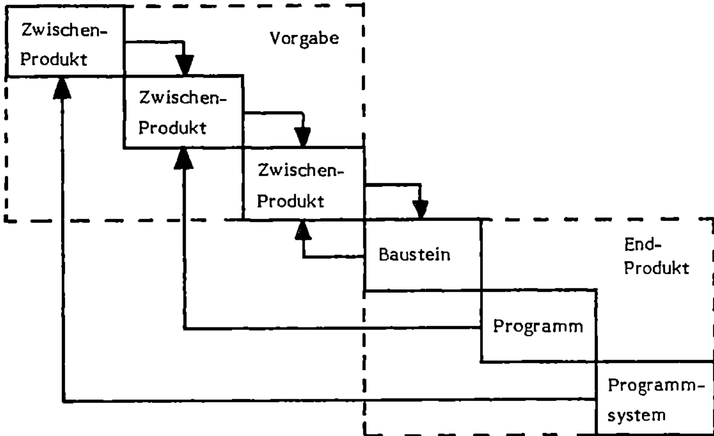

Abb. 3-9: Schalenprogrammtest (Testaufgabe TAG2 bezogen auf Elemente des Programmsystems)

Der Bausteintest erfolgt i.a. gegen die detaillierteste Vorgabe; das Programmsystem wird gegen eine Vorgabe getestet, die auf einem höheren Abstraktionsniveau ('Schale') Anforderungen an das Gesamtsystem enthält.

Durch den Schalenprogrammtest ist ein effizientes Testen der Programme hinsichtlich unterschiedlichster Zielsetzungen und Fehlermöglichkeiten gegeben. Der Schalenprogrammtest ist teilweise redundant gegenüber einzelnen Tests im Stufentest. Er erhöht aber hierdurch die Sicherheit, daß die Konkretisierungsschritte richtig und fehlerfrei vollzogen wurden.

Die systematische Festlegung der Testaufgaben für die einzelnen Software-Produkte unter Berücksichtigung aller in der Entwicklung erarbeiteten Produkte ist eine wichtige Voraussetzung für eine effiziente Testdurchführung.

4 Testphasen

Testphasen sind sachlich und zeitlich in sich geschlossene Abschnitte des Testens, in denen für bestimmte Software-Produkte definierte Testaufgaben durchgeführt werden. Die Unterscheidung von Testphasen erfolgt in Abhängigkeit von folgenden Grössen:

- Zu analysierende Testobjekte und deren Zuordnung zu Projektphasen,
- Überschaubarkeit und Beherrschbarkeit der Testobjekte,
- durchzuführende Testaufgaben,
- Verantwortlichkeiten für die Durchführung des Testens bzw. die Freigabe von Objekten,
- vorgegebene Umgebung, in der das Testobjekt getestet wird/werden soll (Entwicklungsumgebung, Anwendungsumgebung).

Entsprechend diesen Größen ist für jede Projektphase bzw. Phase des Software-Lebenszyklus mindestens eine Testphase zu definieren. Sofern innerhalb einer Projektphase Objekte unterschiedlichen Typs getestet werden sollen, sind hierfür jeweils gesonderte Testphasen innerhalb der betreffenden Projektphase zu bestimmen. Auch wenn ein Objekt für die Testdurchführung zu komplex, d.h. nicht hinreichend überschaubar ist, sind Elemente des Testobjekts in gesonderten Testphasen zu testen; ferner sind für ein Objekt Testphasen zu unterscheiden, wenn unterschiedliche Verantwortlichkeiten gegeben sind.

4.1 Testphasen im Software-Lebenszyklus

Entsprechend den aufgeführten Kriterien ergeben sich im Software-Lebenszyklus global die folgenden Testphasen:
- Entwicklungstest,
- Abnahmetest,
- Betriebstest,
- Wartungstest.

Der Entwicklungstest beinhaltet alle Maßnahmen des Testens innerhalb des Software-Produktionsprozesses mit der Zielsetzung, die Ergebnisse der unterschiedlichen Entwicklungsschritte hinsichtlich der Anforderungen an die Projektergebnisse in bezug auf die relevanten Qualitätsmerkmale zu testen. Der Entwicklungstest

Testphase
Sachlich und zeitlich in sich abgeschlossener Abschnitt des Testprozesses.

Entwicklungstest
Testphase im Software-Lebenszyklus, in der Ergebnisse von Software-Projekten
unter der Verantwortung der Entwickler getestet werden. Der Entwicklungstest
wird üblicherweise in weitere Testphasen untergliedert.

Abnahmetest
Testphase im Software-Lebenszyklus, in der Ergebnisse von Software-Projekten
aus der Sicht der Anwender getestet werden.

Betriebstest
Testphase im Software-Lebenszyklus, in der Software-Produkte während des
Betriebs überwacht und Maßnahmen zur Fehlererkennung in der Anwendung aus-
geführt werden.

Wartungstest
Testphase im Software-Lebenszyklus, in der geänderte oder erweiterte Software-Produkte getestet werden. Der Wartungstest setzt frühestens nach der
ersten Inbetriebnahme von Software ein.

liegt in der Verantwortung der Entwicklungsgruppe (i.d.R. des Projektleiters) und
endet mit der Freigabe der Software seitens der Entwicklungsgruppe für den Abnahmetest bzw. endet mit der Freigabe für den Betrieb. Der Entwicklungstest wird
in Abschnitt 4.2 weiter detailliert und ausgeführt.

Der Abnahmetest beinhaltet alle Maßnahmen des Testens von Software-Produkten
aus der Sicht des Anwenders. Im Software-Projekt wird er nach der Freigabe des
Systems durch die Entwicklungsgruppe bzw. bei Ankauf eines Systems (z.B. bei
mehrfach verwendbarer Anwendungssoftware) nach der Installation und Einführung
durchgeführt. Es werden im wesentlichen drei Formen unterschieden: der Benchmarktest, der Pilottest und der Paralleltest.

Beim Benchmarktest werden entsprechend der Problemanalyse Testfälle/Testdaten
konstruiert oder aus Beständen an Originaldaten selektiert. Der dynamische Test
erfolgt mit den so ermittelten Testdaten in einer weitgehend sicheren[1] Umgebung (Testumgebung) oder in der realen Umgebung (Produktionsumgebung).

Beim Pilottest wird ein zukünftiger Anwender (zumeist eine Abteilung, eine Unternehmung oder eine Institution) ausgewählt, bei dem zunächst für eine begrenzte Zeit
das neue Verfahren ersatzweise für das bisherige Verfahren eingesetzt wird, um
hierbei noch vorhandene Schwächen aufzudecken.

Beim Paralleltest wird das Verfahren bei einem oder mehreren zukünftigen Anwen-
dern zunächst für eine begrenzte Zeit parallel zum alten Verfahren (also doppelt)
eingesetzt, um eine letzte Überprüfung der Ergebnisse vornehmen zu können.

---

1) "Sicher" beinhaltet die vollständige Rekonstruierbarkeit eines Tests.

Der Betriebstest dient der Überwachung eines Software-Produkts während der Phase Betrieb durch sporadische oder permanente Ausführung von Testaktivitäten. Der Betriebstest dient damit der Erkennung von Fehlern im Betrieb.

Die Produktionsläufe werden dabei ganz oder teilweise als Testläufe betrachtet. Testfälle und Testdaten sind die (Original-)Verarbeitungsfälle.

Beim Betriebstest sind folgende Vorgehensweisen zu unterscheiden :

- Überprüfung der Ergebnisse der Produktionsläufe

  ° Sporadische Überprüfung, d.h. es werden die Ergebnisse eines oder mehrerer Produktionsläufe insgesamt oder stichprobenartig in gewissen Zeitabständen überprüft.

  ° Permanente Überprüfung
    °° Während des Ablaufs werden Zwischenschritte der Programmverarbeitung auf Plausibilität geprüft.
    °° Nach dem Ablauf werden verdichtete Daten (z.B. Quersummen) automatisiert oder nicht-automatisiert überprüft.
    °° Nach dem Ablauf werden Ergebnisse verglichen, die anhand unterschiedlicher implementierter Verfahren mit gleicher Funktion berechnet worden sind (sog. verfahrensimmanente Prüfungen wie z.B. bei der doppelten Buchführung anhand der Übereinstimmung mehrerer Summen).

- Wiederholung von Produktionsläufen in einer isolierten Umgebung

  Ziel ist es, zunächst Verarbeitungsfälle aus der laufenden Produktion auszuwählen, die aus den Normalfällen herausragen (z.B. Fälle, die eine bisher nicht vorfallende Kombination von Aufgaben oder Funktionen ansprechen). Diese werden in einer Betriebstest-Datei gesammelt. Normalfälle in der Produktion sind solche Verarbeitungsfälle, die durch mindestens einen Verarbeitungsfall in der Betriebstest-Datei repräsentiert werden.

  Im Betriebstest wird eine Produktion (vielfach Testfirma genannt) simuliert; es werden lediglich solche Verarbeitungsfälle in isolierter Umgebung zum Ablauf gebracht, die für die Fehlererkennung im Betrieb als besonders relevant erachtet werden. Für diese Verarbeitungsfälle werden entsprechende Soll-Ergebnisse ermittelt und es wird eine Ergebnisprüfung durchgeführt. Die Betriebstest-Datei sowie die simulierte Produktion werden laufend aktualisiert.

Neben der Betrachtung der Produktionsläufe und ihrer Verarbeitungsfälle können ferner sporadische Tests durch Ablauf der Programme mit dokumentierten Testdaten erfolgen. Dies ist insbesondere dann sinnvoll, wenn einerseits hohe Sicherheitsanforderungen an die Programme zu stellen sind, andererseits aber die Programme nur selten genutzt werden (z.B. einmal im Jahr). Durch das Testen unmittelbar vor dem Einsatz kann z.B. sichergestellt werden, daß zwischenzeitlich keine Änderungen in die Programme eingebracht worden sind und darüber hinaus auch durch Änderungen in der Hardware/Software-Umgebung kein fehlerhaftes Verhalten hervorgerufen wird.

Wird im Betriebstest ein Fehler erkannt, wird die Wartung des Software-Systems (Fehlerlokalisierung und -behebung) ausgelöst.

Der Wartungstest dient der Analyse eines Programmsystems hinsichtlich der Auswirkungen von Änderungen (Fehlerbehebung, Parameter- oder Konstantenänderungen etc.) und/oder Erweiterungen (Pflege und Anpassung) des Programmsystems.

Aufgabe des Wartungstest ist es,

- die geänderten sowie neu eingebrachten Programmfunktionen zunächst separat zu testen und
- die Auswirkungen der Änderung oder Erweiterung auf das übrige Programmsystem zu analysieren (Wiederholungstest).

Der Wartungstest gliedert sich je nach Umfang und Schwierigkeitsgrad der Änderung bzw. Erweiterung sowie in Abhängigkeit von den betroffenen alten Systemfunktionen analog zum Entwicklungstest in unterschiedliche Testphasen.

Wesentlich ist hierbei, daß der Wartungstest auf vorhandene Testfälle und Testdaten zurückgreifen kann (Bestandteile der Testdokumentation). Eine Aufgabe innerhalb des Wartungstests besteht u.a. darin, diesen Datenbestand zu aktualisieren sowie zu erweitern, um die gewünschte Testabdeckung auch nach den Wartungsaktivitäten zu garantieren.

Abbildung 4-1 gibt einen Überblick über die Bedeutung unterschiedlicher Testaufgaben (siehe Abschnitt 3.1) für die einzelnen Testphasen. Die Tabelle zeigt, daß im Betriebstest ausschließlich gegen reale Be- oder Verarbeitungsfälle getestet wird. Entwicklungstest und Wartungstest sind in der Durchführung sehr ähnlich, wenn auch die Gewichte einzelner Testaufgaben unterschiedlich sind. Im Abnahmetest werden primär reale Anforderungen, gegebenenfalls spezifizierte Leistungsanforderungen als Soll-Objekte für den Test einbezogen.

Testphasen im Software-Lebenszyklus / Testaufgaben	Entwicklungstest	Abnahmetest	Betriebstest	Wartungstest
(TAG1) Testen gegen Elemente in der Umgebung des Testobjekts	***	*		***
(TAG2) Testen gegen Zwischenprodukte (Vorprodukte)	***	(*)		***
(TAG3) Testen gegen Qualitätsanforderungen	***	**		*
(TAG4) Testen gegen Regeln	***	(*)		**
(TAG5) Testen gegen reale Be- oder Verarbeitungsfälle oder -situationen	***	***	***	*
(TAG6) Testen gegen gleiche Problemlösungen	***			(*)

<u>Abb. 4-1:</u> Bedeutung der Testaufgaben in den Testphasen im Software-Lebenszyklus
(*): begrenzt nützlich; *: nützlich; **: wichtig; ***: sehr wichtig

4.2 Testphasen im Software-Entwicklungsprozeß

Allen Phasen innerhalb der Software-Entwicklung ist jeweils mindestens eine Testphase zuzuordnen. Dies gilt inbesondere auch für solche Phasen, in denen Dokumente als Zwischenergebnisse oder -produkte erstellt werden.

Im einzelnen ergeben sich für den Entwicklungsprozeß die in Abbildung 4-2 zugeordneten Testphasen. Die Bildung von Testphasen zum Testen von Dokumenten ist i.d.R. sehr stark angelehnt an die Projektorganisation, das Phasenschema sowie die definierten Zwischenprodukte des Entwicklungsprozesses. Phasen zum Testen von Dokumenten betrachten die jeweiligen Ergebnisse der zugehörigen Projektphasen.

Beim Testen von Programmen findet sich eine gewisse Allgemeingültigkeit bei der Festlegung der Testphasen.

Es werden unterschieden:

- Bausteintest,

- Verfahrenstest,

- Installationstest und

- Systemtest.

Der <u>Bausteintest</u> beinhaltet die Analyse einzelner Programmbausteine[2] hinsichtlich formaler und qualitativer Gesichtspunkte sowie hinsichtlich ihres internen Verhaltens, d.h. der richtigen Umsetzung der Vorgaben sowie der richtigen Verarbeitung der beim Aufruf an den Schnittstellen übergebenen Daten, und zwar unabhängig von ihrem Verhalten im Gesamtsystem. Ferner werden die unmittelbaren Schnittstellen zu benachbarten Programmbausteinen analysiert. Schnittstellen ergeben sich durch den Austausch von Daten und Funktionen.

Der Bausteintest wird in einer kontrollierbaren, sicheren Umgebung durchgeführt. Externe Schnittstellen zu anderen Programmen, Dateien, Datenbanken oder auch Benutzern werden in einer Testumgebung simuliert. Auch andere Programmbausteine in der Umgebung des Testobjekts werden vielfach durch eine Testumgebung (Platzhalter und/oder Treiber) nachgebildet, um die Komplexität des Testens zu reduzieren.

Objekte des Bausteintests können einzelne Moduln (Modultest), Teile (z.B. eine Section) eines Moduls (Prozedurtest) oder Gruppen von Moduln (Komponententest) sein. Die Bestimmung der Objekte ist u.a. abhängig von der Komplexität des Programms sowie von der Umsetzung der Funktions- oder Aufgabenstruktur in die Programmstruktur.

---

2) Bausteine können Teile eines Moduls, ein Modul oder eine Gruppe von Moduln (Komponente) sein.

Phasen Entwicklungsprozeß	Testphasen
Initiierung	Test der Problembeschreibung
Voruntersuchung	Test des Sollkonzepts
Grobkonzept	Test des fachlichen Grobkonzepts
Logisch-Organisatorischer Detailentwurf	Test des fachlichen Feinkonzepts
DV-technischer Detailentwurf	Test des Detailentwurfs
Logisch-Organisatorische Realisierung	Test des Organisationskonzepts
DV-technische Realisierung	Bausteintest Verfahrenstest
Logisch/Organisatorische/ DV-technische Einführung	Installationstest Systemtest
Kontrolle und Anpassung	

<u>Abb. 4-2:</u> Zuordnung der Testphasen des Entwicklungstests (hinsichtlich der Testausführung) zu den Projektphasen[3]

Der Modul- und Prozedurtest erfolgt i.d.R. ausschließlich durch den Entwickler oder Programmierer des Bausteins. Komponententests werden vielfach auch vom oder unter Mitwirkung des Entwicklers der Programmiervorgaben (Systemanalytiker) durchgeführt.

---

3) Zur Beschreibung und Abgrenzung der Projektphasen vgl. /SCHM82/.

Der Verfahrenstest beinhaltet die Analyse einzelner Programme oder mehrerer Programme in ihrem Zusammenwirken hinsichtlich formaler und qualitativer Gesichtspunkte sowie hinsichtlich des internen Verhaltens und der Ordnungsmäßigkeit der durch sie realisierten Verfahren oder Verfahrensteile unter Berücksichtigung des Ablaufs des Gesamtsystems. Ferner wird das Testobjekt hinsichtlich der externen Schnittstellen (Programmen, Systemsoftware, Datenbank- und Datenkommunikationssystemen etc.), insbesondere auch mit dem Benutzer schrittweise analysiert.

Testobjekte im 'Verfahrenstest' sind einzelne Programme sowie das gesamte Programmsystem. Der Test des Gesamtsystems erfolgt in der Weise, daß schrittweise nach Aufgaben- oder Funktions-bezogenen Kriterien ausgewählte Programmfolgen im Test betrachtet werden (z.B. Programmfolge "Stammpflege" innerhalb der Kreditorenbuchhhaltung).

Der Verfahrenstest wird in einer kontrollierbaren, sicheren Umgebung (Entwicklungsumgebung) durchgeführt. Externe Schnittstellen werden, sofern sie nicht unmittelbar Gegenstand des Testens sind, in einer Testumgebung simuliert. Der Verfahrenstest erfolgt i.d.R. durch die Entwicklungsgruppe. Vielfach wird bereits hier eine auf die Problematik des Testens spezialisierte Gruppe oder Person als Aufgabenträger eingesetzt; denn der Wissensvorsprung des Entwicklers selbst hat in diesem Fall keine Wirkung mehr. Er sollte primär Unterstützung leisten.

Der Installationstest beinhaltet die Analyse des Installationsprozesses hinsichtlich möglicher Fehler bei der Installation. Hierbei wird z.B. analysiert, ob die aktuellen Versionen der Programmbausteine bzw. Programme vorhanden und benutzt werden, die erforderliche richtige Umgebung (z.B. Dateien, Datenbank, Betriebssystem-Utilities, periphere Geräte etc.) verfügbar sind etc. Darüber hinaus wird das formale Zusammenwirken der installierten Programme mit Dateien, Datenbank, Betriebssystem-Utilities und peripheren Geräten analysiert.

Der Installationstest wird immer dann durchgeführt, wenn das Programmsystem oder Teile davon neu kompiliert werden oder auch die Umgebung gewechselt wird. Dies ist z.B. dann gegeben, wenn das System aus der Entwicklungsumgebung (vom Entwicklungsrechner) in die Benutzerumgebung (auf den Produktionsrechner) übernommen wird.

Der Systemtest hat die Analyse des Gesamtsystems in der Zielumgebung zum Gegenstand. Im wesentlichen wird die Abdeckung der zu Projektbeginn formulierten Leistungsanforderungen (Pflichtenheft) /MYER82/ überprüft. Der Systemtest wird in der realen Benutzerumgebung unter Einbeziehung aller realen Schnittstellen durchgeführt. Er erfolgt in der Regel mit der Einführung des Systems, indem schließlich auch die zukünftigen Benutzer am Test beteiligt werden.

Aufgaben während des Systemtests sind u.a.:

- Testen des funktionalen Zusammenwirkens der Programme des realisierten Software-Produkts in der Zielumgebung.
- Testen des Zusammenwirkens des Gesamtsystems mit vorhandenen Software-Produkten in der Zielumgebung.
- Testen des Gesamtsystems im Hinblick auf Effizienzanforderungen.

Darüber hinaus wird das Gesamtsystem - soweit erforderlich - im Hinblick auf definierte Anforderungen bezüglich der technischen und funktionalen Änderbarkeit, der Portabilität sowie der Allgemeingültigkeit getestet; diese Analysen werden in dem Maße durchgeführt, wie sie in vorhergehenden Testphasen noch nicht erfolgt sind und erst bei Verfügbarkeit des Gesamtsystems möglich sind.

Myers empfiehlt, den Systemtest durch eine eigene Testgruppe, bestehend aus projektexternen und -internen Mitarbeitern, durchzuführen /MYER82/.

Für den Ablauf einer Testphase und die Reihenfolge der Testaufgaben für ein Testobjekt gilt generell:

(1)   Analyse formaler Gesichtspunkte,

(2)   Analyse sachlich inhaltlicher Gesichtspunkte,

(3)   Analyse des Zusammenwirkens mit Elementen in der Umgebung,

(4)   Analyse qualitativer Gesichtspunkte.

Die Durchführung von Testaufgaben innerhalb einer Testphase ist entsprechend diesen Kriterien zeitlich zu strukturieren.

Abb. 4-3 gibt einen Überblick über die Bedeutung unterschiedlicher Testaufgaben (siehe Abschnitt 3.1) in den jeweiligen Testphasen des Entwicklungstests. Im Installationstest ist z.B. primär das Testen gegen Regeln (TAG4) von Bedeutung. Ziel ist es, "Installationsfehler", nicht "Softwarefehler" /MEYE82/ aufzudecken; der Test erfolgt problemunabhängig im wesentlichen durch formale Analysen. Die Testaufgaben TAG1 bis TAG4 sind für alle Testphasen - wenn auch mit unterschiedlichen Gewichten - von Bedeutung. Wesentliche Unterschiede ergeben sich lediglich für die Testaufgaben "Testen gegen reale Be- und Verarbeitungsfälle" sowie "Testen gegen gleiche oder vergleichbare Problemlösungen". Sie sind für den Test der Programmiervorgaben sowie für den Bausteintest irrelevant.

Die unterschiedlichen, theoretisch sinnvollen Testobjekte und Maßnahmen zu ihrer Analyse sind innerhalb des Entwicklungstests nach sachlichen und zeitlichen Kriterien zu Testphasen zusammengefaßt.

Testphasen im Entwicklungstest Testaufgaben	Testen von Dokumenten		Testen von Programmen			
	Phasen, außer Test der Programmier-vorgaben	Test der Programmier-Vorgaben	Bausteintest	Verfahrenstest	Installationstest	Systemtest
(TAG1) Testen gegen Elemente in der Umgebung des Testobjekts	**	***	***	***	*	*
(TAG2) Testen gegen Zwischen produkte (Vorprodukte)	***	***	***	***		**
(TAG3) Testen gegen Qualitäts-anforderungen	***	**	*	**		***
(TAG4) Testen gegen Regeln	***	***	***	**	***	*
(TAG5) Testen gegen reale Be- oder Verarbeitungsfälle oder -situationen	***	(*)		***		***
(TAG6) Testen gegen gleiche Problemlösungen	***			***		**

Abb. 4-3: Bedeutung der Testaufgaben in den Testphasen innerhalb der Software-Entwicklung
(*): begrenzt nützlich; *: nützlich; **: wichtig; ***: sehr wichtig

4.3 Festlegung von Testobjekten innerhalb der Testphasen

Testphasen, Testobjekte und zugehörige Testaufgaben sind so festzulegen, daß die Komplexität des Testens beschränkt ist. Zur Reduzierung der Komplexität eines Tests sind zwei Möglichkeiten gegeben :

(1)	schrittweise Analyse von Teilen eines Software-Produkts (Reduzierung des Umfangs der Testobjekte).

(2)	gezielte Steuerung der Umgebung, in der der Test eines Objekts abläuft.

Für Phasen, in denen Dokumente getestet werden, ergeben sich daraus folgende Strategien :

(1)	Der Umfang der Testobjekte wird strikt auf einen Maximalwert begrenzt. Dies erfolgt z.B. durch

- schrittweise Betrachtung von Teilen eines Dokuments z.B. entsprechend der hierarchischen Ordnung im gesamten Software-Produkt (Testobjekt),

- getrennte Betrachtung der Darstellung kritischer Funktionen, Aufgaben etc.,

- bewußte Aufbereitung eines Dokuments (durch Teilung) für den Test.

Da das Testen von Dokumenten i.d.R. nicht-automatisiert erfolgt, ergibt sich die Notwendigkeit der Berücksichtigung von Beschränkungen aufgrund der eingeschränkten menschlichen Verarbeitungsfähigkeit (Konzentrationsfähigkeit usw.). Bei der Aufteilung von Dokumenten ist darauf zu achten, daß Teildokumente in sich geschlossen sind und eine bestimmte (Menge von) Funktion(en) oder Aufgabenstellung(en) beschreiben.

(2)	Die Umgebung beim Dokumententesten ergibt sich im wesentlichen durch den Kenntnisstand der Testträger. Die Teilung eines Software-Produkts führt automatisch zur Zersplitterung des Zusammenhangs und damit zu der Gefahr, bestimmte Fehler nicht zu erkennen.

Der notwendige Kontext kann einerseits dadurch hergestellt werden, daß die gleichen Testräger am Test aller Teilobjekte eines Software-Produkts beteiligt werden. Andererseits kann durch bewußte Isolierung eines Tests die Konzentration auf den Inhalt eines Teilobjekts ohne Berücksichtigung des Zusammenhangs gesteigert werden (z.B. sinnvoll beim Testen von Besonderheiten durch Spezialisten).

Für Phasen, in denen Programme getestet werden, ergeben sich zur Festlegung der Testobjekte folgende Strategien:

(1)   Der Umfang wird entsprechend der Differenzierung möglicher Testobjekte gesteuert. Testobjekte in einem Programmsystem können sein:
- einzelne Programmbausteine,
- einzelne Programme (Summe der Bausteine) und
- das gesamte Programmsystem (Summe der Programme).

Es besteht die Möglichkeit, nicht das gesamte Programm oder Programmsystem unmittelbar zu testen. Vielmehr können zunächst Programmbausteine und danach größere Teile getestet werden. Der Test erfolgt im wesentlichen in der Form des Schalenprogrammtests (siehe Abschnitt 3.2), d.h. kleine Programmelemente werden gegen die detailliertesten oder am weitesten konkretisierten Entwicklungsdokumente, größere Teile gegen zusammengefaßte oder weniger konkretisierte Entwicklungsdokumente getestet. Die Auswahl der Testobjekte erfolgt nach technischen, funktionalen oder aufgabenbezogenen Gesichtspunkten. Vorteile dieser Vorgehensweise sind, daß der Umfang des Testens, bedingt durch die Einschränkung der kombinatorischen Vielfalt, wesentlich reduziert wird, aber trotzdem eine aussagefähige Analyse möglich ist.

Für die Festlegung der einzubeziehenden Programmbausteine als Testobjekte ergeben sich u.a. folgende Möglichkeiten:
- Es werden alle denkbaren Moduln und Komponenten in einem getrennten Test betrachtet.
- Moduln und/oder Komponenten werden im Hinblick auf die Möglichkeit einer Zuordnung zu abgeschlossenen Funktions- oder Aufgabenbeschreibungen der Spezifikation ausgewählt.
- Kritische Moduln oder Komponenten werden getrennt getestet.

(2)   Die Programme werden zunächst in einer konstruierten Umgebung (Testumgebung) getestet, die erst schrittweise aufgelöst und durch die reale Umgebung ersetzt wird. Die konstruierte Umgebung ist weitgehend fehlerfrei (ggf. durch vorhergehende Analyse sichergestellt) und rekonstruierbar. Vorteile hierbei sind im wesentlichen eine gute Kontrollierbarkeit des Testobjekts und damit eine gute Zielorientierung der Tests. Ferner ist die Möglichkeit einer vollständigen Dokumentation und damit die Wiederholbarkeit von Tests gegeben.

Testen in einer Testumgebung wird nicht nur bei einer schlecht kontrollierbaren externen Programmumgebung (technische Prozesse, Echtzeitanwendungen u.a.) durchgeführt. Sie dient auch als Ersatz für Programme und Programmbausteine zur Verbesserung der Beherrschbarkeit eines Testobjekts.

Eine weitere Möglichkeit zur Erhöhung der Effizienz, insbesondere der Verbesserung von Kosten- und Zeitgrößen ist durch die Wahl der Reihenfolge der Tests gegeben. Die Reihenfolge kann zufällig oder anhand der logisch funktionalen oder technisch gegebenen Hierarchien von Elementen innerhalb eines Software-Produkts geordnet sein.

So können zuerst die Testobjekte der obersten Hierarchieebene, danach die der nächst-niedrigeren usw. (top-down-Testen) oder zunächst die Elemente der untersten Ebene, danach die der nächst-höheren (bottom-up-Testen) usw. getestet werden. Hierauf bauend kann man beliebig weitere Strategien formulieren /MYER82/.

Die Wahl der Reihenfolge beeinflußt wesentlich den Aufwand zur Testausführung (z.B. durch Simulation der Testumgebung). Wird bottom-up vorgegangen, so können als Umgebung eines Testobjekts die bereits getesteten Programmbausteine verwendet werden. Als konstruierte Umgebung wäre lediglich die Funktion des Aufrufs des Testobjekts nachzubilden etc.

Gesicherte Erfahrungswerte zu generellen Aussagen über die Bewertung einzelner Strategien liegen derzeit nicht vor (siehe /MYER82/). Eine Bewertung ist nur im Einzelfall möglich.

Offensichtlich ist aber, daß die Festlegung der Reihenfolge des Testens von Testobjekten mit starkem Bezug zur Entwicklungsstrategie u.a. Zeitvorteile bringt; eine reine Vorgehensweise entweder entsprechend der top-down- oder bottom-up-Strategie bewirkt ggf. Einsparungen bei der Konstruktion von Testumgebungen.

5 Vorgehensweise bei der Testdurchführung

Der Erfolg des Testens - insbesondere die angestrebte Vollständigkeit - ist im wesentlichen von der systematischen Vorgehensweise abhängig.

Die explizite Spezifikation der Zielsetzungen des Testens (vgl. Testaufgaben) ist notwendige Voraussetzung für die Testdurchführung. Die Beschreibung der Vorgehensweisen bei der Testdurchführung erfolgt durch Testarten.

Die Realisierung der Testarten, d.h. die Testdurchführung selbst, erfolgt durch eine oder mehrere Testaktivitäten.

Testart
Maßnahme beim Testen zur Aufdeckung von Fehlern in einem Testobjekt.

Testaktivität
Logisch und funktional abgegrenzte Aktivität zur Erzielung eines genau festgelegten Test-Produkts.

Für die Durchführung des Testens im Hinblick auf ein Testobjekt sind u.U. nicht alle Testaktivitäten relevant. Die Festlegung der erforderlichen Testaktivitäten und der geeigneten Methoden, für die unterschiedliche Testaktivitäten durchzuführen sind, erfolgt in Abhängigkeit von der entsprechenden Testart.

5.1 Testarten

Testarten können aus unterschiedlichen Blickrichtungen gesehen werden. Kriterien zur Differenzierung von Testarten sind:

- Grad der Einbeziehung des Testobjekts bei der Testvorbereitung und Testauswertung

  Neben der Tatsache, daß das Testobjekt Gegenstand der Testausführung ist, wird für die Unterscheidung von Testarten berücksichtigt, in welchem Maße das Testobjekt bei der Testvorbereitung bzw. Testauswertung einbezogen wird. Es werden folgende Testarten, auf die in den folgenden Kapiteln näher eingegangen wird, differenziert:

  ° Black-box-Testen,
  ° White-box-Testen.

- Art der Testausführung

  Anhand dieser Kriterien, welche die Ausführungsart des Testens beschreiben,
  werden folgende Testarten differenziert:
  ° Statisches Testen,
  ° Dynamisches Testen.

- Umfang der Testausführung

  Bezogen auf den Umfang der Testausführung, d.h. den Detaillierungsgrad und die
  Vollständigkeit des Testens, können folgende Testarten differenziert werden:
  ° Repräsentatives Testen,
  ° Statistisches Testen,
  ° Schwachstellenorientiertes Testen.

Die Beziehungen zwischen den unterschiedlichen Kriterien zur Differenzierung bzw.
zwischen den Testarten als solchen sind aus Abb. 5-1 ersichtlich.

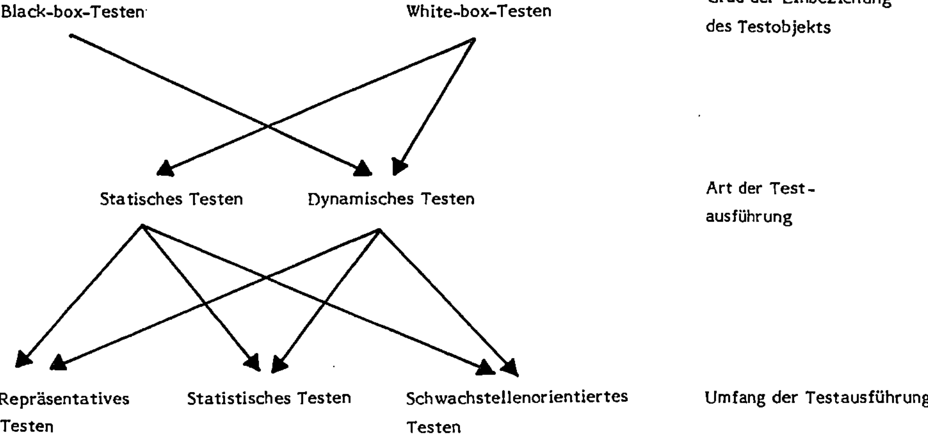

Abb. 5-1:   Zusammenhang unterschiedlicher Ausprägungen von Testarten

5.1.1 Black-Box-Testen und White-Box-Testen

Die unter Berücksichtigung des Grads der Einbeziehung des Testobjekts differenzierten Testarten sind in Literatur und Praxis unter den unterschiedlichsten Bezeichnungen zu finden.

Das Black-box-Testen wird auch als "exterior testing" /MILL78b/, "requirementsbased testing" /HOWD78/, "funktionaler Test" /KOPE76/ etc. bezeichnet. Wesentliches Merkmal des Black-box-Testens ist, daß das Testobjekt zwar im Hinblick darauf analysiert wird, ob Vorgaben im weitesten Sinne eingehalten worden sind, die Struktur des Testobjekts aber nicht unmittelbar in die Betrachtung einbezogen wird.

Durch Black-box-Testen können unter anderem folgende Testaufgaben (siehe Abschnitt 3) bearbeitet werden :
- Testen gegen Elemente in der Umgebung des Testobjekts (TAG1),
- Testen gegen Zwischenprodukte (Vorprodukte) (TAG2),
- Testen gegen Qualitätsanforderungen (TAG3),
- Testen gegen reale Be- oder Verarbeitungsfälle und -situationen (TAG5),
- Testen gegen gleiche Problemlösungen (TAG6).

Black-box-Testen ist im wesentlichen für das dynamische Testen, d.h. die Ausführung mit Testdaten, von Bedeutung (siehe Abbildung 5-1). Insofern ist Black-box-Testen - beim heutigen Stand der Technologie und sofern es automatisiert erfolgen soll - im wesentlichen auf das Testen von Programmen ausgerichtet; darüber hinaus ist diese Testart bei Verfügbarkeit entsprechender Hilfsmittel z.B. zum Prototyping auch für Dokumente von Bedeutung /MEGE81b/.

Durch Black-box-Testen kann das Fehlen von Aufgaben/Funktionen bzw. Eigenschaften des Testobjekts erkannt werden /MEGE82a/. Dagegen kann durch Black-box-Testen das Vorhandensein nicht gewünschter Aufgaben/Funktionen bzw. Eigenschaften des Testobjekts nicht mit Sicherheit nachgewiesen werden.

White-box-Testen wird auch als "interior testing" /MILL78/, "path/branch testing" /HOWD78/, "Strukturtest" /KOPE76/ etc. bezeichnet.

Wesentliches Merkmal des White-box-Testens ist, daß die Struktur des Testobjekts in die Betrachtung einbezogen wird. Für Programme heißt dies z.B., daß die Vorbereitung des dynamischen Testens anhand eines Kontrollflußgraphen oder Aufrufgraphen vorgenommen wird. Für das Testen von Dokumenten ist z.B. die Ermittlung der Attribute (z.B. Ein- und Ausgaben eines entworfenen Moduls /OEST82/) erforderlich, um formale Eigenschaften eines Dokuments ggf. automatisch zu analysieren.

Wesentliches Unterscheidungskriterium gegenüber dem Black-box-Testen ist, daß beim White-box-Testen die Struktur des Testobjekts in die Betrachtung einfließt, während beim Black-box-Testen ausschließlich die Ein- bzw. die Ausgaben des Testobjekts betrachtet werden.

White-box-Testen wird zur Lösung folgender Testaufgaben eingesetzt (siehe Abschnitt 3):

- Testen gegen Elemente in der Umgebung des Testobjekts (TAG1),
- Testen gegen Zwischenprodukte (Vorprodukte) (TAG2),
- Testen gegen Qualitätsanforderungen (TAG3),
- Testen gegen Regeln (TAG4),
- Testen gegen gleiche Problemlösungen (TAG6).

White-box-Testen ist sowohl für das statische als auch für das dynamische Testen von Bedeutung.

Vorteile des White-box-Testens sind, daß das Vorhandensein nicht geforderter/gewünschter Aufgaben/Funktionen bzw. Eigenschaften des Testobjekts erkannt werden kann. Demgegenüber wird als Nachteil des White-box-Testens angeführt, daß das Fehlen erforderlicher Aufgaben/Funktionen nicht festgestellt wird: diese Aussage ist nicht generell gültig, da durch Bereitstellung der Soll-Ergebnisse und entsprechende Ergebnisprüfung auch derartige Fehler gefunden werden können.

Insgesamt ist festzustellen, daß weder allein durch Black-box-Testen noch durch ausschließliches White-box-Testen eine vollständige Abdeckung der Testaufgaben gegeben ist; vielmehr sind beide Testarten in Kombination miteinander anzuwenden. Aussagen hinsichtlich der Effizienz beider Testarten aufgrund empirischer Untersuchungen werden z.B. von Howden /HOWD78/ gemacht.

Die prinzipielle Zuordnung der vorgenannten Testarten zu den Testaufgaben ist aus Abbildung 5-2 ersichtlich.

5.1.2 Statisches und Dynamisches Testen

Statisches Testen dient zur Analyse von Software-Produkten, wobei ausschließlich das Testobjekt selbst als Datenbestand analysiert und ausgewertet wird. Hierbei erfolgt keine Ausführung des Testobjekts mit Testdaten.

Statisches Testen bezieht sich sowohl auf Dokumente als auch auf Programme (vgl. u.a. /HOWD78/, /OEST82/). So ist z.B. das Testen von Dokumenten zum großen Teil durch statisches Testen zu realisieren; teilweise wird – sofern sozusagen der Ablauf mit Testdaten durch unterschiedliche Dokumente nachvollzogen wird – auch beim Testen von Dokumenten dynamisch getestet. Bei Programmen ist das statische Testen i.a. der erste Schritt nach der Codierung und kann unterschiedlichen Umfang hinsichtlich der durchzuführenden Analysen haben.

Ziele des statischen Testens sind die Überprüfung des Testobjekts auf logische, d.h. interne Konsistenz /HEMM77/ hinsichtlich der Einhaltung vorgegebener Regeln (Darstellungskonventionen, Analyse der Komplexität etc.). Durch statische Analyse können die in Abbildung 5-2 gekennzeichneten Testaufgaben ganz oder teilweise gelöst werden.

Zur Durchführung der statischen Analyse ist – insbesondere wenn diese automatisiert erfolgt – relativ wenig zur Vorbereitung der Testausführung zu tun. Schwerpunkt ist die eigentliche Testausführung, bei der die verschiedenen Analysen durchgeführt werden. In der Testauswertung sind Teststatistiken zu erstellen sowie die Ergebnisse des Testens zu protokollieren. Eine direkte Ergebnisprüfung ist vielfach nicht erforderlich, wenn Fehler unmittelbar bei der Testausführung erkannt werden und – anders als beim dynamischen Testen – keine Ergebnisprüfung aufgrund ermittelter Ist-Werte durch Vergleich mit Soll-Werten erfolgt.

Dynamisches Testen dient der Analyse von Software-Produkten durch Ausführung mit Testdaten (vgl. u.a. /RAMA74/, /FAIR78/, /MEGE82a/). Ziel des dynamischen Testens ist es, durch gezieltes Erzeugen einer Datenbasis und Auswertung derselben durch Vergleich gegenüber Soll-Ergebnissen Ablauffehler zu erkennen.

Ausführung mit Testdaten bedeutet nicht nur selbständiger Ablauf des Testobjekts auf einer ADV-Anlage. Gedankliches Durchrechnen eines Programms oder Verfolgen eines Ablaufplans mit Testdaten dient ebenso dazu, Ergebnisse (Zwischen- oder Endergebnisse) zu erzielen und diese einem Soll-/Ist-Vergleich zu unterziehen. Daher bezieht sich dynamisches Testen sowohl auf Dokumente als auch auf Programme.

Die Darstellung der Vorgehensweise und Ziele des dynamischen Testens hat bereits die Notwendigkeit vorbereitender Aktivitäten für die eigentliche Testausführung deutlich gemacht. Hierbei handelt es sich – anders als beim statischen Testen – um die Bereitstellung geeigneter Testdaten für die Testausführung und die Ermittlung entsprechender Soll-Ergebnisse. Während der Testausführung sind – zwecks Sammlung der benötigten Daten zur Beurteilung des Verhaltens des Testobjekts – neben

der eigentlichen Ausführung des Testobjekts Aktivitäten erforderlich, die Zwischen-
und Endergebnisse protokollieren, Durchlaufhäufigkeiten an unterschiedlichen Stellen im Testobjekt erfassen und - soweit erforderlich - fehlende Elemente (z.B. Moduln) durch eine Testumgebung simulieren. Die Auswertung der Testergebnisse ist
Gegenstand der Ergebnisprüfung.

Generell ist festzustellen, daß weder allein das statische noch das dynamische
Testen ausreichend ist, um alle möglichen Fehler zu erkennen. Vielmehr sind beide
Testarten in unterschiedlichem Maße geeignet, bestimmte Fehler bzw. Fehlerklassen
zu erkennen.

Empirische Untersuchungen von Rubey und Howden haben gleichermaßen bestätigt,
daß die höchste Effizienz hinsichtlich der Fehlererkennung dann gegeben ist, wenn
zunächst durch statisches Testen und danach durch dynamisches Testen versucht
wird, potentielle Fehler aufzudecken (vgl. u.a. /RUBE75/, /HOWD78a/).

Die Zuordnung der Testarten "statisches Testen" und "dynamisches Testen" zu den
Testaufgaben ist aus Abbildung 5-2 ersichtlich. So ist z.B. die Analyse eines Testobjekts hinsichtlich des Zusammenwirkens mit einem Testobjekt gleicher Abstraktion
in unmittelbarer Umgebung beim Black-box-Testen ausschließlich durch dynamisches Testen möglich; dahingegen ist diese Aufgabe, sofern White-box-Testen
angewendet wird, sowohl durch statisches als auch dynamisches Testen bearbeitbar.
Die in Abbildung 5-2 gemachten Aussagen sind nun nicht so zu verstehen, daß die
einzelnen Testarten alternativ anwendbar wären, vielmehr sind sie jeweils in bezug
auf einzelne Aspekte der jeweiligen Testaufgaben von Bedeutung.

5.1.3   Repräsentatives, Statistisches und Schwachstellenorientertes Testen

Die Differenzierung der Vorgehensweise beim Testen nach dem Umfang der Testausführung wird vielfach auf die Auswahl der einzubeziehenden Daten bezogen; hierbei
handelt es sich aber nur um einen Teilaspekt, der zwar von großer Bedeutung ist,
neben dem allerdings ebenso die Auswahl - insbesondere bei Dokumenten - der zu
analysierenden Bestandteile des Testobjekts zu berücksichtigen ist. Bestandteile von
Testobjekten können z.B. Kapitel bzw. Seiten des Betriebshandbuchs sein; darüber

Testaufgaben ＼ Testarten	black-box-Testen	white-box-Testen
(TAG1) Testen gegen Elemente in der Umgebung des Testobjekts	dynamisch	statisch/dynamisch
(TAG2) Testen gegen Zwischen- produkte (Vorprodukte)	dynamisch	statisch/dynamisch
(TAG3) Testen gegen Qualitäts- anforderungen	dynamisch	statisch/dynamisch
(TAG4) Testen gegen Regeln		statisch
(TAG5) Testen gegen reale Be- oder Verarbeitungsfälle oder -situationen	dynamisch	
(TAG6) Testen gegen gleiche Problemlösungen	dynamisch	statisch

<u>Abb. 5-2:</u>   Testarten zur Lösung der Testaufgaben

hinaus können bei Programmen aber z.B. auch einzelne Programmteile als Bestandteil des Programmsystems betrachtet werden, so daß - etwa hinsichtlich der Aufgaben, die von Wirtschaftsprüfern etc. wahrzunehmen sind - eine Begrenzung der zu
analysierenden Produkte unter Berücksichtigung des Umfangs gemäß den vorgenannten Kriterien durchaus möglich und teilweise sogar erforderlich ist. Insofern ist
diesen Testarten die Festlegung des Umfangs der Testausführung entweder direkt
durch Selektion entsprechender physischer Bestandteile oder indirekt durch Auswahl
entsprechender Testdaten gegeben.

- Repräsentatives Testen bedeutet hierbei, daß für die Testausführung genau festgelegte Teile des Testobjekts (im wesentlichen beim Testen von Dokumenten)
  einbezogen werden; beim dynamischen Testen von Programmen werden bei dieser Testart solche Daten bereitgestellt, die genau festgelegte Aufgaben/Funk-
  tionen oder Strukturelemente des Testobjekts ausführen. Auch beim Testen von
  Programmen können Teile des Testobjekts so selektiert werden, daß bestimmte
  Aufgaben/Funktionen repräsentiert werden; dieser Fall ist z.B. gegeben, wenn im
  Abnahmetest eines Finanzbuchhaltungssystems bestimmte Teilprogramme (Programme zur Bearbeitung des Jahresabschlusses etc.) ausgewählt werden. Wichtig ist beim repräsentativen Testen, daß detaillierte Erwartungen hinsichtlich der
  Ergebnisse der Testausführung bestehen.

- Dahingegen sind beim statistischen Testen i.a. keine detaillierten Erwartungen
  an die Testausführung definiert. Vielmehr werden z.B. Teile eines Benutzerhandbuchs zufallsabhängig (z.B. jede 3. Seite) ausgewählt. Beim repräsentativen
  Testen könnten etwa solche Seiten ausgewählt werden, die Aussagen über Datei-
  änderungen machen.

  Für das dynamische Testen von Programmen werden beim statistischen Testen
  Zufallswerte (z.B. jeder 5. Satz der Produktionsläufe des letzten Monats) bereitgestellt.

- Schwachstellenorientiertes Testen beschreibt die Vorgehensweise, bei der aufgrund der Erfahrung oder Intuition Vermutungen über bestimmte Fehlerarten in
  einem Testobjekt existieren. Hierauf aufbauend werden für das dynamische
  Testen Testfälle zugrunde gelegt, um diese Annahmen zu verifizieren oder zu
  falsifizieren. Für das schwachstellenorientierte Testen kann die auch als "error
  guessing" /MYER82, S. 73/ bezeichnete Vorgehensweise etwa durch Analyse bestimmter Schleifen auf Termination erfolgen.

Repräsentatives, statistisches und schwachstellenorientiertes Testen sind sowohl
beim Black-box- bzw. White-box-Testen als auch beim statischen und dynamischen
Testen anwendbar. Darüber hinaus sind sie für alle Testaufgaben anwendbar; daher
erfolgt keine explizite Zuordnung in Abbildung 5-2.

Für die Durchführung des Testens sind durch die Testarten Auswirkungen auf die
Testaktivitäten insofern gegeben, als sie für die einzelnen Testarten jeweils bestimmte Testaktivitäten erforderlich bzw. entbehrlich machen. Auf die unterschiedlichen Testaktivitäten der Testdurchführung soll nachfolgend eingegangen werden.

5.2 Testaktivitäten der Testdurchführung

Die einzelnen Testaktivitäten sind dadurch charakterisiert, daß jede von ihnen zu einem genau definierten Ergebnis führt. Ein derartiges Ergebnis können z.B. Testfälle oder Testdaten für ein bestimmtes Testobjekt sein.

Die definierten Ergebnisse beziehen sich nicht auf ein spezielles Testobjekt; vielmehr sind sie in unterschiedlicher Anzahl und Kombination Bestandteile der verschiedenen Testarten. Das heißt aber gleichzeitig, daß bestimmte Aktivitäten nur für bestimmte Testarten von Bedeutung sind bzw. auf einer tieferen Detaillierungsstufe bestimmte Methoden von Testaktivitäten ausschließlich mit bestimmten Testarten korrespondieren.

Unter Berücksichtigung der Grundfunktionen können folgende Klassen von Testaktivitäten unterschieden werden (vgl. Abb. 5-3):
- Testplanung,
- Testdurchführung,
- Testkontrolle,
- Testdokumentationserstellung.

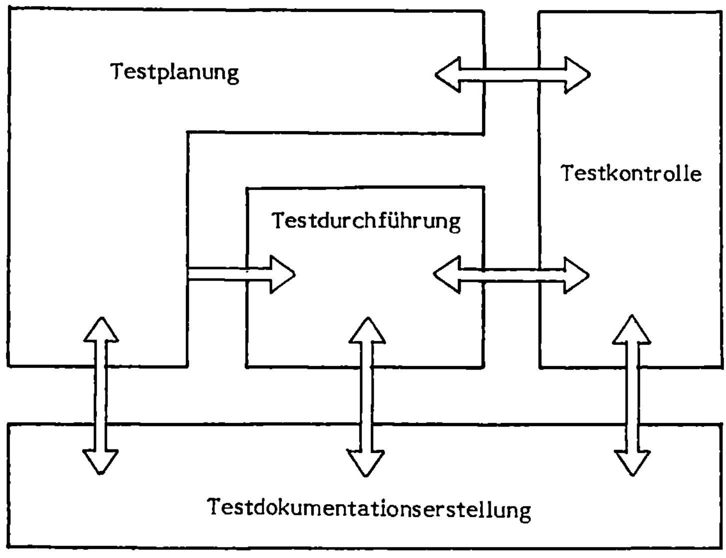

Abb. 5-3:   Zusammenwirken der Klassen von Testaktivitäten

Die Testplanung dient zur Festlegung der Aufgaben, Ziele und Vorgehensweise bei der Testdurchführung, wobei neben generellen Festlegungen für das gesamte Software-Projekt (strategische Testplanung) konkrete und vollständige Vorgaben zur Durchführung einzelner Testphasen bzw. Aktivitäten der Testdurchführung zu erstellen sind (operative Testplanung).

Die Testdurchführung umfaßt die Gesamtheit der Testaktivitäten zur Realisation der in der Testplanung formulierten Aufgaben und Ziele unter Berücksichtigung der übrigen Planungsgrößen der Software-Entwicklung.

Die Testkontrolle dient der Überwachung und Steuerung des Testprozesses entsprechend der Planungsparameter.

Schließlich umfaßt die Testdokumentationserstellung das Erfassen, Ordnen, Speichern und Bereitstellen von Daten für das Testen und/oder über den Ablauf und die Ergebnisse des Testens. Die Testdokumentationserstellung enthält somit eine Beschreibung der Vorgehensweisen beim Testen, der hierbei verwendeten Daten sowie der Ergebnisse des Testens. Es handelt sich um eine Aktivität, die parallel zu den Aktivitätenklassen Testplanung, -durchführung und -kontrolle abläuft.[1]

Die Gesamtheit der Testaktivitäten der Testdurchführung - Gegenstand des vorliegenden Kapitels - wird unabhängig von einer Differenzierung nach der Art der Software-Produkte (z.B. Dokument, Programm), die Gegenstand des Testens sind, wie folgt, in Klassen zusammengefaßt:
- Testvorbereitung,
- Testausführung,
- Testauswertung.

Diese Differenzierung ist unabhängig von den Verfahren und Werkzeugen, die für eine Testaktivität einer bestimmten Klasse eingesetzt werden.

Die Testvorbereitung umfaßt alle Testaktivitäten, die zur Vorbereitung der Testausführung erforderlich sind.

---

1) In diesem Abschnitt wird ausschließlich auf die Aktivitäten der Testdurchführung eingegangen. Die Testplanung und die Testkontrolle werden in Abschnitt 6, die Testdokumentationserstellung wird in Abschnitt 7 beschrieben.

Zur Testausführung gehören zunächst diejenigen Testaktivitäten, die zur eigentlichen - statischen oder dynamischen - Testausführung erforderlich sind oder Daten über die Testausführung für den Soll-/Ist-Vergleich bereitstellen. Sie umfaßt daneben auch alle die Testaktivitäten, die zur (technischen) Unterstützung der Aktivitäten zur Fehlererkennung sowie zur Sammlung von Informationen/Daten während dieser Aktivitäten erforderlich sind.

Schließlich zählen zur Testauswertung alle Testaktivitäten der Testdurchführung, die im Anschluß an die Testausführung die Ergebnisse dieser Aktivitäten auswerten. Beim Testen ohne Ablauf mit Testdaten erfolgt vielfach direkt ein Soll-/Ist-Vergleich, so daß die Fehlererkennung ggf. nur das Feststellen des Vorhandenseins von Fehlermeldungen umfaßt. Beim Testen durch Ausführung des Testobjekts mit Testdaten ist für den Soll-/Ist-Vergleich die Ergebnisprüfung erforderlich. Darüber hinaus sind die Testergebnisprotokollierung und das Erstellen der Teststatistik Bestandteil der Testauswertung.

Die Testaktivitäten werden nachfolgend ausschließlich hinsichtlich der methodischen Vorgehensweise beschrieben. Es wird nicht auf Verfahren/Werkzeuge für die einzelnen Testaktivitäten eingegangen.

Die Notwendigkeit der Durchführung der verschiedenen Testaktivitäten hängt von unterschiedlichen Kriterien ab. Einerseits ergeben sich Unterschiede aufgrund der Art des Testobjekts (Dokument/Programm); andererseits hängt die Anzahl und die Art der für ein bestimmtes Testobjekt einzubeziehenden Testaktivitäten im wesentlichen von der Testart (siehe Abschnitt 5.1) ab. Das Zusammenwirken der Testaktivitäten für die Testarten "statisches Testen" und "dynamisches Testen" ist in der Abbildung 5-4 für das Testen ohne Ablauf mit Testdaten und in der Abbildung 5-5 für die Ausführung eines Testobjektes mit Testdaten dargestellt.

Generell läßt sich feststellen, daß die Darstellung des Zusammenhangs der Testaktivitäten für das Testen ohne Ablauf mit Testdaten sowohl für Dokumente als auch für Programme gilt.

In Abhängigkeit vom Typ des Testobjektes sind die Ergebnisse der Testaktivitäten ggf. unterschiedlich. Betrachtet man z.B. die Testaktivität "Erstellen der Testprozedur", so kann sie bei Dokumenten z.B. das Erstellen einer Tagesordnung für eine nicht-automatisierte Überprüfung beinhalten.

Beim automatisierten Testen ohne Ablauf mit Testdaten (z.B. bei (formalen) Dokumenten wie Entscheidungstabellen unter Zuhilfenahme eines Entscheidungstabellenvorübersetzers) werden in dieser Testaktivität i.a. die Steueranweisungen inkl. der erforderlichen Parameter, z.B. zur Festlegung des Umfangs der Analysen, erstellt.

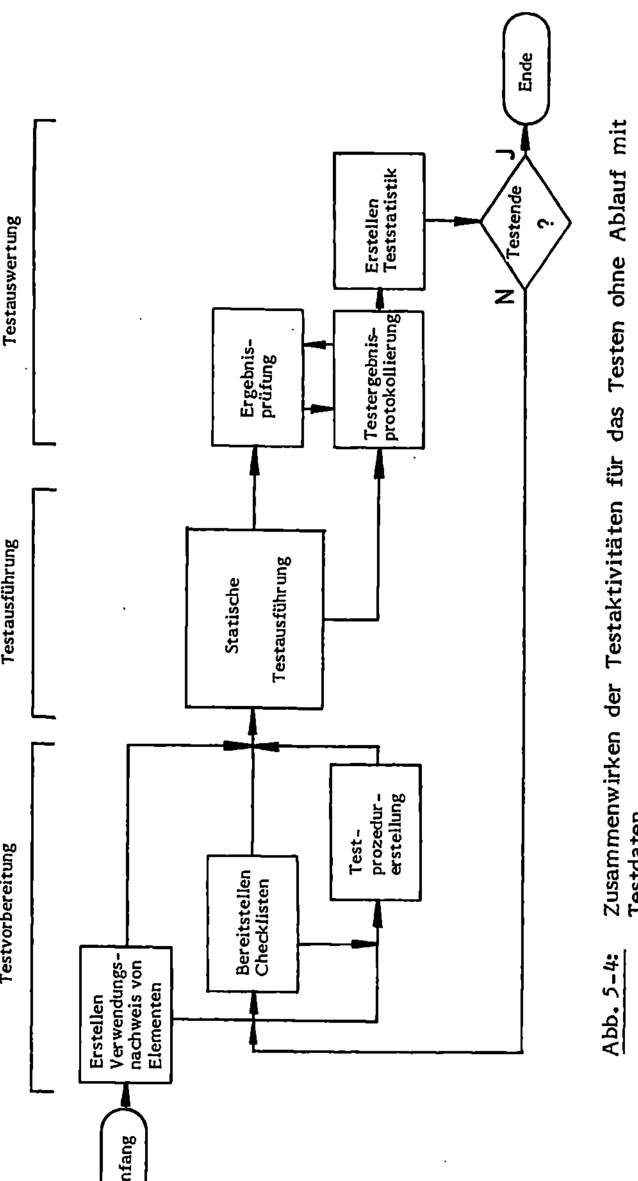

Abb. 5-4: Zusammenwirken der Testaktivitäten für das Testen ohne Ablauf mit Testdaten

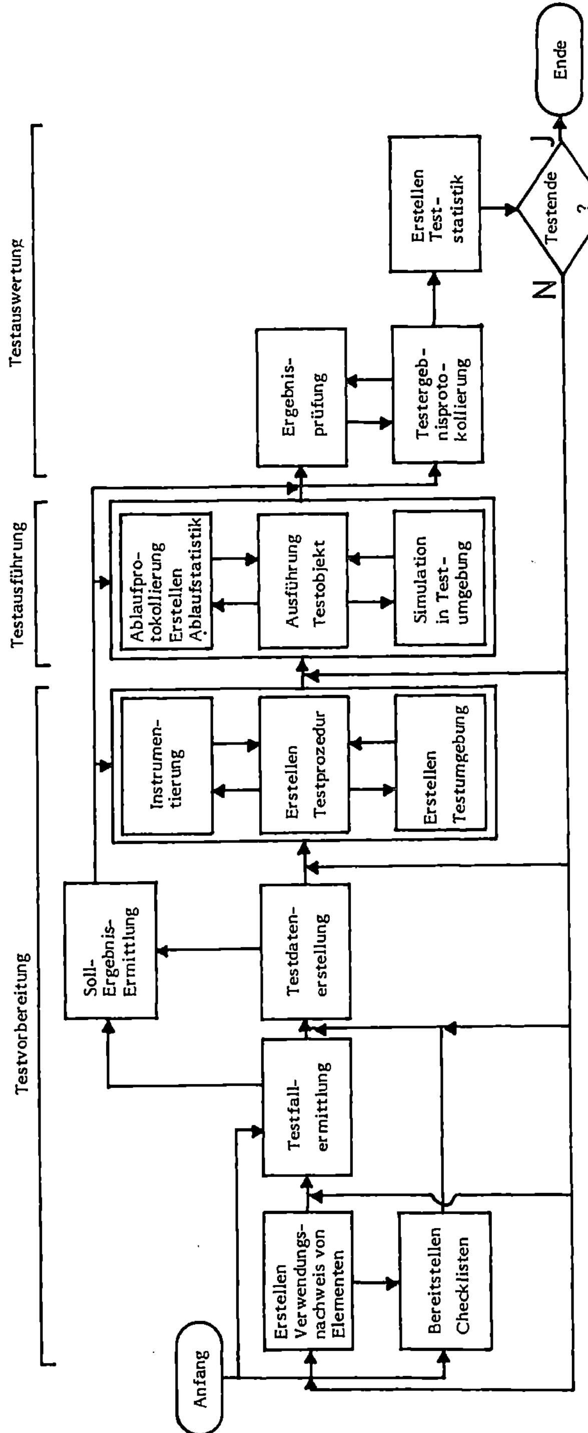

Abb. 5-5:   Zusammenwirken der Testaktivitäten zur Ausführung eines Testobjekts
mit Testdaten beim dynamischen Testen

Für das Testen durch Ablauf mit Testdaten gilt analog, daß diese Testaktivitäten für
das Testen von Dokumenten und Programmen gelten. So kann z.B. für das dynamische Testen von Dokumenten ebensogut eine Testfallermittlung notwendig sein wie
bei Programmen. Bestimmte Aktivitäten (Erstellen der Testumgebung, Instrumentierung u.a.) sind jedoch nur bei Programmen sinnvoll und notwendig.

Eine detaillierte Erläuterung dieser Unterschiede wird bei der Beschreibung der einzelnen Aktivitäten in den folgenden Abschnitten gegeben.

Die Reihenfolge der Beschreibung innerhalb der Gruppen Testvorbereitung, -ausfüh-
rung und -auswertung entspricht der zeitlichen, in den Abbildungen 5-4 bzw. 5-5
zum Ausdruck gebrachten Reihenfolge der Durchführung dieser Testaktivitäten.

Ablaufprotokollierung
Testaktivität zur Gewinnung und Bereitstellung von Daten über die Ausführung
des Testobjekts in sequentieller Form (Meldungen, Dateninhalte u.a.).

Ausführung des Testobjekts
Testaktivität zur unmittelbaren Ausführung des Testobjekts mit Testdaten.

Bereitstellung von Checklisten
Testaktivität zur Erarbeitung und Zusammenstellung von Analysepunkten zur Unterstützung und Steuerung des automatisierten und nicht-automatisierten
Testens. Analysepunkte sind hierbei relevante Aspekte, die bei der Analyse
angesprochen werden sollen.

Dynamische Testausführung
Testaktivität zur Ausführung des Testobjekts mit Testdaten.

Ergebnisprüfung
Testaktivität zum Vergleich zwischen erwarteten und tatsächlichen Ergebnissen
(Soll-/Ist-Vergleich).

Erstellen der Testprozedur
Testaktivität zur Beschreibung der Testausführung eines Testobjekts hinsichtlich
der generellen, bestriebssystem-spezifischen Abläufe sowie der Bereitstellung
von Daten.

Erstellen der Teststatistik
Testaktivität zur Erfassung und Kumulierung von Daten zum Ablauf und zu den
Ergebnissen unterschiedlicher Testläufe.

Erstellen der Testumgebung
Testaktivität zur Erstellung (noch) nicht vorhandener, aber benötigter Ressourcen, die externe Schnittstellen des Testobjekts bei der Testausführung repräsentieren und deren Verhalten nachbilden.

Erstellen der Verwendungsnachweise von Elementen
Testaktivität zum Erstellen von Nachweisen der in einem Testobjekt vorhandenen Elemente und deren Zusammenhänge.

Erstellen von Ablaufstatistiken
Testaktivität zur Aufbereitung der Informationen des Ablaufsprotokolls in statistischer Form.

Instrumentierung
Testaktivität zur Erweiterung des Testobjekts um Anweisungen zwecks Sammlung von Informationen/Daten über das Verhalten des Testobjekts sowie über dessen Zustände während der Testausführung.

Simulation in einer Testumgebung
Testaktivität zur Simulation der realen Umgebung des Testobjekts.

Soll-Ergebnis-Ermittlung
Testaktivität zur Festlegung der für den Ablauf des Testobjekts mit Testdaten zu
erwartenden Ergebnisse.

Statische Testausführung
Testaktivität zur Fehlererkennung ohne Ablauf mit Testdaten.

Testdatenerstellung
Testaktivität zur Bestimmung und Bereitstellung von Testdaten für die Ausführung des Testobjekts.

Testergebnisprotokollierung
Testaktivität zur Beschreibung des Ablaufs der Testausführung, der benötigten
Ressourcen sowie der aufgedeckten Mängel (Anomalien bzw. Fehler).

Testfallermittlung
Testaktivität zur Bestimmung der Mengen von Daten des Eingabedatenbereichs,
die bei der Ausführung des Testobjekt zu gleichen Wirkungen führen.

5.2.1   Testvorbereitung

Die Aktivitäten der Testvorbereitung sind - wie aus den Abbildungen 5-4 und 5-5
deutlich wird - der Testausführung vorgeschaltet. Durch sie werden die notwendigen
Voraussetzungen für eine effiziente Fehlererkennung geschaffen.

Im einzelnen werden durch die Aktivitäten der Testvorbereitung folgende Ergebnisse
erzielt:

- Checklisten,
- Verwendungsnachweise von Elementen,
- Testfälle,
- Testdaten,
- Soll-Ergebnisse,
- instrumentiertes Testobjekt,
- Testumgebung,
- Testprozeduren (Steueranweisungen, etc.).

5.2.1.1 Bereitstellen von Checklisten

Das Bereitstellen von Checklisten ist eine vorbereitende Aktivität im Rahmen der Testdurchführung. Es werden Analysepunkte erarbeitet und zusammengestellt, die bei der Unterstützung und Steuerung des nicht-automatisierten Testens Verwendung finden.

Die Checklisten umfassen solche Aspekte zum Testobjekt, die bei der Analyse des Testobjekts angesprochen werden sollten. Damit dienen Checklisten zunächst den Aufgabenträgern der Testausführung als Hilfsmittel zur Ableitung erforderlicher Testaktivitäten. Die Checklisten sind Grundlage bei der Durchführung anderer Testaktivitäten (z.B. statische Testausführung). Darüber hinaus kommt den Checklisten bei der Bestimmung und Kontrolle der Testziele eine gewisse Bedeutung zu; der Prozentsatz der ohne Fehler bearbeiteten Analysepunkte von Checklisten kann z.B. als Testmaßzahl Verwendung finden.

Für das Bereitstellen von Checklisten können folgende Methoden unterschieden werden :
- Übernahme vorgegebener Standard-Checklisten,
- Modifikation vorgegebener Standard-Checklisten,
- Erstellung individueller Checklisten.

Ein wirksamer Einsatz der Checklisten ist nur dann möglich, wenn diese auf das konkrete Testobjekt und dessen spezielle Qualitätsanforderungen ausgerichtet sind.

Dieser Forderung kann eine Standard-Checkliste vielfach nicht genügen. Andererseits entfällt hierbei der i.a. nicht unbeträchtliche Aufwand zur Erstellung von Checklisten. Sofern Standard-Checklisten verfügbar sind, können diese durch Modifikation, d.h. durch Detaillierung und Erweiterung der Analysepunkte, an das Testobjekt angepaßt werden.

Bei der Neuerstellung individueller Checklisten ist von vornherein eine gezielte Ausrichtung auf die Anforderungen des Testobjekts bzw. einer Klasse von Testobjekten (z.B. Objekte für ähnliche Aufgabenstellungen) möglich. Dafür ist allerdings ein relativ hoher Erstellungsaufwand zu akzeptieren.

Checklisten haben bestimmten qualitativen Anforderungen zu genügen. Als wesentliche Anforderung ist die Vollständigkeit zu nennen. Die Vollständigkeit von Checklisten ist erreicht, wenn die spezifizierten Analysepunkte alle potentiellen Fehlerarten des konkreten Testobjekts abdecken. Dieser Anspruch kann jedoch auf einer detaillierten Beschreibungsebene i.a. nicht erreicht werden. Ein zu hoher Detaillierungsgrad würde zudem die Operationalität der Checklisten beeinträchtigen. Abgestimmt auf das Testobjekt und dessen Qualitätsanforderungen sind bestimmte Fehlerbereiche durch globale Analysepunkte zu erfassen.

Um einerseits eine leichte Beurteilung des Vollständigkeitsgrades zu erreichen, andererseits eine problemlose Ergänzung bzw. weitere Detaillierung der Analysepunkte zuzulassen, ist eine geeignete Struktur der Checklisten zu gewährleisten.

Da jeder Fehler im Testobjekt einen Verstoß gegen eine bestimmte Qualitätsanforderung darstellt, sind als oberste Hierarchieebene zur Strukturierung der Checklisten die testobjektbezogenen Qualitätsanforderungen geeignet. Entsprechend ihrem Konkretisierungsgrad werden die Analysepunkte den einzelnen Qualitätsanforderungen hierarchisch zugeordnet.

Abb. 5-6 zeigt als Beispiel einen Auszug aus einer Checkliste zur Analyse des fachlichen Feinkonzepts hinsichtlich des Qualitätsmerkmals Vollständigkeit.

Aufgrund der komplexen Beziehungszusammenhänge zwischen den Qualitätsmerkmalen sind sowohl bei der Neuerstellung von Checklisten als auch bei der Modifikation vorgegebener Standard-Checklisten Mehrfachnennungen der einzelnen Analysepunkte zu akzeptieren. Durch expliziten Verweis auf derartige Redundanzen lassen sich Mehrfachbearbeitungen desselben Analysepunkts im Rahmen der Testausführung vermeiden.

5.2.1.2 Erstellen der Verwendungsnachweise von Elementen

Das Erstellen der Verwendungsnachweise von Elementen dient zur Sammlung und Darstellung von Informationen über die Elemente eines Testobjekts und deren Verwendung.

Eine Vielzahl von Testaktivitäten bezieht sich teilweise auf Informationen über Elemente des Testobjekts, die eine Analyse des Testobjekts und Bereitstellung der notwendigen Informationen voraussetzen. Um Redundanzen zu vermeiden, werden die Analysen zusammengefaßt zu einer Testaktivität, in der je nach Bedarf des Testprozesses alle notwendigen Informationen über das Testobjekt in aufbereiteter Form verfügbar gemacht werden.

Verwendungsnachweise von Elementen können für jedes Testobjekt erstellt werden (Dokumente und Programme). Bei Betrachtung eines Testobjekts läßt sich dieses in Elemente unterschiedlicher Klassen, die darüber hinaus unterschiedlichen Hierarchiestufen zugeordnet sind, aufgliedern.

Checkliste	Systemanforderungen

Prüfpunkte	Bemerkung
2 Sind die Systemanforderungen <u>vollständig</u>?	
2.1 Deckt die Aufgabenbeschreibung die Anforderungen des Anwenders bzw. der Fachabteilung vollständig ab?	
2.2 Wurden alle geplanten Erweiterungen berücksichtigt?	
2.3 Ist die Nutzungsform spezifiziert (Stapel-, Dialog-, Realzeitbetrieb)?	
2.4 Ist die zu verarbeitende Programmiersprache festgelegt?	
2.5 Sind die zu verarbeitenden Datenmengen quantifiziert?	
2.6 Sind die Software-Schnittstellenprodukte spezifiziert?	
2.7 Sind die Eingabedaten vollständig spezifiziert? Z.B. im Hinblick auf - Art der Eingabe - Format - Mengengerüst - Definitionsbereich	
2.8	

Abb. 5-6: Auszug aus einer Checkliste zur Analyse der Systemanforderungen hinsichtlich des Qualitätsmerkmals Vollständigkeit

So läßt sich z.B. ein Programm in Programmbausteine zerlegen, der Programmbaustein in Kapitel und Anweisungen sowie einzelne Anweisungen in Operanden und
Operatoren. Bei Dokumenten ist die einfachste Form des Nachweises das Inhaltsverzeichnis oder das Stichwortverzeichnis[2].

Ziel hierbei kann z.B. die Erhöhung der Verständlichkeit des Testobjekts durch Visu-
alisierung der Struktur etc. sein. In Abhängigkeit von der Art des Testobjekts und
Durchführung nachfolgender Testaktivitäten sind einfache Verzeichnisse für die weitere Testdurchführung ggf. schon ausreichend.

Für Testobjekte lassen sich sowohl Sprachelemente als auch Strukturelemente nachweisen:

- Der Nachweis der Verwendung von Sprachelementen gibt einen Überblick über
  die Verwendung von Operanden, Operatoren, Anweisungen, Datenelementen,
  Datenstrukturen, symbolischen Adressen und Moduln.

- Der Nachweis von Strukturelementen dient zur Darstellung der Beziehung zwischen verschiedenen Strukturelementen (bei Programmen z.B. Strecken, Verzweigungen, Pfade) und damit der Darstellung der Struktur des Testobjekts.

Welche Elemente nachzuweisen sind, ist abhängig von den Testaktivitäten, wofür die
entsprechenden Verwendungsnachweise benutzt werden sollen.

Zur Bearbeitung der Analysepunkte von Checklisten können z.B. bestimmte Informationen über Elemente des Testobjektes erforderlich sein. So ergibt sich etwa für den
Analysepunkt "Ist die Reihenfolge der Modulaufrufe sachlogisch richtig?" die
Notwendigkeit, eine Modulaufrufhierachie zu ermitteln; diese kann unterschiedlich, u.a. tabellarisch oder in einem Kontrollflußdiagramm dargestellt werden.

Grundsätzlich ist die Darstellungsart der Informationen an den Bedürfnissen der
nachfolgenden Testaktivitäten auszurichten (z.B. gute Verständlichkeit, insbesondere bei nicht-automatisierter Testausführung, Möglichkeit des automatisierten
Lesens bei geplantem Werkzeugeinsatz im Rahmen der Testausführung).

Es werden drei Formen des Nachweises von Elementen unterschieden:
- Aufzählung aller vorhandenen (unterschiedlichen) Elemente, gegebenenfalls mit
  Angabe der Häufigkeit ihrer Verwendung,

---

2) Da ein Inhalts- bzw. Stichwortverzeichnis i.d.R. bereits in der Kon-
struktionsphase bzw. bei der Erstellung des Testobjekts mit angefer-
tigt wird, kann sich die explizite Durchführung dieser Testaktivität
bei Dokumenten - insbesondere bei weitgehend informal dargestellten
Zwischenprodukten - u.U. erübrigen (z.B. Problemspezifikation, Anwen-
dungsdokumentation).

- Aufzählung und Angabe des Ortes sowie gegebenenfalls der Art der Verwendung aller vorhandenen (unterschiedlichen) Elemente,

- Nennung der Elemente und Darstellung entsprechend ihrer Anordnung im Testobjekt (Dokument/Programm).

Abbildung 5-7 zeigt eine Variablenverwendungsliste für ein COBOL-Programm. Die tabellarische Darstellung eines zum Nachweis der Struktur des Testobjekts erstellten Programmgraphen zeigt beispielhaft Abbildung 5-8. Anschaulicher sind selbstverständlich graphische Darstellungen.

Wichtig beim Verwendungsnachweis von Strukturelementen ist die Wahl der geeigneten Darstellungsform. Hierbei kommen in Betracht:

- Kennzeichnung im Testobjekt selbst,
- Tabellarische Darstellung,
- Verbindungsmatrizen,
- Graphische Darstellung.

5.2.1.3 Testfallermittlung

Die Testfallermittlung ist eine Testaktivität zur Bestimmung der Mengen von Eingabedatenkombinationen, die beim Ablauf mit Testdaten zu gleichen Wirkungen führen.

> Testfall
> Die Menge der Eingabedaten, die bei der Testausführung eines Testobjektes zu genau festgelegten, gleichen Wirkungen führen.

Ziel des dynamischen Testens ist es, durch Ausführung des Testobjekts mit Testdaten und Analyse des hierbei auftretenden Verhaltens Fehler aufzudecken. Vollständiges Testen (exhaustive testing) mit Testdaten ist in der Regel selbst bei relativ kleinen Testobjekten nicht möglich; somit hängt der Erfolg der Testdurchführung - ausgedrückt durch die Fehleraufdeckungsrate - im wesentlichen von der Güte der Auswahl der Testdaten ab.

Um mit den gegebenen Ressourcen (Zeit, Kosten) ein optimales Ergebnis zu erreichen, ergibt sich die Zielsetzung, die größtmögliche Zahl von Fehlern im Software-Produkt mit einer möglichst geringen Anzahl von Testdaten zu erkennen.

Die Erfahrung, daß notwendigerweise beim dynamischen Testen nie Vollständigkeit erreicht wird, führt zwangsläufig zu der Frage, welche Daten geeignet sind, möglichst viele Fehler zu finden.

```
  14        X3STEUER        15.41.57'      JUL 28,1982

                        CROSS-REFERENCE DICTIONARY


DATA NAMES                    DEFN    REFERENCE


DKINDER                       000500  000930
DKLASSE                       000490  000920
DLOHN                         000510  000940
DNUMMER                       000480  000910
EINKOMMEN                     000610  000940  000980  001000  001020
EKA                           000350  000870
EKARTE                        000290
EKINDER                       000320  000930
EKLASSE                       000310  000890  000920
ELOHN                         000330  000940
ENUMMER                       000300  000910
EST                           000650  001470  001510  001560  001620  001680  001730  001770  001780
FKA                           000400  001280
FKARTE                        000370
FREIBETRAG                    000690  000980  001360
FREIBETRAGS-TABELLE           000670
KARTE                         000130  000780  000840  000850  001230  001240  001300  001310
KINDER                        000600  000790  000930  000950  000980  001360
KLASSE                        000590  000790  000920  000980  000990  001360  001760
LISTE                         000150  000780  000850  001240  001310  001790
SALDO                         000380  001360
ST-KLASSE                     000680
STEUERBETRAG                  000520  001780
VOLL-DM-BETRAG                000620  001000  001020  001030  001390  001430
X-I                           000630  001100  001120  001140  001160  001180  001390  001400  001430
                                      001550  001610  001670  001730
Y-I                           000640  001550  001560  001610  001620  001670  001680
ZEILE                         000470  001790
```

<u>Abb. 5-7:</u>   Variablenverwendungsliste für ein COBOL-Programm

In der Praxis beschränkt man sich vielfach auf die als relativ ineffizient zu bezeichnende Verwendung von Zufallszahlen; dazu werden Testdaten allein aufgrund der Kenntnis der Datendefinition der Variablen (z.B. dreistellig numerisch) erstellt. Bei der Zufallsauswahl von Testdaten werden im allgemeinen große Mengen von Daten bereitgestellt, ohne Kenntnis darüber zu haben, was mit diesen Daten bewirkt wird, d.h. welche Aufgaben bzw. Funktionen eines Software-Produkts ausgeführt werden. Die Folge ist, daß Soll-Ergebnisse nur mit relativ großem Aufwand zu ermitteln sind. Insgesamt ist festzustellen, daß Zufallszahlen in der Praxis i.d.R. unvollständig sind und - sofern ein bestimmtes Testziel (z.B. Ausführung aller Verzweigungen in jeder Richtung) vorgegeben wird - der Aufwand zur Erreichung des Testziels i.a. hoch ist.

Dahingegen werden bei der systematischen Bereitstellung von Testdaten für bestimmte Aufgaben/Funktionen zunächst Testfälle aus

- den spezifizierten Aufgaben,
- den spezifizierten Funktionen sowie
- dem realisierten Software-Produkt

abgeleitet.

Für diese Testfälle werden dann gezielt Testdaten konstruiert. Hierdurch wird gewährleistet, daß

- Testdaten ausschließlich zur Ausführung der definierten Testfälle vorhanden sind,
- Soll-Ergebnisse mit vertretbarem Aufwand ermittelbar sind und
- eine detaillierte Ergebnisprüfung praktisch durchführbar ist.

Mit der Testfallermittlung als vorbereitende Aktivität der Testdurchführung werden somit die notwendigen Voraussetzungen geschaffen, um im Rahmen der Testausführung bei gegebenem Aufwand eine Vielzahl unterschiedlicher Reaktionen des Testobjekts zu überprüfen. Damit wird eine wesentliche Grundlage für das systematische Testen gelegt.

Das Ziel der Testfallermittlung besteht darin, die möglichen Eingabedaten des Testobjekts in eine (endliche) Anzahl von Äquivalenzklassen zu untergliedern. Für alle Elemente/Testdaten einer Äquivalenzklasse wird davon ausgegangen, daß die Testausführung einem bestimmten Wert aus dieser Klasse äquivalent ist zu der Testausführung mit einem beliebigen anderen dieser Klasse, d.h. die Testausführung führt zu denselben Wirkungen. Wenn durch eine der möglichen Eingabedatenkombinationen eines Testfalls ein bestimmter Fehler nicht erkannt werden kann, so ist mit großer Wahrscheinlichkeit davon auszugehen, daß auch keine andere Eingabedatenkombination des gleichen Testfalls den Fehler findet (Ausnahme : Überschneidungen zwischen Eingabedatenkombinationen unterschiedlicher Testfälle).

```
                    ****PROGRAM GRAPH****
                    NODES   **  SUCCESSOR


                        1   **    2,
                        2   **    3,
                        3   **    4,
                        4   **    5,
                        5   **    6,
                        6   **    7,
                        7   **    8,
                        8   **    9,
                        9   **   10,
                       10   **   11,
                       11   **   12,
                       12   **   13,
                       13   **   14,
                       14   **   15,
                       15   **   16,   18,
                       16   **   17,
                       17   **   21,
                       18   **   19,
                       19   **   20,
                       20   **   21,
                       21   **   22,
                       22   **   23,
                       23   **   24,   26,
                       24   **   25,
                       25   **   26,
                       26   **   27,   28,
                       27   **   30,
                       28   **   29,
                       29   **   30,
                       30   **   31,
                       31   **   32,
                       32   **   33,
                       33   **   34,
                       34   **   35,
                       35   **   36,
                       36   **   37,   38,
                       37   **   38,
                       38   **   39,
                       39   **    7,   40,
                       40   **   41,
                       41   **
```

Abb. 5-8:   Beispiel für einen Programmgraphen in tabellarischer Form /SCHM79/

Die Summe der Teilmengen des Eingabedatenbereichs, für die jeweils Wirkungen definiert sind, d.h. denen Testfälle zugeordnet werden, bildet den Definitionsbereich. Deckt der Definitionsbereich den Eingabedatenbereich nicht vollständig ab (siehe Abb. 5-9), sind entweder die Wirkungen nicht vollständig spezifiziert und damit die Testfälle unvollständig, oder die Zuordnung von Eingabedatenkombinationen zu den definierten Wirkungen ist unvollständig.

Der Definitionsbereich entspricht dem Eingabedatenbereich, wenn für alle seitens eines Testobjekts möglichen - zulässigen und unzulässigen - Eingabedaten eine definierte Wirkung gegeben ist. Führt z.B. ein Programm eine den Eingabedatenbereich vollständig abdeckende Plausibilitätsprüfung durch, entspricht der Definitionsbereich des Programms seinem Eingabedatenbereich. Die Testfallermittlung, d.h. im ersten Schritt die Spezifikation von Wirkungen, kann aus unterschiedlichen Blickwinkeln angegangen werden.

- Von der Anforderungs- bzw. Entwurfsspezifikation aus gesehen führen die Eingabedatenkombinationen eines Testfalls zu einer gleichen Wirkung des Testobjekts, indem bestimmte Aufgaben/Funktionen erledigt werden.

- Auf das Testobjekt bezogen führen die Eingabedatenkombinationen eines Testfalls zu einer gleichen Wirkung des Testobjekts, indem bestimmte Strukturelemente des Testobjekts (z.B. Anweisungen, Verzweigungen, Pfade eines Programms etc.) ausgeführt werden.

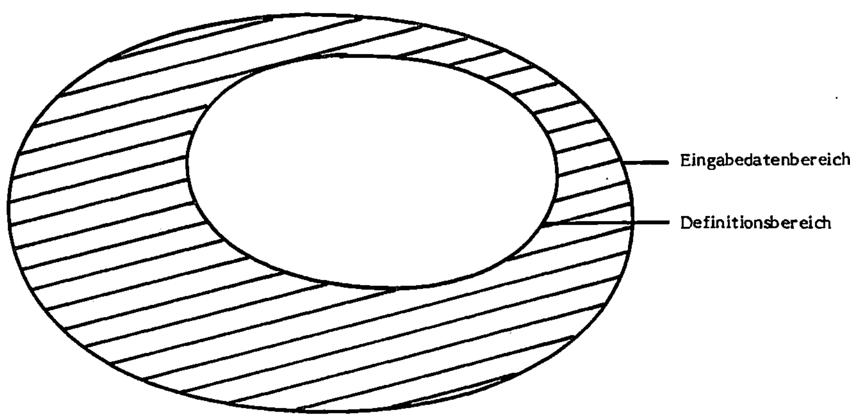

__Abb. 5-9:__ Eingabedaten- und Definitionsbereich

Der erste Fall der Vorgehensweise bei der Testfallermittlung ist beispielhaft in Abbildung 5-10 ausgeführt worden. Die Aufteilung des Eingabedatenbereichs erfolgt aufgrund der Aufgaben/Funktionen des Software-Produkts. Testfall$_i$ umfaßt alle Eingabedatenkombinationen, die zu der Wirkung des Testfall$_i$ nämlich Ausführung der Aufgaben/Funktionskombination i führen. Die Struktur des Testobjekts (Programm) bleibt in dieser Betrachtung unberücksichtigt. In diesem Fall - beim datenbezogenen oder Ein-/Ausgabe-bezogenen Testen - spricht man von B L A C K - B O X-Testfallermittlung bzw. aufgaben-/funktionsorientierter Testfallermittlung.

Eine grundsätzlich andere Vorgehensweise ist in Abb. 5-11 dargestellt. Hier wird das Testobjekt selbst für die Definitionen von testfallrelevanten Wirkungen und die entsprechende Ausführung des Eingabedatenbereichs zugrunde gelegt. So umfaßt z.B. in der Abbildung der Testfall$_k$ alle Eingabedatenkombinationen, die bei der Testausführung zum Durchlaufen der Strecken 1, 2, 3 führen. In diesem Fall spricht man von W H I T E-B O X-Testfallermittlung bzw. testobjektorientierter Testfallermittlung.

Die in den Abbildungen 5-10 und 5-11 schraffiert gekennzeichneten Bereiche sind Eingabedatenbereiche, für die keine Wirkungen erfolgt sind.

In Abhängigkeit davon, welche Informationsquellen für die Testfallermittlung verwendet werden, lassen sich folgende Methoden zur Testfallermittlung differenzieren:
- aufgabenorientierte Testfallermittlung,
- funktionsorientierte Testfallermittlung,
- testobjektorientierte (dokument-/programmorientierte) Testfallermittlung.

Bei der aufgabenorientierten Testfallermittlung werden Testfälle auf der Grundlage der Problembeschreibung, des Sollkonzepts, des fachlichen Grobkonzepts oder des fachlichen Feinkonzepts festgelegt, d.h. es werden Testfälle zur Ausführung der durch das Software-Produkt zu lösenden Aufgabe unabhängig von deren Realisierung im Testobjekt ermittelt.

Weiterhin wird von dieser Methode der Testfallermittlung gesprochen, wenn die Testfälle aufgrund der Problemkenntnisse z.B. des zukünftigen Anwenders ermittelt werden, ohne daß eine schriftliche Formulierung vorliegt. Das Testobjekt (z.B. Programm) wird als "black-box" betrachtet.

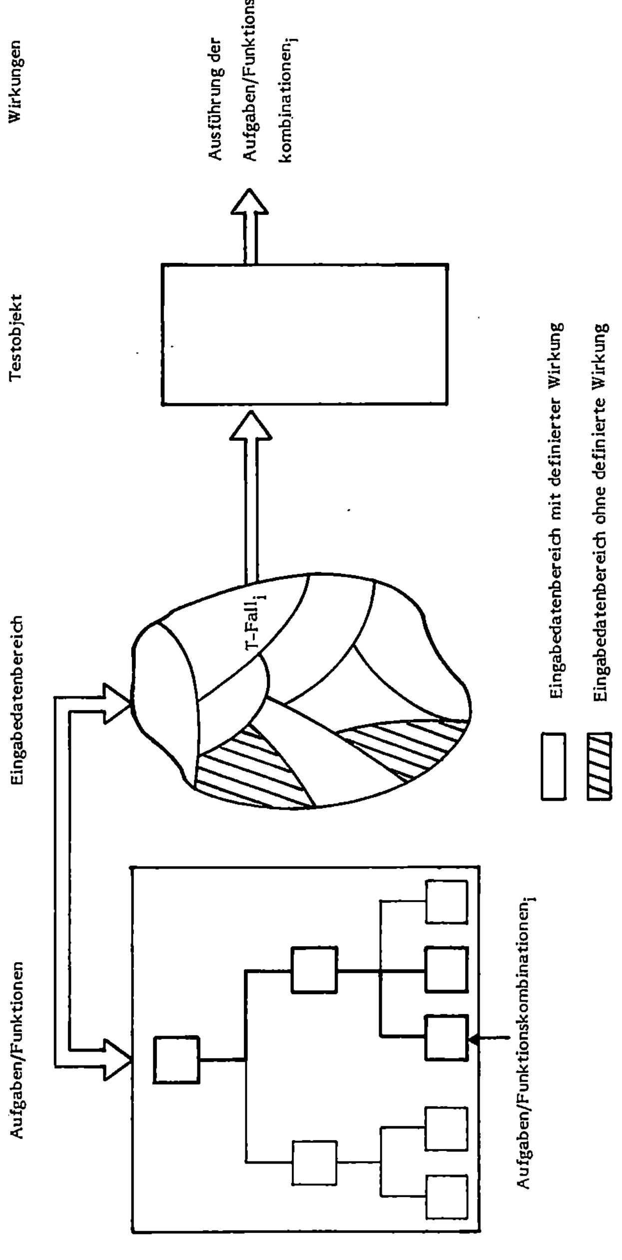

Abb. 5-10: Aufgaben-/Funktionsorientierte Testfallermittlung

Das Ziel der aufgabenorientierten Testfallermittlung besteht darin, Testfälle zur Ausführung von Aufgaben zu ermitteln. Im folgenden Beispiel können Testfälle für Elementaraufgaben, Teilaufgaben oder die Gesamtaufgabe ermittelt werden.

Die Aufgabenstellung der Bruttolohnberechnung im Rahmen der Lohn- und Gehaltsabrechnung soll - stark vereinfacht - wie folgt vorgenommen werden:

- Die Bezüge können entweder auf der Monatsbasis oder auf der Stundenbasis erfolgen.
- Eine Teilzeitbeschäftigung ist möglich.
- Mitarbeiter der Gruppen 1 und 3 erhalten eine Prämie.
- Bei der Abrechnung für den Monat Juli wird Urlaubsgeld berücksichtigt.

Die Gesamtaufgabe kann mehrere Ebenen aufweisen, die Teilaufgaben darstellen, wobei die kleinste zu differenzierende Einheit jeweils eine Elementaraufgabe darstellt. Die Gesamtaufgabe ist hier die Lohn-/Gehaltsabrechnung; die Bruttolohnberechnung ist eine Teilaufgabe, sie läßt sich weiter in Elementaraufgaben (Lohn/Gehalt-Berechnung, Urlaubsgeld-Berechnung etc.) aufgliedern (siehe Abb. 5-12). Bei der Bestimmung der Aufgabenhierarchie ist die Zuordnung zu den Ebenen festzulegen.

Für den Test der einzelnen (Elementar-, Teil-)Aufgaben ist aufgrund der funktionalen Schnittstellenspezifikation und der Liste der Übergabeparameter festzustellen, welche Definitionsbereiche für die von der konkreten Aufgabe zu verarbeitenden Daten zulässig sind und somit durch den Algorithmus weiterverarbeitet werden können. Werden innerhalb der Aufgabe für unterschiedliche Eingabewerte verschiedene Aktionen ausgeführt, sind die Definitionsbereiche für diese Eingabevariablen entsprechend der Fallunterscheidung aufzuteilen.

Für den Test des Zusammenwirkens einzelner (Teil-, Elementar-)Aufgaben sind Testfälle zu ermitteln, die es ermöglichen, die Aufgaben im Systemzusammenhang auszuführen. Die Aufgabenkombinationen werden aus der Struktur, welche die sachlogischen Abhängigkeiten zwischen den Teil- bzw. Elementaraufgaben darstellt, abgeleitet.

Wird dabei jeweils nur das Verhalten einer ausgewählten Aufgabe überprüft, sind bei der Testfallermittlung insbesondere die Eingabevariablen zu beachten, die direkt oder indirekt die Ausführung dieser Aufgabe beeinflussen.

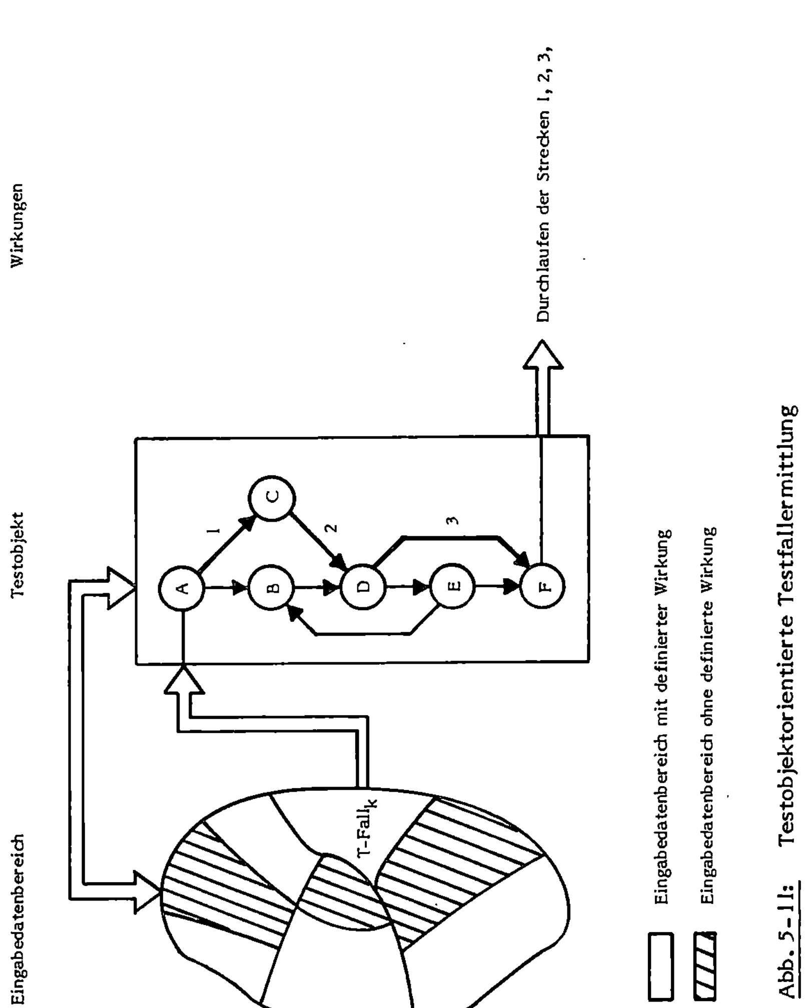

Abb. 5-11:   Testobjektorientierte Testfallermittlung

Soll dagegen der Ablauf einer bestimmten Folge von Aufgaben, also ein möglicher Weg durch das Testobjekt von seinem Anfang bis zu seinem Ende überprüft werden, besteht die Zielsetzung darin, diejenigen Testfälle zu ermitteln, die der festgelegten Ausführungsfolge entsprechen.

Eine Auflistung unterschiedlicher aufgabenorientierter Testfälle für obiges Beispiel ist der Abbildung 5-13 zu entnehmen. Jeder Testfall wird durch ein Testprädikat beschrieben. Dabei wird für jedes der Testprädikate eine Aussage gemacht, welche Definitionsbereiche die einzelnen Variablen haben. So ist z.B. für das Testprädikat P1 die Ausprägung der Variablen "Stammbezüge" gleich 1 ; die Wochenarbeitszeit kann 1 oder 2 sein ; es muß der Abrechnungsmonat 7 vorliegen.

Anhand dieser Tabelle wird ersichtlich, daß das Ergebnis der Testfallermittlung die Definitionsbereiche einzelner Variablen bzw. Kombinationen von Variablen sind, bei denen ganz bestimmte Wirkungen des Testobjekts zu erwarten sind.

Vorteile der aufgabenorientierten Testfallermittlung sind durch die Möglichkeit gegeben, das Fehlen von spezifizierten, aber nicht realisierten Aufgaben in dem Testobjekt sowie Fehler bei der Lösung der Aufgaben zu erkennen.

Nachteile sind, daß Fehler, die aus einer fehlerhaften oder unvollständigen Anforderungs-/Problemspezifikation resultieren, nicht aufgedeckt werden (können). Darüber hinaus können in dem Testobjekt zusätzlich enthaltene Aufgaben nicht erkannt werden.

Grundsätzlich werden bei der aufgabenorientierten Testfallermittlung ausschließlich problembezogene Aspekte (WAS) einbezogen ; ADV-technische Aspekte der Lösung von Aufgaben bleiben außer Betracht und sind Gegenstand der funktionsorientierten Testfallermittlung.

Bei der funktionsorientierten Testfallermittlung werden die Testfälle aus dem Entwurf, der Schnittstellenspezifikation oder den Programmiervorgaben, d.h. den Ergebnissen der Phase "DV-technischer Detailentwurf", abgeleitet.

Charakteristisch für diese Methode ist die Tatsache, daß sowohl problembezogene Aspekte der Lösung von Aufgaben als auch die DV-technischen Gesichtspunkte der Lösung einbezogen werden. Analog zur Aufgabenhierarchie bei der aufgabenorientierten Testfallermittlung läßt sich eine Funktionshierarchie bei der funktionsorientierten Testfallermittlung durch Differenzierung von Elementarfunktionen, Teilfunktionen und der Gesamtfunktion bilden.

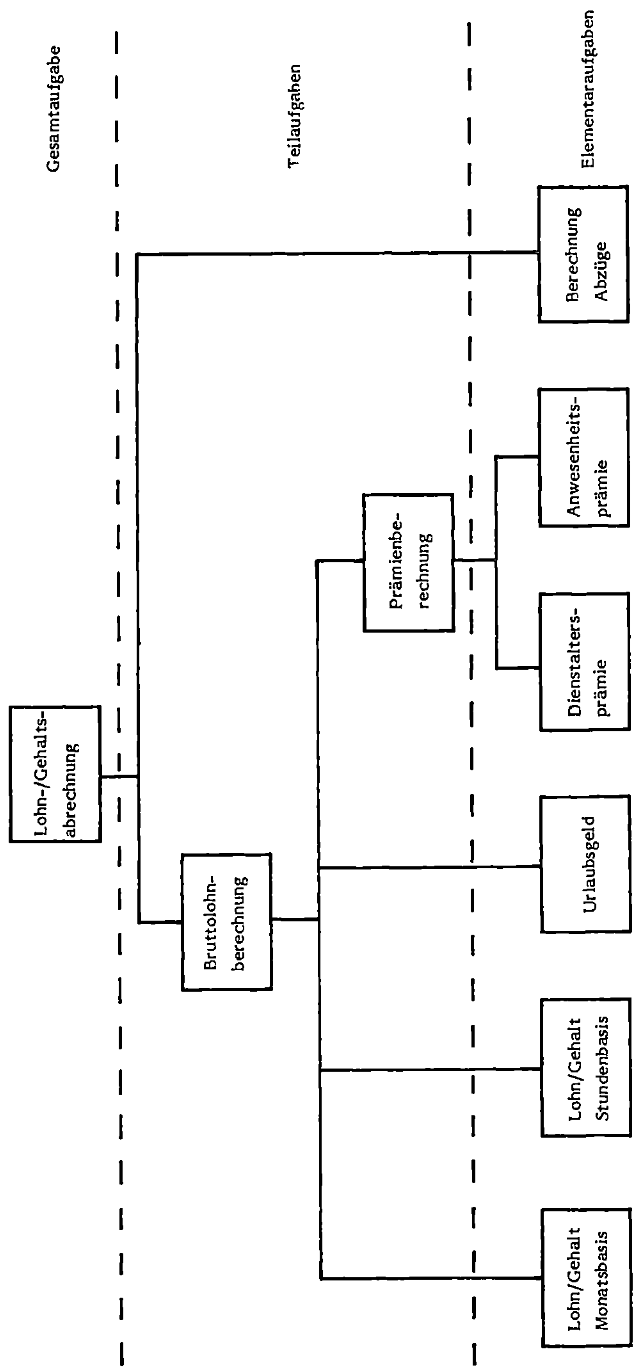

Abb. 5-12: Hierarchische Gliederung der Aufgabe "Lohn-/Gehaltsabrechnung" als Beispiel zur aufgabenorientierten Testfallermittlung

Im allgemeinen unterscheidet sich eine Funktionshierarchie von der Aufgabenhierarchie durch zusätzliche (DV-technische) Elemente bzw. eine abweichende Strukturierung oder Zuordnung.

Die Funktionshierarchie ist an der Struktur des (geplanten) Programmsystems ausgerichtet. Hierbei kann z.B. eine Teilfunktion ein Programm eines Programmsystems und eine Elementarfunktion ein Modul eines Programms sein. Es sind aber
auch andere Zuordnungen - in Abhängigkeit von der Komplexität der Gesamtfunktion - möglich.

Das Ziel der funktionsorientierten Testfallermittlung besteht darin, Testfälle zur
Ausführung von Funktionen zu bestimmen.

Eine derartige hierarchische Untergliederung für die Gesamtfunktion "Lohn-/Ge-
haltsabrechnung" wird in Abbildung 5-14 dargestellt. Für die Testfallermittlung zum
Testen einzelner Funktionen bzw. Kombinationen von Funktionen gelten analog die
Ausführungen zum Testen einzelner Aufgaben bzw. Aufgabenkombinationen.

Testfall für Testprädikat	Stammbezüge[1]	Wochenarbeits- zeit	Mitarbeiter- gruppe	Abrechnungs- monat
P1	1	40	1 oder 2	7
P2	1	40	1 oder 2	1 ...6, 8 ...12
P3	1	40	0, 3, 4, ...I	7
P4	1	40	0, 3, 4, ...I	1 ...6, 8 ...12
P5	1	< 40	1 oder 2	7
P6	1	< 40	0, 3, 4, ...I	1 ...6, 8 ...12
P7	1	< 40	0, 3, 4, ...I	7
P8	1	< 40	0, 3, 4, ...I	1 ...6, 8 ...12
P9	0	< 40	0, 3, 4, ...I	7
P10	0	< 40	0, 3, 4, ...I	1 ...6, 8 ...12
P11	0	40	0, 3, 4, ...I	7
P12	0	40	0, 3, 4, ...I	1 ...6, 8 ...12

1) Stammbezüge: 1: Monatsbasis   0: Stundenbasis

__Abb. 5-13:__   Testfälle für die Teilaufgabe "Bruttolohnberechnung"

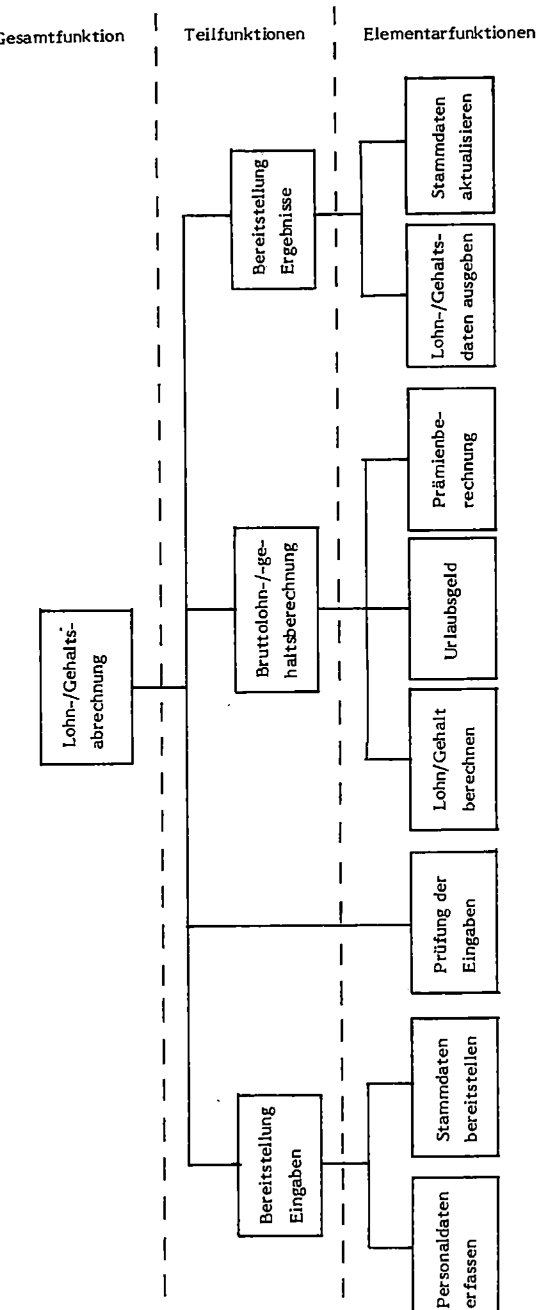

Abb. 5-14: Hierarchische Gliederung der Aufgabe "Lohn-/Gehaltsabrechnung" als Beispiel zur funktionsorientierten Testfallermittlung

Vorteile der funktionsorientierten Testfallermittlung sind, daß das Fehlen von Funktionen in dem Testobjekt sowie Fehler in den Funktionen erkannt werden können.

Ein Nachteil besteht allerdings darin, daß in dem Testobjekt zusätzlich enthaltene Funktionen nicht erkannt werden; so kann z.B. eine nicht in dem System-/Grobentwurf spezifizierte Funktion, die nach jeder Ausführung einen Teil der Ergebnisse löscht, durch funktionsorientierte Testfallermittlung i.a. nicht erkannt werden.

Werden die Testfälle aus dem Testobjekt selbst abgeleitet, handelt es sich um testobjektorientierte Testfallermittlung.

Notwendige Voraussetzung für diese Methode der Testfallermittlung ist die Kenntnis der Struktur des Testobjekts, um die Folgebeziehungen zwischen den Elementen des Testobjekts einbeziehen zu können; die Ermittlung der Struktur ist Aufgabe der Testaktivität "Erstellen der Verwendungsnachweise von Elementen". Die Struktur kann in bezug auf unterschiedliche Elemente von Software-Produkten analysiert werden. Bezogen auf Endprodukte sind für Programme z.B. Anweisungen, Strecken, Pfade etc., für Dokumente z.B. Abschnitte des Benutzerhandbuchs etc. zu betrachten.

Bei der testobjektorientierten Testfallermittlung werden Testfälle so bestimmt, daß die festgelegten Elemente beim Testen ausgeführt werden ; das Testobjekt wird als "white-box" betrachtet.

Die Erreichbarkeit und Ausführbarkeit der Strukturelemente (siehe Abb. 5-11) ist jeweils für diejenigen Werte der Eingabevariablen gegeben, welche die entsprechenden Bedingungen entlang des Weges durch das Testobjekt erfüllen.

Bei der Festlegung der Eingabedaten sind die durch die jeweilige Programmausführung bedingten Werteveränderungen zu berücksichtigen.

Die Ausführung der spezifizierten Strukturelemente dient natürlich keinem Selbstzweck. Vielmehr wird hierdurch u.a. das Vorhandensein nicht gewünschter Teile im Testobjekt aufgedeckt. Grundgedanke dieser Vorgehensweise ist es, daß alle Teile eines Testobjekts eine ganz bestimmte Bedeutung haben /MILL78/; Daten zur Ausführung vorgegebener Pfade etc. müssen demnach ebenfalls zu einem richtigen Ergebnis im Sinne der Aufgaben-/Funktionserfüllung führen. Wenn Teile aufgedeckt werden, denen keine (geplante) Aufgabe/Funktion zuzuordnen ist, läßt dies auf einen Fehler schließen. Derartige Teile repräsentieren zusätzlich implementierte, jedoch nicht gewünschte Aufgaben/Funktionen.

Ein Nachteil dieser Methode ist es, daß das Fehlen von Aufgaben bzw. Funktionen nicht erkannt werden kann.

Grundsätzlich läßt sich für alle genannten Methoden der Testfallermittlung feststellen, daß die Nachteile einer Methode durch die Vorteile einer anderen kompensiert werden können. Daraus ist abzuleiten, daß für eine systematische Vorgehensweise sämtliche Methoden der Testfallermittlung herangezogen werden müssen.

Dabei hängt die konkrete Festlegung, welche Methode anzuwenden ist, von der Testaufgabe und der zu ihrer Lösung ausgewählten Testart ab. So wird z.B. zur Analyse eines Testobjekts gegenüber einem Software-Produkt höherer Abstraktion (TAG1 in Abschnitt 3) und bei der Betrachtung des Testobjekts als black-box für das dynamische Testen (siehe Abschnitt 5.1.2) die aufgaben- oder funktionsorientierte Testfallermittlung herangezogen; die Entscheidung hinsichtlich dieser beiden zur Auswahl stehenden Methoden der Testfallermittlung ist abhängig von den Zwischenprodukten, die der Testfallermittlung zugrunde gelegt werden.

Da die Testarten von unterschiedlicher Bedeutung in den einzelnen Testphasen sind, ergeben sich zwangsläufig Auswirkungen auf die Bedeutung der Methoden der Testfallermittlung hinsichtlich der unterschiedlichen Testphasen (siehe Abb. 5-15).

Die aufgabenorientierte Testfallermittlung ist z.B. im wesentlichen Bestandteil des Verfahrens- und Systemtests sowie darüber hinaus des Abnahmetests. Die Testphasen sind somit - neben der Informationsquelle für die Testaktivität - die wesentliche Einflußgröße bei der Festlegung, welche Methoden der Testfallermittlung anzuwenden sind.

	Testfallermittlung		
Testphasen	aufgaben-orientiert	funktions-orientiert	testobjekt-orientiert
Entwicklungstest			
- Bausteintest		X	X
- Verfahrenstest	X	X	
- Installationstest			X
- Systemtest	X	X	
Abnahmetest	X		
Betriebstest		X	
Wartungstest	X	X	X

Abb. 5-15:   Anwendung der Methoden zur Testfallermittlung für das Testen von
Programmen im Software-Lebenszyklus

5.2.1.4   Testdatenerstellung

Die Erstellung von Testdaten umfaßt die Bestimmung und Bereitstellung von Testdaten und ist damit eine notwendige vorbereitende Aktivität für die dynamische
Testausführung.

Ausgehend von der Differenzierung des Eingabedatenbereichs einer Variablen in einen zulässigen und einen unzulässigen Eingabedatenbereich sowie unter Berücksichtigung des Definitionsbereichs kann die Einteilung der Datenarten in Normal-,
Grenz- und Falschwerte durchgeführt werden (siehe Abb. 5-16).

Für die Testdatenerstellung werden folgende Methoden differenziert :
-   Konstruktion von Testdaten,
-   Selektion von Originaldaten.

Bei der Konstruktion von Testdaten werden Daten für Zwecke des Testens neu erstellt. Konstruierte Testdaten können sowohl bei vorausgehender Testfallermittlung, also auf der Basis von Testfällen, als auch ohne vorausgehende Testfallermittlung ausschließlich aufgrund der Kenntnis der Datendefinition der Variablen erstellt
werden.

Sofern die Testfallermittlung vorausgegangen ist, werden bei der Konstruktion von
Testdaten einzelne Werte (Normal-, Grenz- und Falschwerte) bestimmt und für die
Testausführung bereitgestellt.

Sofern keine Testfälle vorliegen, wird bei der Konstruktion von Testdaten unter Berücksichtigung der Kenntnisse der Datendefinition der relevanten Variablen (z.B.
dreistellig numerisch) die Testdatenerstellung durchgeführt. In diesem Fall ist i.a.
unbekannt, welche Wirkungen mit bestimmten Testdaten(sätzen) erzielt werden.
Hierdurch ist die Gefahr gegeben, daß eine Vielzahl von Normalfällen einbezogen
wird, wobei einerseits der Aufwand für die Testausführung und die nachfolgende
Testergebnisprüfung unverhältnismäßig groß wird, andererseits aber die Aussagekraft - wie Erfahrungswerte zeigen - nicht dementsprechend ist. Vielfach werden
bei der Konstruktion von Testdaten, die ohne vorausgegangene Testfallermittlung
durchgeführt wird, Grenzwerte und Falschwerte nur zu einem geringem Teil
berücksichtigt. Insbesondere ist bei dieser Vorgehensweise nicht sichergestellt, daß
die anzustrebende Repräsentativität der ausgewählten Daten gegeben ist.

Ein Ausweg aus diesem Dilemma ist ausschließlich dadurch möglich, daß systematisch eine Ablaufstatistik bzw. Teststatistik erstellt wird. Erst mit Hilfe dieser
beiden Ergebnisse besteht die Möglichkeit, Informationen über die mittels bestimmter Testdaten ausgeführten Strukturelemente zu erhalten /SCHM80c/.

Eingabedatenbereich
Menge der insgesamt für Eingabevariablen eines Testobjekts physisch möglichen
Daten.

Der zulässige Eingabedatenbereich umfaßt alle dem Datentyp entsprechenden Daten (z.B. numerische, alphanumerische Daten). Bestandteil des unzulässigen Eingabedatenbereichs sind alle nicht dem definierten Datentyp zugehörigen bzw. unter-
zuordnenden, aber physisch bzw. technisch möglichen Daten.

Definitionsbereich
Menge der Daten des Eingabedatenbereichs, für die Wirkungen des Testobjekts
festgelegt sind.

Normalwerte
Daten, die Element des Definitionsbereichs sind und nicht auf den jeweiligen
Grenzen liegen.

Grenzwerte
Daten, die genau auf der Grenze zwischen dem Definitionsbereich und dem übrigen Eingabedatenbereich liegen.

Ist der Definitionsbereich eines Testfalls nicht zusammenhängend (z.B. alle ge-
raden Zahlen oder mehrere Intervalle), dann hat jedes dieser Intervalle wiederum
Grenzwerte, d.h. der Grenzwert ist nicht auf die abstrakten Grenzen der insgesamt größten und kleinsten Zahl bezogen, sondern berücksichtigt auch eine mögliche Untergliederung des Definitionsbereichs in diskrete Abschnitte.

Falschwerte
Daten aus dem zulässigen oder unzulässigen Eingabedatenbereich, für die keine
Wirkungen festgelegt sind.

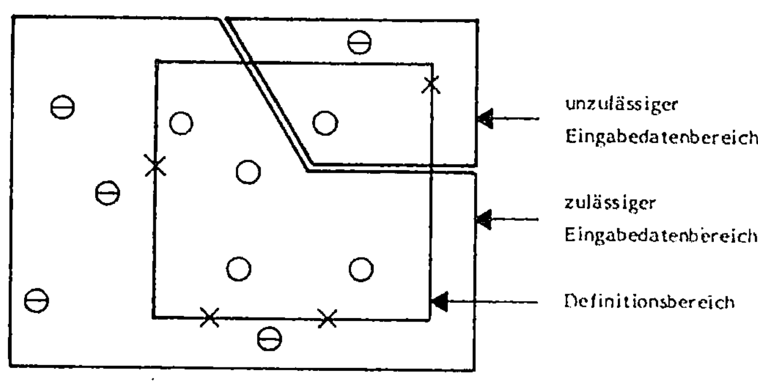

Abb. 5-16:   Datenarten

Durch die Einbeziehung der entsprechenden Testaktivitäten, die im allgemeinen durch Werkzeuge unterstützt werden, sind zwar Nachteile der Verwendung dieser mehr oder weniger als Zufallszahlen zu bezeichnenden Testdaten etwas gemildert, hierdurch ist aber in den meisten Fällen keine Alternative zur Testdatenerstellung auf der Grundlage von Testfällen gegeben.

Kishida hat in einem Experiment unterschiedliche COBOL-Programme unter Verwendung eines Testabdeckungsmaßes, bei dem die Ausführungshäufigkeit der Ausgänge von Verzweigungen berücksichtigt werden, zum Ablauf gebracht und die Notwendigkeit der Ermittlung von Testmaßzahlen deutlich gemacht. So wurden bei einem COBOL-Programm mit ca. 700 Strecken in Testläufen mit ca. 30.000 Datensätzen aus Originaldaten weniger als 50% der Verzweigungsausgänge durchlaufen. Das gleiche Programm wurde daraufhin mit ca. 500 Datensätzen, wobei speziell für den Test erstellte Daten verwendet wurden, zum Ablauf gebracht; hierbei wurde eine Testabdeckungsmaßzahl von 85% der Verzweigungen erreicht (weitere Analysen haben ergeben, daß ca. 250 Datensätze ausgereicht hätten) /KISH80/.

Die Konstruktion von Testdaten ist i.d.R. zwar aufwendiger als die Verwendung von Originaldaten; bei einer systematischen Erstellung - insbesondere sofern diese aufgrund der vorausgegangenen Testfallermittlung erfolgt - ist jedoch die Aussagekraft der hiermit erzielten Ergebnisse wesentlich höher, da systematisch die unterschiedlichen Aspekte (Aufgaben, Funktionen oder Strukturelemente) einbezogen werden (können). Hierdurch ist bei einer relativ geringen Zahl von Testdaten i.a. eine sehr viel höhere Testmaßzahl (Testabdeckung) erreichbar als bei einer unverhältnismäßig größeren Anzahl Originaldaten.

Ein nicht unwesentlicher Nachteil der Konstruktion von Testdaten ohne Kenntnis der Testfälle liegt darin begründet, daß eine gezielte Erstellung von Normal-, Grenz- und Falschwerten nicht möglich ist. Es ist vielmehr so, daß i.a. Normalwerte erstellt werden und die Grenz- bzw. Falschwerte nur in Ausnahmefällen in die Testdaten(sätze) einbezogen werden.

Durch die Methode Selektion von Originaldaten werden Testdaten aufgrund realer Daten (Produktionsdaten) bereitgestellt.

Originaldaten können
- als quantitativ selektierte Daten oder
- als qualitativ selektierte Daten verfügbar sein.

Bei quantitativer Selektion von Originaldaten wird z.B. eine bestimmte Anzahl Datensätze (z.B. jeder zehnte Datensatz) ausgewählt (ggf. auch die Gesamtheit der verfügbaren Datensätze für einen bestimmten Zeitraum). Die qualitative Selektion von Originaldaten wählt Datensätze mit genau festgelegten Eigenschaften der Daten (z.B. männliche Personen) aus; bei der qualitativen Selektion von Originaldaten werden i.d.R. Testfälle zugrunde gelegt. In diesem Fall kann es notwendig sein, die ausgewählten Datensätze anzupassen. Anpassungen können aufgrund der Datenformate erforderlich sein; es können sich aber auch inhaltliche Notwendigkeiten zur Anpassung zeigen, wenn z.B. die Datensätze nur nach einem bestimmten Kriterium (z.B. einem Datenfeld) ausgewählt wurden, der Inhalt anderer Datenfelder aber unberücksichtigt bleibt.

Die Bedeutung der vorgenannten Methoden zur Testdatenerstellung im Testprozeß stellt sich - unter Berücksichtigung des Erstellungsaufwands, der Repräsentativität der Daten und des Aufwands zur Testdokumentation - wie folgt dar :

- Der Konstruktion von Testdaten ist eine außerordentlich hohe Bedeutung beizumessen, sofern Testfälle zugrunde liegen; anderenfalls (bei Erstellung von Zufallszahlen) ist die Bedeutung davon abhängig, ob eine Teststatistik erstellt wird, anhand derer die Wirkung der mit diesen Testdaten ausgeführten Elemente des Testobjekts erfaßt wird.

- Die ausschließliche Verwendung quantitativ selektierter Originaldaten ist (sollte) insgesamt von untergeordneter Bedeutung (sein); qualitativ selektierte Originaldaten sind von größerer Bedeutung, da hierbei gleichzeitig sichergestellt ist, daß einerseits systematisch die vorhandenen Testfälle berücksichtigt werden und andererseits praxisnahe Daten herangezogen werden.

Die Beurteilung der verschiedenen Methoden zur Testdatenerstellung ist insbesondere von der Testphase abhängig, für die diese Daten bereitgestellt werden (siehe Abb. 5-17).

Der überwiegende Teil der Testdaten für die unterschiedlichen Testphasen sollte unter Berücksichtigung der vorher erstellten Testfälle konstruiert werden, um systematisches Testen zu gewährleisten.

Die allein aufgrund der Kenntnis der Datendefinitionen der Variablen erstellten Testdaten (Zufallszahlen) sind ggf. für den Systemtest (z.B. beim Effizienztest) und für Teile des Wartungstests anwendbar.

Methoden zur Test- datenerstellung Testphasen für das Programmtesten	Konstruktion von Testdaten		Selektion von Originaldaten	
	für Testfälle	entsprechend Datendefinition	quantitativ selektiert	qualitativ selektiert
Entwicklungstest				
- Bausteintest	X			
- Verfahrenstest	X			X
- Installationstest	X			
- Systemtest	X	X	X	X
Abnahmetest	X		X	X
Betriebstest			X	X
Wartungstest	X	X	X	X

Abb. 5-17:   Verwendung der Methoden zur Testdatenerstellung in den Testphasen
des Programmtestens

Qualitativ selektierte Originaldaten finden in allen Phasen des Programmtestens mit
Ausnahme des Baustein- und Installationstests Verwendung.

Diese Aussagen spiegeln nicht die derzeit allgemein angewendete Vorgehensweise
wieder, sondern sind (vielfach erst) Forderungen zur Systematisierung des Testens
im Software-Lebenszyklus.

5.2.1.5 Soll-Ergebnis-Ermittlung

Die Soll-Ergebnis-Ermittlung ist eine Testaktivität zur Festlegung der bei der Testausführung zu erwartenden Ergebnisse.

Unter Soll-Ergebnissen werden zunächst die für die Ausführung eines Testobjekts
erwarteten Ergebnisse als Resultat der jeweils erwarteten Wirkungen eines
Testobjekts auf bestimmte Eingabedaten verstanden. Darüber hinaus zählen hierzu
die Vorgaben aufgrund von Regeln etc., die eine Prüfung der Ist-Ergebnisse ermöglichen.

Durch Zuordnung der Soll-Ergebnis-Ermittlung zu den vorbereitenden Testaktivitäten im Rahmen der Testdurchführung ist sichergestellt, daß die Ermittlung von
Soll-Ergebnissen unabhängig von den Ergebnissen der jeweiligen Testausführung
durchgeführt wird.

Die Festlegung der Soll-Ergebnisse darf nicht durch vorhandene Ist-Ergebnisse beeinflußt werden.

Die Überprüfung der durch Testdaten - bei der dynamischen Testausführung - erzielten Wirkungen des Testobjekts mit den erwarteten Wirkungen ist oft nicht allein
mit Hilfe der nach der Testausführung zur Verfügung stehenden Ergebnisse möglich.
Aus diesem Grund sind u.U. weitere Ergebnisse der Testausführung (z.B. das Ablaufprotokoll oder die Ablaufstatistik) in die Überprüfung einzubeziehen. Hieraus
ergeben sich auch verschiedene Klassen von Soll-Ergebnissen. Aufgrund der Einteilung der Arten von Soll-Ergebnissen werden folgende Methoden bei der Ermittlung
von Soll-Ergebnissen unterschieden:

- Datenorientierte Soll-Ergebnis-Ermittlung,
- Produktorientierte Soll-Ergebnis-Ermittlung.

Die datenorientierte Soll-Ergebnis-Ermittlung ist eine Methode der Soll-Ergebnis-
Ermittlung, bei der die zu erwartenden Ergebnisse für Werte von Datenelementen
bestimmt werden.

Datenorientierte Soll-Ergebnisse können für End- und Zwischenergebnisse ermittelt
werden:

- Endergebnisse stehen nach der Testausführung extern auf einem Datenträger zur
  Verfügung. Ein Zugriff auf diese Daten ist unabhängig vom Testobjekt möglich,
  das diese Daten im Ablauf erzeugt hat.

- Zwischenergebnisse stehen dem auszuführenden Testobjekt i.a. nur intern zur
  Verfügung. Ein Zugriff auf diese Daten ist nur durch Eingriff in die Ausführung
  des Testobjekts, das diese Daten verarbeitet, möglich. Bei der datenorientierten
  Soll-Ergebnis-Ermittlung für Zwischenergebnisse ist die datenorientierte Ablaufprotokollierung Voraussetzung für die Ergebnisprüfung.

End- und Zwischenergebnisse können in Form von Einzelwerten oder Wertebere i-
chen, welche die zulässigen Ergebniswerte für bestimmte Datenelemente umfassen,
festgelegt werden.

Der datenorientierten Soll-Ergebnis-Ermittlung werden auch die durch Regeln vorgegebenen Soll-Ergebnisse zugeordnet.

Die produktorientierte Soll-Ergebnis-Ermittlung ist eine Methode der Soll-Ergeb-
nis-Ermittlung, bei der als erwartetes Ergebnis auszuführende Strukturelemente des
Testobjekts bestimmt werden. Produktorientiert bezieht sich auf Dokumente und
Programme.

Da die produktorientierte Soll-Ergebnis-Ermittlung i.a. (heute noch) ausschließlich auf Programme bezogen wird, soll nachfolgend von programmelementorientierter Soll-Ergebnis-Ermittlung gesprochen werden.

Ziel der programmelementorientierten Soll-Ergebnis-Ermittlung ist die Festlegung der für vorgegebene Testdaten auszuführenden Strukturelemente eines Programms. Die Testdaten sind entsprechend den Aufgaben oder Funktionen eines Programms erstellt worden.

Hierbei wird eine Ergebnisprüfung nach der Testausführung vorgenommen, bei der nicht die Inhalte von Datenelementen verifiziert, sondern die bloße Ausführung eines Strukturelements des Testobjekts/Programms als Beurteilungskriterium ausreicht.

Strukturelemente können z.B. Programme, Moduln, Prozeduren, Pfade etc. sein. Ein Beispiel für diese Methode der Soll-Ergebnis-Ermittlung ist die Festlegung der mit bestimmten Eingabedaten zu durchlaufenden Programme oder Moduln; so ist z.B. für den Fall einer Anlagen- und Finanzbuchhaltung der Fall etwa dann relevant, wenn es als Soll-Ergebnis für die Ergebnisprüfung ausreicht zu wissen, daß bei der Testausführung (mit bestimmten Daten) beide Programme bzw. Programmsysteme angesprochen werden sollen.

Bei der programmelementorientierten Soll-Ergebnis-Ermittlung ergibt sich die Notwendigkeit, während der Testausführung mit Hilfe der programmelementorientierten Ablaufprotokollierung die Ausführungshäufigkeit der entsprechenden Strukturelemente zu erfassen, um in der Ergebnisprüfung den Soll-/ Ist-Vergleich durchführen zu können.

In Abbildung 5-18 ist ein Beispiel aufgeführt, bei dem - für einen bestimmten Testdatensatz - die Paragraphen "LESEN", "RECHNEN" und "RUNDEN 1" zu durchlaufen sind.

5.2.1.6 Erstellen der Testumgebung

Das Erstellen der Testumgebung ist eine Testaktivität zur Bereitstellung (Konstruktion) von Ressourcen, die externe Schnittstellen des Testobjekts bei der Testausführung repräsentieren und deren Verhalten im Testablauf nachbilden. Als 'Verhalten' einer externen Schnittstelle kommt in Betracht[3]:

- Übernahme der Steuerung und Übernahme von Daten,
- Rückgabe von Daten und Rückgabe der Steuerung.

---

3) Zu einer ausführlichen Beschreibung unterschiedlicher Funktionen einer Testumgebung siehe Abschnitt "Simulation in einer Testumgebung".

```
000760 PROCEDURE DIVISION.
000770      ANFANG.
000780      OPEN INPUT KARTE, OUTPUT LISTE.
000790      PERFORM TABELLEN-AUFBAU THRU AUFBAU VARYING KLASSE
000791           FROM 1 BY 1 UNTIL KLASSE > 6 AFTER KINDER FROM 1
000792           BY 1 UNTIL KINDER > 10.
000793*
000830      LESEN.
000840      READ KARTE AT END
000850        CLOSE KARTE, LISTE
000860        STOP RUN.
000870      IF EKA NOT = 2
000880        GO TO LESEN.
000890      IF EKLASSE > 6
000900        GO TO LESEN.
000910      MOVE ENUMMER TO DNUMMER.
000920      MOVE EKLASSE TO DKLASSE, KLASSE.
000930      MOVE EKINDER TO DKINDER, KINDER.
000940      MOVE ELOHN TO DLOHN, EINKOMMEN.
000950      ADD 1 TO KINDER.
000951*
000970      RECHNEN.
000980      COMPUTE EINKOMMEN = EINKOMMEN - FREIBETRAG
000981           (KLASSE, KINDER).
000990      IF KLASSE > 2
001000        COMPUTE VOLL-DM-BETRAG = EINKOMMEN / 2
001010      ELSE
001020        COMPUTE VOLL-DM-BETRAG = EINKOMMEN.
001030      IF VOLL-DM-BETRAG NOT > 48000
001050        PERFORM RUNDEN-1
001060      ELSE
001070        PERFORM RUNDEN-2.
001071*
001350      AUFBAU.
001360      MOVE SALDO TO FREIBETRAG (KLASSE, KINDER).
001361*
001380      RUNDEN-1.
001390      COMPUTE X-I = VOLL-DM-BETRAG / 30.
001400      COMPUTE X-I = X-I * 30.
001401*
001420      RUNDEN-2.
001430      COMPUTE X-I = VOLL-DM-BETRAG / 60.
001440      COMPUTE X-I = X-I * 60.
001441*
```

zu durch-
laufende
Paragra-
phen

Abb. 5-18: Beispiel für die programmelementorientierte Soll-Ergebnis-Ermittlung

Die Testumgebung umfaßt Funktionen, die einerseits den Aufruf oder die Aktivierung des Testobjekts ermöglichen, sofern das Testobjekt vorgelagerte externe Schnittstellen (z.B. Schnittstellen zu übergeordneten Programmbausteinen, zu Tasks oder externen Prozessen) aufweist. Andererseits umfaßt die Testumgebung Funktionen, die externe nachgelagerte Schnittstellen (z.B. Schnittstellen zu untergeordneten Programmbausteinen, Ein-/Ausgabe-Schnittstellen) abfangen sowie deren Verhalten für die Testausführung simulieren.

Vorgelagerte Schnittstellen werden i.a. durch Treiber, nachgelagerte Schnittstellen durch Platzhalter realisiert. Daneben kann die Treiberfunktion auch durch eine Inversion des Testobjekts realisiert werden.

Der Treiber ruft das Testobjekt auf und stellt - sofern erforderlich - Übergabeparameter bereit bzw. versorgt globale Datenelemente mit Testdaten. Nach Ablauf des Testobjekts (z.B. für einen Testfall/Testdatensatz) übernimmt der Treiber wieder die Steuerung, wertet den Ablauf aus und protokolliert ggf. den Programmablauf. Diese Funktionsfolge kann sich ggf. wiederholen. Der Treiber wird i.d.R. durch einen Programmbaustein (Hauptprogramm) realisiert.

Der Platzhalter simuliert ein nicht vorhandenes Element, das vom Testobjekt aktiviert oder aufgerufen wird. Er übernimmt die übergebenen Parameter (z.B. Ausgabedaten) und gibt wiederum Parameter (z.B. Eingabedaten) an das Testobjekt zurück. Ein Platzhalter ist üblicherweise ein externer Programmbaustein (Modul). Er kann auch vollständig interner Bestandteil des Testobjekts sein (durch Programmerweiterung). Der Platzhalter ist dann realisiert durch eine Folge von Anweisungen innerhalb des Testobjekts. Diese Anweisungen können z.B. auch eine Dialogschnittstelle definieren, die es ermöglicht, während der Testausführung die eigentliche Simulation des Verhaltens durch den Benutzer vorzunehmen.

Die Inversion beinhaltet die Änderung des Testobjekts - sofern es ein Unterprogramm ist - in ein Hauptprogramm und damit in ein unmittelbar ablauffähiges Testobjekt. Ursprüngliche Übergabeparameter und zu initialisierende globale Datenbereiche werden durch eine spezielle Datei versorgt. Diese wird zu Beginn der Programmverarbeitung eingegeben.

Für den praktischen Einsatz ist derzeit das Erstellen der Testumgebung mit Hilfe von Treiber und Platzhalter von primärer Bedeutung. Es wird vielfach besonderes Gewicht darauf gelegt, das Testobjekt geringstmöglich zu modifizieren, um einerseits keine zusätzlichen Fehlermöglichkeiten zu schaffen, andererseits aber auch das Verhalten des Testobjekts selbst nicht zu beeinflussen. Die Inversion führt dagegen, sofern Werkzeuge verfügbar sind, ggf. zu einem geringeren Aufwand beim Erstellen der Testumgebung.

Abb. 5-19 stellt schematisch den Aufbau und die Arbeitsweise einer Testumgebung in Form eines Treibers und eines Platzhalters dar.

- Aufgabe des Treibers ist der Aufruf des Testobjekts (CALL 'B2') sowie die Rücknahme der Steuerung; ebenfalls nimmt der Treiber die Steuerung nach Beendigung der Ausführung von 'B2' zurück. Dem Aufruf können ergänzende Anweisungen z.B. zur Versorgung der Übergabeparameter oder globaler Datenbereiche mit Eingabedaten für den Treiber vorausgehen. Die Eingabedaten werden durch die Testdatenerstellung bereitgestellt und dienen zur internen Steuerung des Ablaufs des Testobjekts entsprechend dem zu analysierenden Testfall. Dem Aufruf können ergänzende Anweisungen folgen, z.B. zur Auflistung oder Ausgabe der Rückgabeparameter sowie der Inhalte globaler Datenbereiche oder auch zur automatischen Ergebnisprüfung der Datenbereiche gegen Soll-Werte (Verknüpfung der Testumgebung mit anderen Testaktivitäten).

- Das Vorhandensein des Platzhalters sichert die Übernahme der Steuerung vom Testobjekt im Falle des Aufrufs von 'C1'. Nach der Übernahme der Steuerung kann z.B. das Ende der Verarbeitung eingeleitet werden (STOP RUN). Üblicherweise wird die Steuerung an das Testobjekt zurückgegeben. Vor Verlassen des Testobjekts kann eine Anweisungsfolge durchlaufen werden, die Übergabeparameter oder Inhalte globaler Datenbereiche verändert. Die Veränderung entspricht der Simulation eines nicht real vorhandenen Elements (siehe hierzu auch Abschnitt 5.2.2.2).

5.2.1.7 Instrumentierung

Die Instrumentierung ist eine Testaktivität zur Erweiterung des Testobjekts um zusätzliche Anweisungen (Testmonitore) zum Zwecke der Sammlung von Informationen/Daten über das Verhalten sowie über die Zustände des Testobjekts während der Testausführung.

Die Instrumentierung ist eine Möglichkeit der Vorbereitung der Testaktivitäten Ablaufprotokollierung und Erstellen der Ablaufstatistik.

Es werden folgende Formen der Instrumentierung differenziert:
- Manuelle Instrumentierung,
- halbautomatische Instrumentierung und
- automatische Instrumentierung.

Manuelle Instrumentierung bedeutet, daß jegliche Erweiterung manuell in das Testobjekt eingebracht wird. Die manuelle Instrumentierung bietet den Vorteil, an beliebigen, vom Testträger definierten Punkten im Testobjekt zu instrumentieren;

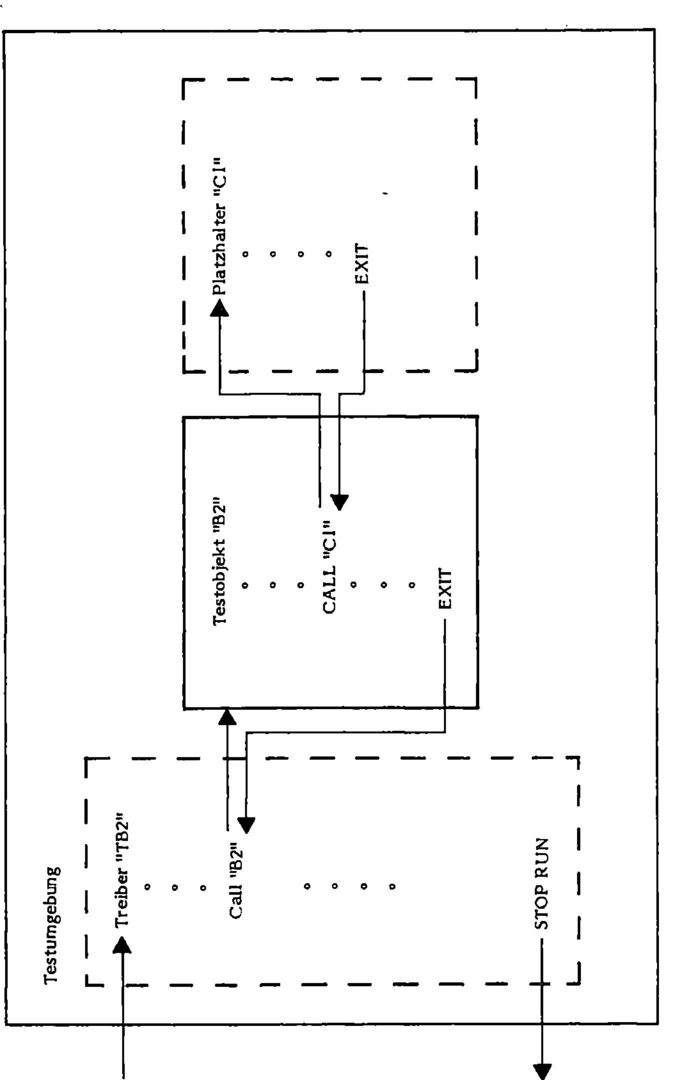

Abb. 5-19: Testumgebung für das Testen des Programmbausteins 'B2' - Schematische Darstellung

dem steht der Nachteil entgegen, daß diese Vorgehensweise in hohem Maße fehler-
anfällig ist. Die manuelle Instrumentierung erfordert ggf., daß vor der Testausführung zu testen ist, ob die geforderten Funktionen zur Instrumentierung richtig implementiert worden sind, und ob das Verhalten des Testobjekts durch die Erweiterung nicht fehlerhaft geändert wurde.

Bei der halbautomatischen Instrumentierung werden lediglich die zu instrumentie-
renden Stellen z.B. durch Einfügen spezieller Testanweisungen oder Kommandos
gekennzeichnet bzw. Art und Inhalt der Testmonitore anhand einer speziellen Test-
sprache beschrieben (z.B. TEST-SIF /SIF82/). Die eigentliche Instrumentierung an
den festgelegten Stellen im Testobjekt erfolgt über einen Instrumentierungsprozes-
sor. Die manuelle Beschreibung wird zunächst durch diesen Prozessor auf formale
Richtigkeit und Vollständigkeit geprüft. Ein darüber hinausgehender Test der Instrumentierung ist i.d.R. nicht erforderlich. Neben dem geringen Implementie-
rungsaufwand sind als Vorteile zu beachten, daß die Testmonitore im Testobjekt
(i.d.R. Quellprogramm) verbleiben können, ohne zu einer Belastung während des
Betriebs zu führen; darüber hinaus ist eine Reaktivierung der Testarbeiten zu beliebigen Zeitpunkten (z.B. nach Pflege-/Anpassungsarbeiten) ohne großen Aufwand
möglich; gleichzeitig wird eine Verbesserung der Programmdokumentation erreicht.

Automatische Instrumentierung bedeutet, daß die Erweiterung des Testobjekts aufgrund von Parametervorgaben vollständig durch ein Testwerkzeug vorgenommen
wird (vgl. u.a. /MEGE82/). Hierbei steht einem relativ geringem Aufwand eine
starke Begrenzung des Funktionsumfangs bei der Durchführung der Ablaufprotokollierung und Ablaufstatistik entgegen.

5.2.1.8 Erstellen der Testprozedur

Beim Erstellen der Testprozedur handelt es sich um alle Aktivitäten zur Erstellung
der Prozeduren, die zur Testausführung notwendig sind.

Wesentlicher Bestandteil ist das Erstellen aller Steueranweisungen in der Job-Con-
trol-Language, die notwendig sind, um

- die statische Testausführung des Testobjekts automatisiert durchführen zu können, bzw.
- die dynamische Testausführung durch Ablauf des Testobjekts auf einer ADV-Anlage zu ermöglichen, d.h. im einzelnen
    ° Programmbausteine (einschl. der 'Testmonitore' und 'Testrahmen') zu über-
      setzen und zu binden,
    ° Ablaufdateien aufzubauen und ggf. zu ändern,
    ° den Programmablauf durchzuführen sowie
    ° die Ergebnisdateien den gewünschten Ausgabegeräten zuzuordnen.

5.2.2 Testausführung

Analog zur Differenzierung der Testarten "statisches Testen" und "dynamisches Testen" (siehe Abschnitt 5.1) werden die Testaktivitäten der Testausführung unterschieden.

5.2.2.1 Statische Testausführung

Die statische Testausführung umfaßt die Testaktivitäten, die beim Testen ohne Ablauf mit Testdaten zur Fehlererkennung erforderlich sind /MEGE82c/. Die statische Testausführung wird teilweise ausschließlich auf das Testen von Programmen bezogen (vgl. z.B. /RAMA74/, /BISC82/). Es können jedoch auch Dokumente - unabhängig davon, ob diese nun als formale Beschreibung unter Verwendung einer formalisierten Entwurfssprache /OEST82/, als Entscheidungstabelle /NICK82/ oder als informale Beschreibung vorliegen - Gegenstand der statischen Testausführung sein.

Durch die statische Testausführung werden - in Abhängigkeit von der Art des Testobjekts - bestimmte Testaufgaben (siehe Abschnitt 3) realisiert (z.B. TAG4 : Testen gegen Regeln). Die Bedeutung der statischen Testausführung ergibt sich neben wirtschaftlichen Aspekten (insbesondere bei Vorhandensein einer Werkzeugunterstützung) daraus, daß teilweise Testaufgaben nur statisch oder auch wahlweise statisch oder dynamisch realisiert werden können. Der formale Schnittstellentest (siehe TAG1) kann dynamisch, wirtschaftlich i.d.R. aber sinnvoller statisch erfolgen.

Aktivitäten der statischen Testausführung beziehen sich auf syntaktische, strukturelle oder semantische Analysen des Testobjekts (vgl. u.a. /RAMA74/, /HEMM77/).

Die einzelnen Testaktivitäten der statischen Testausführung sollen hier nur kurz charakterisiert werden, da einerseits ein bestimmter Teil dieser Aktivitäten unmittelbar durch Werkzeuge (z.B. Kompilierer) so erfolgt, daß der Tester ausschließlich das Ergebnis (z.B. Fehlermeldung, Warnung etc.) sieht. Die eigentliche Durchführung der Aktivität bleibt im Hintergrund und ist - solange sie durchgeführt wird - für ihn nicht von weiterem Interesse. Andere Aktivitäten der statischen Testausführung sind aus Aufwandsgründen nahezu ausschließlich nur dann durchführbar, wenn Werkzeuge zur Verfügung stehen. Andererseits rechtfertigt die teilweise erforderliche manuelle Durchführung bestimmter Teile der statischen Testausführung aber dennoch die kurze Beschreibung der durchzuführenden Teilaktivitäten.

Zur Ausführung von Testaufgaben durch statisches Testen sollen insgesamt folgende Testaktivitäten differenziert werden:
- Analyse der Einhaltung von Darstellungskonventionen,
- Analyse der Dokumentationseigenschaften,
- Analyse der Komplexität,
- Analyse der Kontrollstruktur,
- Analyse des Datenflusses,
- Analyse des Detaillierungsgrades.

Die Analyse der Einhaltung von Darstellungskonventionen umfaßt die Analyse eines Testobjekts im Hinblick darauf, ob vorgegebene Regeln zur Verwendung einer Sprache sowie zum Aufbau und zur Gestaltung eines Software-Produkts eingehalten worden sind. Die Testaktivität kann sich auf normierte Darstellungskonventionen (hersteller-spezifische bzw. allgemein normierte Konventionen (z.B. ANSI), verfahrenstechnische Konventionen wie Verwendung von Darstellungssymbolen, Aufbau von Tabellen etc.) beziehen, als auch individuelle Konventionen zur Darstellung eines Produkts (z.B. Programmierstandards) umfassen. Darstellungskonventionen können für alle Arten von Testobjekten, d.h. Dokumente und Programme, vorgegeben werden. Bei Programmen dient diese Testaktivität insbesondere zur Sicherstellung der Ausführbarkeit; bei Dokumenten (z.B. Entscheidungstabellen) steht die Sicherstellung der Widerspruchsfreiheit, Redundanzfreiheit und Eindeutigkeit sowie die einheitliche Verwendung von Begriffen im Vordergrund.

Die Analyse der Dokumentationseigenschaften umfaßt sowohl Analysen hinsichtlich des Vorhandenseins bestimmter Elemente (Kommentare etc.) als auch die Aussagefähigkeit von Elementen (Namen, Kommentare etc.).

Die Analyse der Komplexität betrachtet ein Testobjekt im Hinblick darauf, ob Vorschriften zur Begrenzung bzw. Reduktion der Komplexität eingehalten worden sind. Hierbei wird z.B. die Anzahl der Ein-/Ausgänge von Moduln, die Schachtelungstiefe von Schleifen, die Schachtelungstiefe von Verzweigungen etc. gegenüber bestimmten, als Regeln formulierten Vorgaben überprüft. Derartige Komplexitätsanalysen sind - sofern entsprechende Werkzeuge die Kenngrößen automatisiert ermitteln - auf einfache Art und Weise durchführbar. Bei nicht-automatisierter Analyse kann der Aufwand zur Durchführung der Testaktivität ggf. groß werden.

Die Analyse der Kontrollstruktur ist neben der Analyse der Einhaltung von Darstellungskonventionen und der Datenflußanalyse die am ausführlichsten in der Literatur beschriebene Testaktivität. Die Kontrollstrukturanalyse bezieht sich auf die Analy-

se des Steuerflusses innerhalb des Testobjekts, ohne den Datenfluß zu berücksichtigen /FAIR78a/. Bei dieser Testaktivität werden - i.d.R. anhand eines Graphen zur
abstrakten Darstellung des Testobjekts (z.B. Programmgraph) - die unterschiedlichsten Analysen durchgeführt. Hierbei stehen ausschließlich formale Aspekte,
nicht aber inhaltliche Analysen im Vordergrund. So erscheint in Abbildung 5-20 der
Weg ABCDE zwar formal ausführbar, inhaltlich ist jedoch keine Möglichkeit der
Ausführung gegeben. Dieser Mangel ist nicht Gegenstand der Kontrollstrukturanalyse.

Insgesamt können durch die Analyse der Kontrollstruktur eine Vielzahl unterschiedlicher Testaufgaben erledigt werden; hierzu gehören neben der erwähnten
Analyse hinsichtlich der formalen Erreichbarkeit von Anweisungen (siehe TAG4) u.a.
die Analyse der Verwendung aller Adressen, der Verwendung nicht erlaubter Strukturen (z.B. anderer Strukturen als die der strukturierten Programmierung).

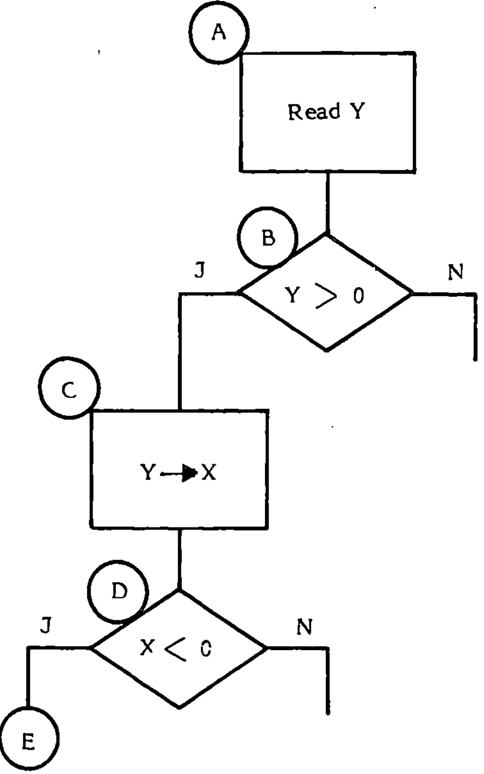

Abb. 5-20:   Beispiel für einen formal möglichen, inhaltlich aber nicht möglichen
              Weg (Weg ABCDE) /FAIR78b/

Die Analyse des Datenflusses zieht die Verwendung von Daten in unterschiedlichen Teilen des Testobjekts in die Betrachtung ein. "In Data Flow Analysis the flow graph is used to guide a search over the statements of a program to determine certain relationships between the uses of data in various statements" /FOSD76, S. 310/. Die Analyse des Datenflusses kann sowohl lokal, d.h. auf einen Teil eines Testobjekts (z.B. ein Modul) begrenzt, als auch global, d.h. unter Berücksichtigung der Beziehungen zwischen unterschiedlichen Teilen des Testobjekts (z.B. unter Einbeziehung der Abhängigkeiten zwischen Moduln eines Programms) wirken. Bei der Datenflußanalyse wird die Veränderung der Daten in den einzelnen - z.B. Anweisungen eines Programms repräsentierenden - Knoten des Kontrollstrukturgraphen in die Betrachtung einbezogen. Dadurch kann z.B. analysiert werden, ob Variablen zweimal vor dem Gebrauch gesetzt worden sind, ob Variablen gesetzt werden, ohne zwischendurch benutzt worden zu sein, etc. (vgl. u.a. /OSTE76/, /FAIR78c/).

Bei der Analyse des Detaillierungsgrades wird das Testobjekt daraufhin analysiert, ob die einzelnen Elemente entsprechend dem notwendigen Detaillierungsgrad verfeinert worden sind (Vollständigkeit der Dekomposition /OEST82/). Bei dieser Testaktivität kann es sich entweder um eine formale oder inhaltliche Analyse handeln. Während formale Prüfungen ggf. automatisierbar sind, ist dies bei inhaltlichen Prüfungen des Detaillierungsgrads (zur Zeit) nicht möglich.

Ergebnis der statischen Testausführung ist i.a. die direkte Erkennung von Anomalien oder Fehlern bzw. des Übereinstimmens der vorgebenen mit den tatsächlichen Werten, d.h. der Ist-Werte mit Soll-Werten. Insofern ist bei der statischen Testausführung zum großen Teil keine separate Ergebnisprüfung im Rahmen der Testauswertung (siehe Abschnitt 5.2.3.1) erforderlich. Eine Ausnahme bilden die Aktivitäten "Analyse der Komplexität" und "Analyse des Detaillierungsgrads". Hierbei können durch statische Testausführung zunächst Daten/Informationen des Testobjekts verdichtet und als Ist-Werte ermittelt werden, die im Rahmen der Testauswertung schließlich mit Soll-Werten verglichen werden.

5.2.2.2 Dynamische Testausführung

Die dynamische Testausführung umfaßt alle Testaktivitäten, die für die Ausführung eines Testobjekts mit Daten erforderlich sind bzw. sein können. Hierbei handelt es sich um folgende Testaktiväten:

- Ausführung des Testobjekts,
- Simulation in einer Testumgebung,
- Ablaufprotokollierung,
- Erstellen einer Ablaufstatistik.

Die Ausführung des Testobjektes beinhaltet den unmittelbaren realen Ablauf des Testobjekts auf einer ADV-Anlage. Der reale Ablauf kann ersatzweise jedoch auch als ein gedanklicher Vollzug des Ablaufs des Testobjektes durch einen Testträger erfolgen (Durchrechnen, Nachvollziehen des Ablaufs).

Während der Ablauf des Testobjektes auf einer ADVA (bisher) nur bei Programmen möglich ist, läßt sich eine gedankliche Ausführung bei allen Testobjekten realisieren, die eine Ablaufstruktur erkennen lassen (z.B. bei Entwurfsunterlagen).

Voraussetzung für die Ausführung auf einer ADVA ist neben der allgemeinen Syntax-Fehlerfreiheit die Durchführung und der Abschluß der folgenden Testaktivitäten:

- Testdatenerstellung und
- Erstellen der Testprozedur.

Daneben ist bei Bedarf der Abschluß der Testaktivitäten Erstellen der Testumgebung und Instrumentierung erforderlich. Für die gedankliche Ausführung ist lediglich die Testdatenerstellung Voraussetzung. Die übrigen Testaktivitäten werden ad hoc bei Bedarf wiederum nur gedanklich ausgeführt.

Die Simulation in einer Testumgebung ist eine Testaktivität zur Simulation der realen Umgebung des Testobjekts. Die Testumgebung repräsentiert (reale) Elemente eines ADV-Systems, die für die dynamische Testausführung eines Testobjekts notwendig, aber (noch) nicht vorhanden sind.

Eine Testumgebung besteht aus Ressourcen (s. Abschnitt 5.2.1.8) welche die Funktion der im Test nicht verfügbaren Elemente übernehmen und deren Vorhandensein simulieren.

Objekte der Simulation können sein :

- Nichtvorhandene Programme oder Programmbausteine (Moduln),
- nicht verfügbare Betriebssysteme (-systembausteine),
- nicht verfügbare Zielrechner,
- nicht verfügbare E/A-Elemente (z.B. Terminal und Benutzer bei Dialog-Software oder Dateien und Datenbanken),
- für den Test nicht verfügbare technische Prozesse.

Für die allgemeine Anwendung in der kommerziellen Datenverarbeitung sind nicht vorhandene Programme oder Programmbausteine sowie nicht verfügbare E/A-Elemente von besonderer Bedeutung.

Entsprechend den Anforderungen der Simulation unterschiedlicher Objekte sind folgende Teilaktivitäten zu unterscheiden :

- Simulation des Aufrufs mit den Funktionen
    ° Bereitstellung von Übergabeparametern (Testdaten),
    ° Versorgung von globalen Daten mit Testdaten,
    ° Aufruf des Testobjekts,
    ° Übernahme und Protokollierung der Rückgabeparameter.

- Simulation aufgerufener Elemente mit den Funktionen
    ° Übernahme und Protokollierung der Übergabeparameter,
    ° Bereitstellung von Rückgabeparametern (Testdaten),
    ° Versorgung von globalen Daten mit Testdaten,
    ° Rückgabe der Steuerung an das Testobjekt.

- Simulation nicht vorhandener E/A-Schnittstellen mit den Funktionen
    ° Übernahme und Protokollierung der Ausgabedaten (z.B. Steuergrößen für Prozesse),
    ° Bereitstellung von Eingabedaten (Testdaten, z.B. Prozeßdaten),
    ° Rückgabe der Steuerung an das Testobjekt oder Abbruch der Verarbeitung.

Die Simulation in einer Testumgebung setzt das Erstellen der Testumgebung voraus.

Die Ablaufprotokollierung ist eine Aktivität der Testausführung zur Gewinnung von Daten über den chronologischen Ablauf der dynamischen Testausführung.

Damit liefert die Ablaufprotokollierung Daten über Verhalten und Zustände des Testobjekts, und zwar in chronologischer Folge, so wie es dem dynamischen Verlauf der Verarbeitungsschritte entspricht.

Objekte der Ablaufprotokollierung sind:

- Kontrollfluß und

- Datenfluß.

Durch die Protokollierung des Kontrollflusses wird der Durchlauf durch Programmpunkte in Form eines Protokolles aufgezeigt.

Programmpunkte können dabei u.a. sein:

- Anfang von Strukturelementen (z.B. Strecken, Zweige oder Schleifenkörper),

- Aufrufe von Programmbausteinen,

- Anweisungsmarken,

- Anweisungstypen (z.B. Aufruf- oder Sprunganweisungen).

Programmpunkte können auch individuell definiert sein.

Ein Beispiel für einen Paragraphen-Trace ist in Abbildung 5-21 dargestellt. Hier wird der sequentielle Durchlauf unterschiedlicher Paragraphen eines COBOL-Programms aufgezeigt.

Hinsichtlich des Umfangs der zu protokollierenden Daten ergibt sich bei der Ablaufprotokollierung i.a. die Notwendigkeit, durch Vorgabe entsprechender Bereiche eine Selektion vornehmen zu können. In dem Beispiel des Paragraphen-Traces werden die durchlaufenen Paragraphen entsprechend der Reihenfolge der Ausführung aufgelistet. Hierbei werden zusätzliche Angaben zur Ausführungszeit etc. gemacht.

```
**** TRACE ON FROM  LINE 00073000000054870000001
VERARBEITUNG                  00000054740000002
VERARBEITUNG                  00000054890000003
FEHLER-ROUTINE                00000054900000004
VERARBEITUNG                  00000054930000005
VERARBEITUNG                  00000054780000006
VERARBEITUNG                  00000054990000007
FEHLER-ROUTINE                00000054990000008
VERARBEITUNG                  00000055010000009
VERARBEITUNG                  00000055030000010
ABSCHLUSS                     00000055060000011
**** TRACE OFF FROM LINE 00076000000055310000012
**** TRACE CLOSED   LINE 03072000000056130000013
```

Abb. 5-21:   Beispiel für einen Paragraphen-Trace (CDC 72, NOS/BE)

Beim Datenfluß wird der Inhalt von Variablen oder die Verarbeitungsfolge einer Variablen wie Initialisierung, Wertänderung oder Wechsel des Zustands von Variablen protokolliert.

In Abhängigkeit von der Realisation der Instrumentierung erfolgt die objektbezogene Protokollierung in folgenden Situationen:
- Bei Durchlauf von Programmpunkten,
- bei Veränderung von Datenelementen,
- bei Systemfehlern.

Die Ablaufprotokollierung liefert sowohl Daten für die Ergebnisprüfung, insbesondere hinsichtlich der Prüfung von Zwischenergebnissen, als auch für die Ablaufstatistik. Darüber hinaus können Ablaufprotokolle für die Fehlerlokalisierung und -behebung von besonderer Bedeutung sein.

Das Erstellen der Ablaufstatistik ist eine Testaktivität zur Gewinnung statistischer Daten über die Testausführung.

Beim Erstellen der Ablaufstatistik werden die Informationen/Daten des Ablaufprotokolls in statistischer Form aufbereitet und es werden
- Durchlaufhäufigkeiten an definierten Stellen im Testobjekt,
- Nutzungshäufigkeiten von Datenelementen oder
- angenommene Wertebereiche von Datenelementen (min-max-Werte)
ermittelt. Diese Aktivität kann als Sonderform der Ablaufprotokollierung bezeichnet werden.

Die Objekte der Ablaufprotokollierung und des Erstellens der Ablaufstatistik sind gleich; d.h. es kann sich um den Kontrollfluß und Datenfluß handeln.

Beim Erstellen der Ablaufstatistik bezüglich des Kontrollflusses werden Ausführungshäufigkeiten von Programmpunkten ermittelt und ausgegeben. Besondere Bedeutung erlangen Statistiken zum Durchlauf von Strukturelementen dadurch, daß sie Daten/Informationen über Testmaßzahlen bzw. zur Erreichung von Testzielen bereitstellen.

Beim Erstellen der Ablaufstatistik für Datenelemete werden die Nutzungshäufigkeiten oder angenommenen Wertebereiche (Minimal- bzw. Maximalwert, Anfangsbzw. Endwert etc.) ermittelt und ausgegeben.

Ablaufstatistiken können sein :

- Darstellung absoluter Häufigkeiten (Durchlauf- oder Nutzungshäufigkeiten sowie
  verbrauchte CPU-Zeit bei der Verarbeitung von Strukturelementen),
- Darstellung relativer Häufigkeiten (Abdeckungs- oder Nutzungsraten bezogen
  auf eine vorhandene Grundgesamtheit),
- Auflistung oder Kennzeichnung aller nicht durchlaufenen oder angesprochenen
  Programmelemente sowie
- Auflistung der im Programmablauf angenommenen Wertebereiche von Variablen
  (Anfangs- und Endwerte, minimale und maximale Werte).

Für das Erstellen der Ablaufstatistik kann eine Instrumentierung notwendig sein.
Vielfach werden Ablaufstatistiken aufgrund der vorher erstellten Ablaufprotokolle
durch Auswertung derselben ermittelt; dies ist nicht unbedingt erforderlich, vielmehr besteht auch die Möglichkeit, direkt Ablaufstatistiken zu erstellen.

Abbildung 5-22 zeigt eine Ablaufstatistik für Verzweigungen, anhand derer in dem
gekennzeichneten Bereich erkennbar ist, wie oft die Ausgänge der unterschiedlichen
Verzweigungen in dem entsprechendem Testlauf ausgeführt worden sind. Bei Ent-
scheidung-Nr. 1 ist z.B. der "JA"-Zweig zweimal und der "Nein"-Zweig einmal
durchlaufen worden.

In Abbildung 5-23 ist eine Ablaufstatistik für Datenelemente dargestellt. Die Variable "VAR 1" ist an einer definierten Stelle im Programm z.B. neunmal durchlaufen
worden und hat dabei Werte zwischen vier und zwanzig angenommen.

Die unterschiedlichen objektbezogenen Ausprägungen der Ablaufstatistik lassen sich
für einzelne Testläufe getrennt ermitteln; daneben können die Angaben über mehrere Testläufe kumuliert werden.

5.2.3 Testauswertung

Die Testauswertung umfaßt alle Testaktivitäten, die nach der eigentlichen Testaus-
führung erfolgen (können). Im einzelnen sind dies :
- Ergebnisprüfung,
- Testergebnisprotokollierung,
- Erstellen der Teststatistik.

```
 *  A B L A U F - S T A T I S T I K  *              * T E S T - C O V E R *
                                                    *  DATUM  : 08/06/80  *
                                                    *  PR-NAME: SCHECK    *
                                                    *  VERSION: 2.1       *

     GETESTETER PROGRAMMCODE                    N-NR      JA     NEIN    JA-GES  NEIN-GES

        IDENTIFICATION DIVISION.
        PROGRAM-ID. SCHECK.
        ENVIRONMENT DIVISION.
        CONFIGURATION SECTION.
        SOURCE-COMPUTER. C72.
        OBJECT-COMPUTER. C72.
        INPUT-OUTPUT SECTION.
        FILE-CONTROL.
            SELECT AUSGABE ASSIGN TO OUTPUT.
            SELECT EINGABE ASSIGN TO INPUT.
        DATA DIVISION.
        FILE SECTION.
        FD EINGABE
           LABEL RECORD OMITTED
           DATA RECORD IS EIN.
        01  EIN               PIC X(41).

        PROCEDURE DIVISION.
        STEUER SECTION.
        STEUER-BEGINN.
            OPEN INPUT EINGABE OUTPUT AUSGABE.
            PERFORM VERARBEITUNG
                UNTIL ENDE-BED = 1.              1       2       1       5       2
            PERFORM SCHLUSS.
        VERARBEITUNG SECTION.
        ANFANG.
            READ EINGABE INTO SCHECK
                AT END MOVE 1 TO ENDE-BED        2       1       1       2       3
                    GO TO ENDE.
            READ EINGABE INTO KUNDEN-KONTO
    --->        AT END WRITE AUSG FROM FEHLER2   3               1               3
                    PERFORM SCHLUSS.
        SCHECK-PRUEFUNG.
            IF SPEZIAL-CODE-GEGEBEN              4               1       1       2
            THEN MOVE 1 TO AKTIONS-KZ
                PERFORM DRUCK
                GO TO ANFANG.
            IF NUMMER-GESPERRT                   5               1       1       1
            OR BETRAG > BETRAGS-SPERRE
            THEN MOVE 2 TO AKTIONS-KZ
                PERFORM DRUCK
                GO TO ANFANG.
            COMPUTE DIFFERENZ = KONTO-STAND - BETRAG.
    --->    IF DIFFERENZ > 0                     6       1               1
            THEN MOVE 1 TO AKTIONS-KZ
                PERFORM DRUCK
                GO TO ANFANG.

            WRITE AUSG FROM G-LEITER-FRAGEN.
            GO TO DRUCK-ENDE.
    --->    IF AKTIONS-KZ = 0                          15
            THEN WRITE AUSG FROM FEHLER1.
        DRUCK-ENDE.
            EXIT.
        SCHLUSS SECTION.
        PR-ENDE.
            CLOSE EINGABE AUSGABE.
            STOP RUN.


  DIE ANZAHL DER NICHTDURCHLAUFENEN ZWEIGE BETRAEGT :       19

  DIE ABDECKUNGSRATE ERGIBT SICH DAHER MIT          :       36.47 %
```

<u>Abb. 5-22:</u> Beispiel einer Ablauf- und Teststatistik für Verzweigungen
einschließlich der Gesamtstatistik /MEGE82a/

5.2.3.1 Ergebnisprüfung

Die Ergebnisprüfung beinhaltet den Soll-/Ist-Vergleich zwischen erwarteten und tatsächlichen Ergebnissen. Sie dient weiterhin der Zusammenstellung der Informationen zur Charakterisierung von Fehlern (Fehlererscheinungsbild).

Als zu vergleichende Ergebnisse kommen primär datenorientierte Ergebnisse, aber auch produktorientierte Ergebnisse in Betracht. Datenorientierte Ergebnisse beziehen sich auf Inhalte von Datenelementen während der Testausführung oder am Ende der Testausführung, d.h. auf Zwischen- und Endergebnisse. Produktorientierte Ergebnisse beziehen sich auf Strukturelemente des Testobjekts und deren Ausführung im Testablauf. Produktorientierte Ergebnisse sind im wesentlichen beim Testen von Programmen (programmelementorientierte Eregebnisse) von Bedeutung.

Bei den elementorientierten Ergebnissen handelt es sich um die Ausführung bestimmter Elemente des Testobjekts in einer definierten Reihenfolge, die sich durch den Kontrollfluß (Aufeinanderfolge durchlaufener Anweisungen, Zweige, Paragraphen u.a.) nachweisen läßt.

Ergebnisse, die sich aus dem Kontrollfluß ableiten lassen, können z.B. sein :
- Ausführung eines Moduls,
- Ausführung eines Programmpfades oder einer Regel einer Entscheidungstabelle,
- Abbruch des Programms.

Die Ergebnisprüfung kann in zwei Formen durchgeführt werden :
- Ergebnisprüfung nach dem Ablauf,
- Ergebnisprüfung während des Ablaufs.

Bei der Ergebnisprüfung nach dem Ablauf werden Soll-Werte mit Ist-Werten im Anschluß an die Testausführung verglichen. Ist-Werte sind hierbei sämtliche als "Normal"-Ausgaben (Ausgabelisten, Ausgabedateien) zur Verfügung stehenden Endergebnisse. Neben den Endergebnissen kommen Zwischenergebnisse insoweit in Betracht, wie sie protokolliert worden sind.

Durch den Einsatz problemadäquater ausgewählter Testaktivitäten (vgl. Ablaufprotokollierung, Erstellen der Ablaufstatistik) sind zusätzliche Daten/Informationen verfügbar zu machen. Die erwarteten Ergebnisse liegen als Ergebnisse der Soll-Ergebnis-Ermittlung für die Ergebnisprüfung vor.

Die Ergebnisprüfung während des Ablaufs dient dem Soll-/Ist-Vergleich von Zwischen- und Endergebnissen während der Ausführung des Testobjekts und damit direkt der Fehlererkennung.

```
TEST - SIF
```

	ABLAUFSTATISTIK VALUE					
VALUE ID.	ANZAHL DURCHLAEUFE	ANZAHL VARIABLEN	VARIABLEN ID.	ANZAHL VERLETZUNGEN	MINIMALEN WERT	MAXIMALEN WERT
1	1	3				
			VAR 1	1 ***	1	1
			VAR 2	1 ***	2	2
			VAR 3	1 ***	3	3
2	1	3				
			VAR 1	0	1	1
			VAR 2	0	2	2
			VAR 3	0	3	3
3	1	3				
			VAR 1	1 ***	1	1
			VAR 2	1 ***	2	2
			VAR 3	1 ***	3	3
4	9	1				
			VAR 1	0 ***	4	20
5	0 ***	3				
			VAR 1	0		
			VAR 2	0		
			VAR 3	0		
6	0 ***	3				
			VAR 1	0		
			VAR 2	0		
			VAR 3	0		
7	0 ***	3				
			VAR 1	0		
			VAR 2	0		
			VAR 3	0		

```
PROGRAMMENDE BEI *** STOP 11        ***
```

Abb. 5-23: Beispiel einer Ablaufstatistik für Datenelemente

Ziel dieser Prüfung ist es,

- den Umfang der für den Soll-/Ist-Vergleich zu protokollierenden Daten nicht unnötig auszuweiten, aber trotzdem die Wahrscheinlichkeit, vorhandene Fehler aufzudecken, und damit gleichzeitig die Fehlererkennungsrate zu erhöhen sowie
- durch frühzeitige Fehlererkennung die Distanz von Fehlererscheinungsbild zu Fehlerursache zu minimieren.

Wesentliche Objekte der Ergebnisprüfung während des Ablaufs sind Datenelemente wie z.B. Variableninhalte (Indizes, Steuerparameter u.a.) oder Zustandsfolgen von Datenelementen (z.B. eine doppelte Wertzuweisung). Dabei können einerseits Zwischenschritte der Programmverarbeitung anhand fest vorgegebener Werte überprüft werden; wichtiger aber ist für den praktischen Einsatz eine allgemeine Plausibilitätsprüfung anhand vordefinierter Wertreihen oder Wertintervalle, die aus allgemeinen Beschränkungen für Datenelemente abzuleiten sind (eine Variable darf z.B. nur bestimmte Werte annehmen).

Derartige allgemeine Beschränkungen ergeben sich bereits während der Entwurfsphase und können als Soll-Ergebnisse bereits dort festgelegt werden.

Die Überprüfung des Kontrollflusses während des Ablaufs ist - bei Vorhandensein programmelementorientierter Soll-Ergebnisse - ebenfalls möglich (vgl. hierzu auch /RAMA74/). In diesem Fall wird nach dem Ablauf geprüft, ob die mit bestimmten Testdaten zu durchlaufenden Programme bzw. Programmteile (z.B. Sections, Paragragphen etc.) durchlaufen worden sind.

Ergebnisse der Ergebnisprüfung können Fehler, die mit allen verfügbaren beschreibenden Informationen und Daten als Fehlererscheinungsbild erfaßt werden, bzw. die Feststellung der Übereinstimmung zwischen Soll- und Ist-Werten sein. Fehler werden in der Fehlerlokalisierung und -behebung bearbeitet.

5.2.3.2 Testergebnisprotokollierung

Die Testergebnisprotokollierung ist eine Testaktivität zur Protokollierung der Ergebnisse der Testdurchführung.

Bei der Testergebnisprotokollierung werden relevante Daten der durchgeführten Testaktivitäten für das konkrete Testobjekt erfaßt. Hierzu zählen im wesentlichen:

- Durchgeführte Testaktivitäten,
- beteiligte Personen bei der Testausführung insbesondere beim nicht-automatisierten Testen sowie auch bei den übrigen Testaktivitäten,
- bearbeitete Analysepunkte einer Checkliste z.B. zur Ermittlung konkreter Test-

- Erfassung der Ist-Ergebnisse der Testausführung,
- Erfassung und Charakterisierung eines erkannten Fehlers (Fehlererscheinungsbild) oder einer Unzulänglichkeit.

Während bei der dynamischen Testausführung mit Hilfe der ADV-Anlage eine bestimmte Datenbasis automatisch erzeugt wird, die den Ablauf des Testens rekonstruierbar erscheinen läßt, fehlt diese Datenbasis beim nicht-automatisierten
Testen weitgehend. Damit kommt der Testergebnisprotokollierung gerade für das
nicht-automatisierte Testen eine besondere Bedeutung zu.

Im Testergebnisprotokoll wird auf Ergebnisse anderer Testaktivitäten (z.B. durch
Angabe der entsprechenden Identifikationsnummer), auf eine Fehlerbeschreibung
oder eine Ablaufstatistik verwiesen.

5.2.3.3 Erstellen der Teststatistik

Das Erstellen der Teststatistik dient zur Kumulierung von Daten über den Ablauf
und die hierbei erzielten Ergebnisse des Testens, und zwar kumulierend über mehrere Testläufe.

Für das Erstellen der Teststatistik werden neben der Ablaufstatistik und dem Testprotokoll des aktuellen Testlaufs die bisherigen Werte der Teststatistik benötigt. Bei
der Kumulierung von Ablaufstatistiken werden i.a. nur fehlerfreie Testläufe berücksichtigt.

Folgende Größen sind für die Testaktivitäten u.a. Gegenstand der Teststatistik :
- Testmaßzahlen,
- Nicht-durchlaufene bzw. nicht-fehlerfrei durchlaufene Strukturelemente,
- Gesamtzahl erkannter Fehler,
- Testaufwand.

Teststatistiken können für folgende Zwecke verwendet werden :
- Bereitstellung von Informationen für zusätzlich erforderliche Testfallermittlung
  bzw. Testdatenerstellung,
- Bereitstellung von verdichteten Daten für Entscheidungen bezüglich der weiteren
  Vorgehensweise beim Testen,
- Bereitstellung von Daten zur Bewertung der Beendigung des Testens eines Test-
  objekts,
- Bereitstellung von Statistiken über Fehlerfindung und Fehlerbehebung,
- Bereitstellung von Daten zur Entscheidung über die Freigabe oder Abnahme von
  Produkten im Rahmen der Testkontrolle und Qualitätskontrolle.

Informationen für zusätzlich erforderliche Aktivitäten der Testvorbereitung (Testfallermittlung bzw. Testdatenerstellung) sind z.B. durch die Kennzeichnung nicht-
durchlaufener Strukturelemente in dem Testobjekt gegeben (siehe Abb. 5-22). Anhand der Angaben zur gesamten Ausführungshäufigkeit erhält der Tester die Information, daß bei den bisher durchgeführten Testläufen einer der Verzweigungsausgänge - hier der Ja-Zweig - bisher nicht durchlaufen worden ist. Dies wird am
linken Rand noch einmal durch den Pfeil verdeutlicht. Aufgrund dieser Information
wird für den Testträger die Notwendigkeit der Ermittlung und Bereitstellung
zusätzlicher Testdaten deutlich gemacht - sofern z.B. jede Verzweigung in jeder
Richtung einmal ausgeführt werden soll.

Im allgemeinen werden hierbei nur fehlerfreie Testläufe berücksichtigt. Hinsichtlich
der Testmaßzahlen, die vor Aufdecken und Beheben von Fehlern ermittelt worden
sind, bestehen folgende Möglichkeiten:
- Die Testmaßzahlen, die aufgrund der bisherigen Testläufe ermittelt worden sind,
  können ungeachtet möglicher Auswirkungen der Fehlerbehebung weiterhin berücksichtigt werden.
- Testmaßzahlen können manuell angepaßt werden.
- Testmaßzahlen können durch Wiederholung der bereits durchgeführten Testläufe
  mit sämtlichen verwendeten Testdaten erneut bestimmt werden.

Beim datenorientierten Erstellen von Teststatistiken werden für Datenelemente
eines Testobjekts die Nutzungshäufigkeit bzw. Wertebereiche über die unterschiedlichen Testläufe kumuliert. Hinsichtlich der Wertebereiche von Datenelementen kann z.B. der minimale bzw. maximale Wert einer Variablen ermittelt
werden.

Für den Testträger können diese Angaben unterschiedliche Bedeutung haben; im
wesentlichen bieten sie eine Entscheidungshilfe bei der Beurteilung der Frage, ob
beim Testen repräsentative Werte erzielt wurden.

6 Management des Testens

Um unnötige Kosten und/oder Zeitprobleme durch unsystematische Vorgehensweisen zur Erreichung der geforderten Qualität zu vermeiden, ist die Planung und Kontrolle des Testens in der Software-Entwicklung, im Betrieb oder bei der Pflege und Anpassung erforderlich. Die Notwendigkeit der Planung und Kontrolle des Testprozesses für die einzelnen Software-Projekte ist insbesondere auch dadurch gegeben, daß Software-Projekte vom Inhalt her in hohem Maße Innovationscharakter haben; insofern sind in Abhängigkeit von den jeweiligen Einflußgrößen differierende Anforderungen an die Testdurchführung zu stellen. Die Festlegung dieser Anforderungen und der geeigneten, d.h. effizienten Vorgehensweise zu deren Erreichung ist Gegenstand der Testplanung; diese Festlegungen dürfen nicht dem Einzelnen, d.h. dem Aufgabenträger auf der operativen Ebene überlassen werden. Gegenstand des Test-Managements ist, "what the manager of test activities must anticipate and prepare for as a normal part of doing his job" /MULL77, S. 321/.

Test-Management ist als strategische bzw. dispositive Aufgabe von solchen Aufgabenträgern in Software-Projekten durchzuführen, welche die Verantwortung für die Ergebnisse unterstellter Mitarbeiter haben.

Während in der Güterproduktion (z.B. Automobilbau) die Planung und Steuerung der Produktion immer schon einen wesentlichen Bestandteil darstellte, wird der Aspekt der Planung und Kontrolle für das Testen (bisher noch) in zu geringem Maße beachtet. Hinsichtlich des Testens im Software-Lebenszyklus steht die Realisierung, d.h. die Durchführung bestimmter Aktivitäten zur Testvorbereitung, Testausführung bzw. Testauswertung im Vordergrund, während die Planung und Steuerung des Testprozesses nur unzureichend - vielfach überhaupt nicht - behandelt wird. Dies drückt sich z.B. dadurch aus, daß für die Planung und Steuerung des Testens kaum bzw. keine Werkzeuge zur Verfügung stehen; hier sind (bisher) lediglich wenige Verfahren verfügbar. Dies ist umso verwunderlicher, als bekannt und durch viele Projekte (quantitativ) nachgewiesen ist, daß der Aufwand für das Testen bis zu 70% der Gesamtkosten für die Software-Entwicklung ausmacht (vgl. Angaben im Vorwort).

Im folgenden soll nach der Darstellung der Notwendigkeit des Test-Managements auf ausgewählte Aspekte der Vorgehensweise bei der Testplanung und Testkontrolle eingegangen werden.

Aufgaben der Testplanung und -kontrolle sind global:

- Organisation des Testprozesses,
- Steuerung und Überwachung des Testprozesses, d.h.
  ° Vorgabe der Testpläne,
  ° Kontrolle der Einhaltung der Testpläne.

6.1 Notwendigkeit des Test-Managements

Test-Management umfaßt die Planung und Kontrolle des Testprozesses und bezieht
sich auf die Festlegung der Aufgaben, Ziele und Vorgehensweise bei der Durchführung bestimmter Testaktivitäten, ihrer Steuerung und Überwachung; die Kontrolle
einzelner Software-Produkte z.B. im Hinblick darauf, ob diese den gestellten Qualitätsanforderungen genügen, ist i.a. nicht Gegenstand der Testkontrolle. Die Kontrolle einzelner Software-Produkte im Hinblick auf das Erreichen der Qualitätsanforderungen ist vielmehr eine Aktivität der Qualitäts-Produktkontrolle (siehe Abschnitt 2.3, insbesondere Abb. 2-8).

```
Testplanung
Festlegung der Aufgaben, Ziele und der Vorgehensweise bei der Testdurchführung.

Testkontrolle
Überwachung und Steuerung der Testdurchführung im Hinblick auf die Vorgaben
der Testplanung.
```

Ziel der Planung der Testdurchführung ist, einerseits durch Vorgaben an die Testdurchführung alle notwendigen Maßnahmen zur Fehleraufdeckung entsprechend den
Gesamtzielen sicherzustellen, andererseits die sich immer wieder ergebenden Unge-
wißheiten hinsichtlich des Testaufwands zu begrenzen, Zeitüberschreitungen zu ver-
ringern und insgesamt die Kosten für das Testen zu reduzieren. Die Notwendigkeit
der Testplanung ist selbstverständlich umso mehr gegeben, je umfangreicher ein
Software-Projekt ist.

Die Planung des Testprozesses und damit die Vorgabe von Zielgrößen bedingt die
Kontrolle deren Einhaltung. Dies ist einerseits erforderlich, um eine Kontrolle des
Testfortschritts innerhalb des entsprechenden, Software-Projekts zu ermöglichen;
andererseits sollen Erfahrungswerte für zukünftige Planungen gesammelt werden.
Qualitative Angaben über den Umfang und die Ergebnisse der Aktivitäten einer
Testphase können darüber hinaus Grundlage der Planung weiterer Schritte im
Testprozeß sein.

Die Testkontrolle, deren Funktion heute vielfach (immer noch) nur das Eintragen des Freigabe- bzw. Abnahmevermerks durch die auftragausführende bzw. -gebende Stelle ist, wird in der Zukunft erhöhte Bedeutung erlangen; dies gilt insbesondere dann, wenn sich für die Projektabwicklung das Verständnis durchsetzt, daß der Projektfortschritt nicht allein in der Einhaltung der geplanten Kosten oder Zeit, sondern wesentlich in den realisierten Qualitätsmerkmalen der Zwischen- und Endprodukte des Software-Projekts, die u.a. durch den Umfang und die Ergebnisse der Testaktivitäten determiniert werden, zum Ausdruck kommt.

Die Situation in der Praxis hinsichtlich der Testplanung und -kontrolle kann wie folgt charakterisiert werden:

- Die Testplanung wird bisher vielfach überhaupt nicht oder nur unvollständig durchgeführt. Verschiedentlich ist die Beschreibung der Vorgehensweise bei der Testplanung zwar Bestandteil von Vorgehensmodellen, Handbüchern etc., die Vorgehensweise bei der Durchführung der Testplanung wird dahingegen kaum bzw. überhaupt nicht beschrieben; insbesondere wird i.a. keine Aussage dazu gemacht, welche Planungsgrößen zu determinieren sind.

- Unterstützung durch Verfahren bzw. Werkzeuge ist bisher nur in geringem Maße gegeben. Eine Integration der Testplanung in "motorisierte" Vorgehensmodelle und damit eine Automatisierung der Testplanung ist zum gegenwärtigen Zeitpunkt nicht oder nur partiell gegeben.

Ein erstes - und sicherlich schon wirksames - Hilfsmittel zur Testplanung und -kontrolle kann durch Konventionen geschaffen werden. Hierbei können folgende Arten von Konventionen unterschieden werden :

- Generelle institutions-/unternehmungsunabhängige Konventionen
  In diesem Fall sind die Konventionen als Rahmen für unterschiedlichste Software-Projekte in verschiedensten Institutionen/Unternehmungen zu verstehen (z.B. die Generellen Testkonventionen TKON /BMI82/).

- Institutions-/unternehmungsspezifische Konventionen
  In diesem Fall (z.B. TEST-KON /KON82/) sind die Planungsparameter der Testplanung (z.B. Testphasen, Teststrategien, Aufgaben der Testträger etc.) grundsätzlich für eine Institution/Unternehmung festgelegt.

- Projektspezifische Konventionen
  Die Vorgehensweise bei der Testplanung wird projektspezifisch festgelegt. Hierbei können gewisse Regeln für die individuell, unter Berücksichtigung der Gegebenheiten des jeweiligen Software-Projekts zu determinierenden Planungsgrössen (Testphasen, Testarten, Testträger etc.) vorgegeben werden; diese Regeln sind eine Hilfe für den Entscheidungsträger.

Die Einsatzmöglichkeiten derartiger Konventionen sind im wesentlichen von der Struktur der durchzuführenden Software-Projekte abhängig; sofern die Software-Projekte in etwa gleichen Umfang, gleiche oder ähnliche Qualitätsanforderungen etc. haben, kann eher ein Teil der zu determinierenden Planungsparameter generell festgelegt werden als bei relativ heterogenen Software-Projekten. Grundsätzlich wird es so sein, daß in einer Unternehmung/Institution einige der genannten Planungsparameter der Testplanung generell festgelegt werden, während für andere eine projektspezifische Ausrichtung erforderlich ist.

Die Notwendigkeit der Planung des Testprozesses sowie der Kontrolle der Einhaltung der Planvorgaben ist u.a. durch die Vielzahl der innerhalb eines Software-Projekts für den Testprozess festzulegenden Planungsparameter bedingt. Planungs- und Kontrollgrößen innerhalb des Testprozesses sind:

- Testphasen,
- Testobjekte,
- Testaufgaben,
- Testziele,
- Testarten,
- Testaktivitäten,
- Testträger sowie
- Verfahren und Werkzeuge zur Testdurchführung.

6.2 Vorgehensweise bei der Testplanung

Die Testpläne bilden die Grundlage zur Testvorbereitung, Testausführung und Testauswertung.

Nachfolgend wird auf die Aufgaben, Zeitpunkte, Aktivitäten und Aufgabenträger der Testplanung eingegangen.

6.2.1 Aufgaben der Testplanung

Unabhängig davon, ob die Festlegung der Planungsgrößen generell für alle Software-Projekte verbindlich ist, oder individuell unter Berücksichtigung der Gegebenheiten eines speziellen Software-Projekts erfolgt, können sämtliche der oben genannten Planungsgrößen Gegenstand der Testplanung sein.

6.2.1.1 Festlegung der Testphasen

Der Testprozess wird in Testphasen (siehe Abschnitt 4) untergliedert, um das Testen der Zwischen- und Endprodukte von Software-Projekten überschaubar und zielgerichtet durchführen zu können. In einer Testphase können ein oder mehrere Zwischen-/Endprodukte in bezug auf eine oder mehrere Testaufgaben analysiert werden.

Wesentliche Einflußgrößen bei der Festlegung der Testphasen sind u.a.:
- Umfang des Software-Produkts,
- Qualitätsanforderungen an das Software-Produkt,
- Innovationsgrad des zu bearbeitenden Problems.

Anhand dieser - und gegebenenfalls weiterer - Einflußgrößen besteht die Möglichkeit festzulegen, welcher Detaillierungsgrad bei der Strukturierung des Testprozesses in Testphasen gewählt werden muß/soll.

So ist es z.B. für ein Projekt zur Pflege oder Anpassung eines Software-Produkts durchaus möglich, nur den "Entwicklungstest" und den nachfolgenden "Abnahmetest" zu differenzieren. Demgegenüber wird man bei der Neuentwicklung eines Software-Systems i.a. innerhalb des Entwicklungstests verschiedene Testphasen (z.B. Test der Problemspezifikation, Test des Sollkonzepts, des fachlichen Grobkonzepts, des fachlichen Feinkonzepts, des Detailentwurfs, des Organisationskonzepts, Baustein-, Verfahrens-, Installations- und Systemtest) unterscheiden. Im ersten Fall (Pflege/Anpassung) heißt dies nun nicht, daß Aufgaben, die z.B. Gegenstand des Baustein-, Verfahrens- oder Installationstests sind, nicht durchgeführt würden, vielmehr werden diese Aufgaben zusammengefaßt; innerhalb des Testprozesses werden lediglich keine weiteren Phasen differenziert. Ein Grund hierfür ist, daß der Aufwand zur Planung der entsprechenden Testphasen und zur Freigabe der hierbei erzielten Ergebnisse ggf. zu aufwendig und auch sachlich nicht erforderlich sind. Insgesamt ist also der Umfang des Software-Projekts ein wesentliches Kriterium für die Differenzierung der Testphasen.

Bei Software-Projekten mit kurzer Laufzeit (z.B. Entwicklung eines einfachen Statistikprogramms) ist es i.a. nicht sinnvoll, eine Vielzahl von Testphasen zu differenzieren. So kann z.B. das Testen von Dokumenten, die vor der Realisierung erstellt werden, in einer Phase (z.B. Vorgabentest) zusammengefaßt werden. Andererseits können bestimmte Mindestanforderungen formuliert werden, die dazu führen, daß in jedem Fall z.B. ein Verfahrenstest - auch formal - differenziert wird.

Man kann z.B. sagen, daß ein Bausteintest immer dann durchgeführt werden sollte, wenn das Software-Produkt umfangreich ist, d.h. eine Vielzahl verschiedener Programme mit einer relativ großen Anzahl Moduln vorhanden ist.

Derartige Überlegungen sind bei der Planung des Testprozesses für ein ganz bestimmtes Software-Projekt vorzunehmen, um den Testprozess hinsichtlich der zu differenzierenden Testphasen systematisch zu planen.

6.2.1.2 Festlegung der Testobjekte

Alle im Laufe eines Software-Projekts erstellten Zwischen- und Endprodukte können Testobjekte sein.

Die Festlegung der Testobjekte beinhaltet die Entscheidung, ob das vorliegende Software-Produkt (Zwischen- oder Endprodukt) insgesamt oder in Teilen getestet werden soll.

Darüber hinaus ist die Umgebung, in der das Testobjekt zu testen ist, zu determinieren. Hierbei stellen sich z.B. Fragen, ob

- ein Dokument isoliert oder im Zusammenhang mit anderen Dokumenten bzw.
- ein Programm in einer Testumgebung (durch Bereitstellung von Platzhaltern) oder in der Umgebung bereits getesteter anderer Programme getestet werden soll.

Wesentliche Einflußgrößen bei diesen Entscheidungen sind u.a.:

- Umfang des Software-Produkts,
- Funktionale Komplexität des Software-Produkts,
- Technik zur Konstruktion.

In Abhängigkeit von den genannten Einflußgrößen ist die Festlegung der Testobjekte möglich. Bei umfangreichen Software-Produkten wird man z.B. eine Aufteilung der Software-Produkte in einzelne Testobjekte vornehmen; diese werden zunächst isoliert analysiert und nachfolgend schrittweise integriert. Gründe für die zunächst isolierte Analyse einzelner Teilprodukte sind insbesondere durch die bessere Beherrschbarkeit der Testobjekte gegeben; so sind z.B. die zur Ausführung bestimmter Strukturelemente erforderlichen Daten beim Testen einzelner Bausteine (z.B. Moduln) des Software-Produkts leichter zu ermitteln als bei sehr umfangreichen Testobjekten. Hinsichtlich der funktionalen Komplexität des Software-Produkts gilt, daß hohe Komplexität die Fehlerfindung erschwert. Zur Reduzierung der Schwierigkeiten der Fehlerfindung ergibt sich die Möglichkeit, Software-Produkte in Teilprodukte aufzugliedern und diese zunächst isoliert und dann anschließend bei schrittweiser Integration zu analysieren.

Die Festlegung der Testobjekte umfaßt auch die Bestimmung der Reihenfolge der einzelnen Tests; hierdurch wird die tatsächliche Umgebung eines Testobjekts bei der Testausführung wesentlich beeinflußt. Die Reihenfolge der einzelnen Tests ist in gewissem Maße von der Vorgehensweise beim Konstruieren, d.h. bei der Codierung abhängig. Wird z.B. "top-down" konstruiert, so kann i.a. bei der Testdurchführung auch top-down vorgegangen werden; ein Vorteil ist, daß frühzeitig getestet wird. Dahingegen wird i.a. "bottom-up" getestet, wenn erwartet wird, daß größere Mängel bei untergeordneten Moduln auftreten. Auf die Vor- und Nachteile der Vorgehensweise zur Festlegung der Reihenfolge - neben den hier genannten werden weitere unterschieden - soll an dieser Stelle verzichtet werden.[1]

6.2.1.3 Festlegung der Testaufgaben

Die Festlegung der durchzuführenden Testaufgaben (siehe Abschnitt 3) ist unter anderem abhängig von folgenden Einflußgrößen:
- Sicherheitsanforderungen hinsichtlich der Erreichung von Qualitätseigenschaften,
- Struktur und Aufbau des Testobjekts.

In Abhängigkeit von diesen Einflußgrößen sind die für ein Testobjekt relevanten Testaufgaben festzulegen. So kann z.B. für die Testphase "Bausteintest" und hinsichtlich der einzelnen Moduln festgelegt werden, daß diese Testobjekte in bezug auf die Einhaltung unternehmungsspezifischer Programmierstandards (siehe TAG4 in Abschnitt 3) analysiert werden, sofern derartige Standards existieren.

6.2.1.4 Festlegung der Testziele

Jedes Zwischen-/Endprodukt eines Software-Projekts muß im Hinblick auf eine genau definierte Zielsetzung getestet werden; diese Zielsetzung beschreibt die Eigenschaften des untersuchten Software-Produkts nach erfolgter Durchführung einer bestimmten Testaktivität. Hierbei genügen keine globalen Ziele; die Ziele müssen vielmehr operational formuliert sein, damit nach Beendigung der Testaktivität bzw. einer Gruppe von Testaktivitäten kontrolliert werden kann, ob das vorgegebene Ziel erreicht worden ist.

Testziel
Angestrebter Wert eines Testmaßes.

Testmaß
Objektive, meßbare Größe zur Beurteilung des Umfangs und der Ergebnisse der durchgeführten Testaktivitäten.

---

1) Hinsichtlich einer ausführlichen Diskussion unterschiedlicher Vorgehensweisen bei der Festlegung der Reihenfolge von Tests wird auf die Ausführungen von Myers verwiesen /MYER82, S. 91-101/.

Das Vorhandensein eines Testmaßes ist Voraussetzung für jedes Testziel. Testmaße bringen den Algorithmus zur Berechnung von Testmaßzahlen, nicht aber die Höhe der erreichten Werte zum Ausdruck. Anhand der quantitativen Angabe des erreichten Testmaßes, die durch die Testmaßzahl ausgedrückt wird, ist die Überwachung der Testziele möglich.

Zur Beurteilung der Vollständigkeit des Testens in bezug auf die definierten Qualitätsanforderungen sind jeweils für die relevanten Qualitätsmerkmale ein oder mehrere Testmaße zu definieren /BONS82a/. Anzustreben ist die Definition und Verfügbarkeit von Testmaßen für alle Qualitätsmerkmale, um anhand dessen einerseits die Testziele formulieren und andererseits den Stand der Testdurchführung beurteilen zu können.

Ziel der Verwendung von Testmaßen und der aufgrund dessen vorgenommenen Definition von Testzielen bzw. der Ermittlung von Testmaßzahlen ist die Objektivierung des Testprozesses; dies ist durch Vorgabe operationaler Anforderungen und Bereitstellung quantitativer Angaben in bezug auf den Umfang der durchgeführten Testaktivitäten möglich. Erst das Vorhandensein von Testmaßen und die nunmehr mögliche Formulierung von Testzielen sowie die Bestimmung von Testmaßzahlen ermöglichen eine systematische Testdurchführung sowie insbesondere eine wirkungsvolle Testkontrolle.

Beispiele für Testmaße sind
- Testabdeckungsmaße (TAM) und
- Testergebnismaße (TEM).

Testabdeckungsmaße sind Testmaße, die den Algorithmus zur Berechnung des Umfangs der bisher durchgeführten Testaktivitäten anhand vordefinierter Testelemente oder Einzelschritte sowie deren Berücksichtigung beim Testen zum Ausdruck bringen. Testelemente können dabei Elemente der Software-Produkte (Dokumentationsseiten, Moduln des Programmsystem, Anweisungen, Datenelemente etc.) oder die in Checklisten vorgegebenen Analysen sein. Berücksichtigung beinhaltet das Ansprechen, das Ausführen oder das Durchlaufen der Testelemente.

Beispiele für Testabdeckungsmaße sind in Abbildung 6-1 aufgeführt. Das am häufigsten in der Praxis angewendete Testabdeckungsmaß bezieht sich auf das Verhältnis der im Testprozeß fehlerfrei ausgeführten Ausgänge der Verzweigungen zu den insgesamt vorhandenen Ausgänge der Verzweigungen (vgl. u.a. /MILL78/, /BONS81/).

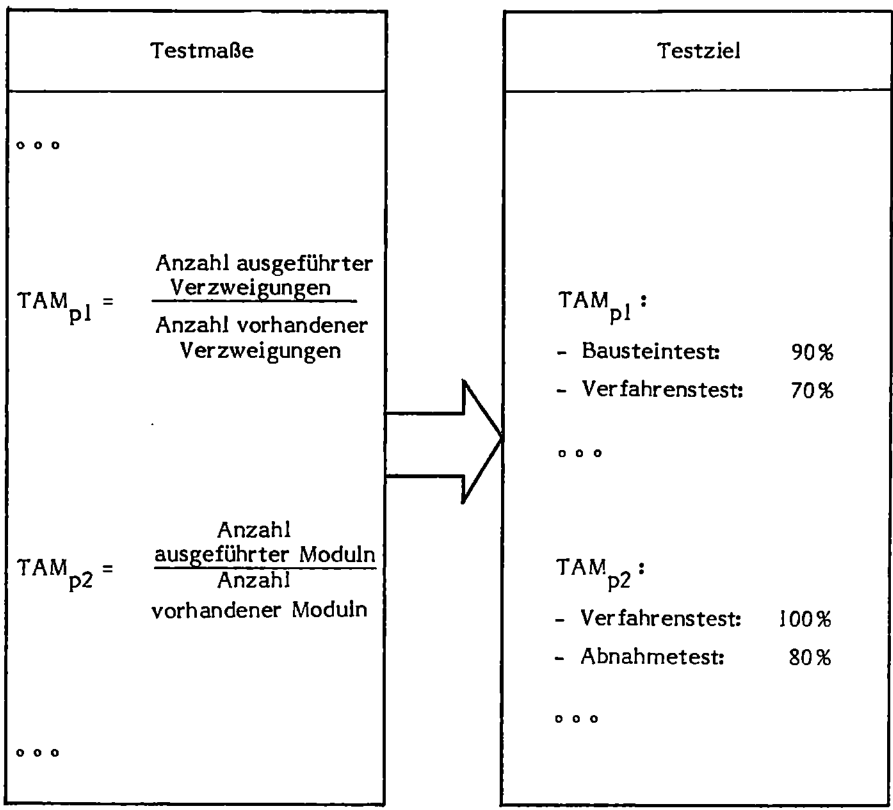

Abb. 6-1:   Beispiele für programmorientierte Testziele beim dynamischen Testen

Testergebnismaße beziehen sich auf die Betrachtung der im Test bzw. im Betrieb in einem Zeitabschnitt aufgetretenen Fehler.

Ein Beispiel für ein Testergebnismaß ist die Größe "Mean Time Between Failure (MTBF)". In diesem Fall wird die Zahl der pro Zeiteinheit gefundenen Fehler als Kriterium für die Beendigung des Testprozesses herangezogen. So können beispielsweise Aufschreibungen über die Anzahl der pro Zeiteinheit gefundenen Fehler dazu führen, daß bei Unterschreitung einer (durchschnittlichen) Zahl von Fehlern pro Woche das Testen beendet wird (siehe Abb. 6-2).

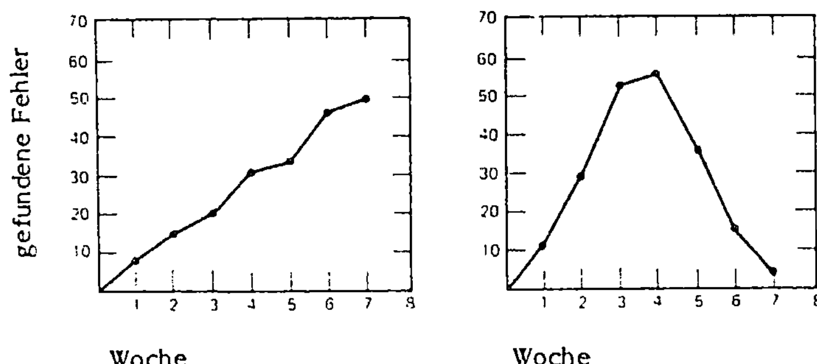

Abb. 6-2: Anzahl der gefundenen Fehler pro Zeiteinheit als Testendekriterium
/MYER82, S. 125/

Ein anderes Testergebnismaß ist die für das Testen benötigte Rechenzeit /MILL78/.
Analog hierzu könnten auch die Kosten für das Testen als Endekriterium herangezogen werden.

> **Testabdeckungsmaß**
> Tätigkeitsorientiertes Testmaß, das sich aus der Betrachtung von Prüfele-
> menten sowie deren Berücksichtigung im Test ergibt.
>
> **Testergebnismaß**
> Ergebnisorientiertes Testmaß, das sich aufgrund der Ergebnisse der Testaktivi-
> täten ergibt.

Durch Testmaßzahlen ist zwar eine objektive Beurteilung des Testfortschritts möglich, die hierdurch erzielten Aussagen können allerdings (zur Zeit noch) in keine unmittelbaren Beziehung zur Qualität der entsprechenden Software-Produkte gebracht
werden. Am geeignetsten sind noch die Testabdeckungsmaße, da einerseits - wegen
logischer Überlegungen - schon einsichtig ist, daß aufgrund der steigenden Anforderungen z.B. zwischen TAM_{p2} und TAM_{p1} in Abbildung 6-1 auch gewisse Auswirkungen auf die Qualität gegeben sein müssen. Allerdings ist keine unmittelbare
Quantifizierung der Qualität aufgrund dessen möglich. Bezüglich der Testergebnismaße ist die Ungewißheit hinsichtlich der erreichten Qualität höher, da die Fehlererkennung primär - beim dynamischen Testen von Programmen - durch die Wahl der
Testdaten determiniert wird, so daß diese Testaktivität die Schlüsselgröße für die
Aussagekraft von Testergebnismaßen darstellt /MYER82/, /BONS82d/.

Die Bedeutung unterschiedlicher Testabdeckungsmaße für die Formulierung von
Testzielen sowie zur Ermittlung objektiver Testmaßzahlen ist wesentlich von der
Testphase abhängig, für die ein bestimmtes Testmaß Verwendung finden soll (siehe
Abb. 6-3).

Testabdeckungsmaße \ Testphasen Programmtesten	Entwicklungstest						
	Bausteintest	Verfahrenstest	Installationstest	Systemtest	Abnahmetest	Betriebstest	Wartungstest
Aufgabenorientiert							
- Aufgaben		*		*	**		
Funktionsorientiert							
- Funktionen		**		*			
- Kombinationen von Funktionen	**	*		*			
- Entscheidungstabellen-Regeln	**	*					
- Entscheidungstabellen-Regelpfad	*						siehe Entwicklungstest
Programmorientiert							
- Anweisungen	**	*					
- Verzweigungen	**	*					
- Abhängige Programmteile	**						
- Pfade	*						
- Bausteine		**	*	**	**		
- Aufrufe von Bausteinen	**	**	*	*			
Fehlerspezifisch							
- Prüfpunkte von Checklisten	*	*	**	**	*	*	

Abb. 6-3: Testabdeckungsmaße und ihre Anwendung in unterschiedlichen Testphasen des Testens von Programmen

* : wichtig, ** : sehr wichtig

Für die Testphasen, in denen u.a. Programme getestet werden, gilt z.B. hinsichtlich der programmorientierten Testabdeckungsmaße folgendes: Soweit es sich um Anweisungen, Verzweigungen, abhängige Programmteile oder Pfade handelt, sind diese im Bausteintest, ggf. auch im Verfahrenstest anwendbar. Für den Verfahrens-, Installations- und Systemtest ist die Abdeckung aller Bausteine im Test bzw. die Ausführung aller Bausteinaufrufe von besonderer Bedeutung. Im Abnahmetest sind von den programmorientierten Testabdeckungsmaßen allenfalls noch die Ausführungshäufigkeiten von Bausteinen relevant.

Die Unterschiede in der Bedeutung der Testmaße und deren Anwendung in unterschiedlichen Testphasen resultiert aus den jeweiligen Anforderungen der Testaufgaben; darüber hinaus sind Durchführbarkeits- und Kostengesichtspunkte wichtige Einflußgrößen bei der Beurteilung von Testmaßen. Im Verfahrenstest ist es z.B. unter wirtschaftlichen Aspekten vielfach nicht realistisch, eine hohe Abdeckung für die Ausführung der Pfade zu fordern, da dies für praktisch relevante Programme bzw. Programmsysteme kaum realisierbar ist.

Die Bedeutung und der Nutzen der Anwendung von Testmaßen wird in zahlreichen Untersuchungen belegt. Untersuchungen von Holthouse beziehen sich auf ein FORTRAN-Programm mit ca. 10.000 Anweisungen, 115 Moduln und 830 Verzweigungsausgängen; im Verfahrenstest wurden durch Black-box-Testen zunächst 70% der Verzweigungen ausgeführt und 8 Fehler gefunden. Durch ergänzendes White-box-Testen konnte eine Testmaßzahl auf 90% erhöht werden, wobei vier zusätzliche Fehler gefunden wurden. Ähnlich stellte sich die Situation im Abnahmetest dar, bei dem durch Verwendung von Originaldaten nur ein Fehler gefunden wurde. Aufgrund der vorgegebenen Zielsetzung, mehr als 90% der Verzweigungen im Abnahmetest auszuführen, und ergänzende Testläufe wurden zusätzlich sieben Fehler gefunden /HOLT79/.

Insgesamt zeigt sich, daß die hohe Bedeutung von Testmaßzahlen durchaus nachweisbar ist. In vielen Fällen ist allerdings in der Praxis das Wissen um die Wirkungsweise und den Aufwand von Testmaßen nicht vorhanden; die Zusammenhänge zwischen Testzielen, Aufwand zu deren Erreichen und den erkannten Fehlern werden falsch gesehen. Der Aufwand zur Realisierung unterschiedlicher Testziele wird vielfach gänzlich unterschätzt und - mangels Erfahrung - ihr sinnvoller Einsatz für unterschiedliche Testphasen falsch eingeschätzt /MEGE81b/. Dies zeigte sich besonders deutlich bei der Auswertung (siehe Abb. 6-4) einer im Jahr 1978 durchgeführten Fragebogenaktion, bei der u.a. nach der "Anwendung von Testzielen in der Praxis" gefragt wurde /SCHM78/. Hierbei stellte sich heraus, daß das theoretisch Sinnvolle und praktisch Machbare von den insgesamt 256 Teilnehmern der Fragebogenaktion oft nicht der Realität entsprechend gesehen wurde.

Testziele	Anwendung in Testphasen		theoretisch und praktisch sinnvoll in Testphasen	
	Modultest	Verfahrens-test	Modultest	Verfahrens-test
- Ausführung des Programms mit allen theoretisch möglichen Datenkonstellationen	50,0	60,5		
- Ausführung des Programms mit allen praktisch relevanten Datenkonstellationen	41,3	48,1		
- Alle theoretisch denkbaren Programmpfade sind einmal durchlaufen worden	27,2	30,4	(X)	
- Alle problemrelevanten Programmpfade sind einmal durchlaufen worden	26,3	16,1	XX	
- Jede Programmfunktion ist mehrmals ausgeführt worden	23,2	21,8	X	(X)
- Jede Programmfunktion ist einmal ausgeführt worden	21,0	17,9	XX	XX
- Jede Programmanweisung ist einmal ausgeführt worden	16,1	10,8	XXX	X

<u>Abb. 6-4:</u>   Testziele in der Praxis - Ergebnisse einer Befragung von 256 Teilnehmern (Frage nach der "Anwendung von Testzielen in der Praxis"; Mehrfachnennungen zugelassen) /SCHM78/
(X): begrenzt praktikabel, X: praktikabel, XX: wichtig, XXX: sehr wichtig

---

Strategische Testplanung
Testaktivität zur generellen Festlegung der Aufgaben, Ziele und Vorgehensweise zur Testdurchführung.

Operative Testplanung
Testaktivität zur Festlegung konkreter und vollständiger Angaben zur Durchführung einzelner Testaktivitäten und deren Abfolge.

Die Festlegung der durchzuführenden Testarten (siehe Abschnitt 5.1) ist unter anderem von folgenden Einflußgrößen abhängig:

- Art des Testobjekts,
- Testphase,
- Testaufgaben.

In Abhängigkeit von den Ausprägungen für die jeweiligen Einflußgrößen können die relevanten Testarten bestimmt werden.

So kann z.B. für das Testen eines Programms im Bausteintest folgendes festgelegt werden:

- Das Testen hinsichtlich der richtigen Umsetzung von Vorgaben (siehe TAG2 in Abschnitt 3) erfolgt durch dynamisches White-box-Testen.
- Für die Analyse hinsichtlich der Einhaltung von Regeln wird statisches White-box-Testen vorgesehen.

6.2.1.6 Festlegung der Testaktivitäten der Testdurchführung

Wesentliche Einflußgrößen bei der Festlegung der durchzuführenden Testaktivitäten (siehe Abschnitt 5.2) sind die Testarten. In Abhängigkeit von den relevanten Testarten für ein Software-Produkt sind die erforderlichen Testaktvitäten zu determinieren.

So ist z.B. für das dynamische White-box-Testen die Durchführung folgender Testaktivitäten erforderlich:

- Testfallermittlung,
- Testdatenerstellung,
- Erstellen der Testprozedur,
- Erstellen einer Testumgebung,
- Ausführung des Testobjekts,
- Simulation in einer Testumgebung,
- Ablaufprotokollierung,
- Erstellen der Ablaufstatistik,
- Ergebnisprüfung,
- Testergebnisprotokollierung,
- Erstellen der Teststatistik.

6.2.1.7 Festlegung der Testträger

Die Vielzahl der in den Test einzubeziehenden Personen macht es - u.a. aufgrund ihrer Ausbildung und ihres Kenntnisstandes - erforderlich, Art und Umfang der Mitwirkung im Testprozeß genau festzulegen.

Testen erfordert eine weitgehende Arbeitsteilung, wobei die einzelnen Aktivitäten durch solche Personen bzw. Personengruppen erledigt werden sollten, die hierfür die notwendigen Kenntnisse und Erfahrungen besitzen; so ist es i.a. nicht sinnvoll, die Steueranweisungen für die Testläufe durch den Anwender erstellen zu lassen.

Die Arbeitsteilung ist notwendig, um

- Testaktivitäten zielgerichtet und entsprechend den Kenntnissen der beteiligten Personen durchzuführen,
- Betriebsblindheit bei der Erledigung von Testaktivitäten zu vermeiden und die Sicht der unterschiedlichen, an der Entwicklung beteiligten Personen einzubeziehen.

Folgende potentielle Testträger werden unterschieden:
- Projektleiter,
- Entwickler,

  Es können die Entwickler des Objekts selbst sowie Entwickler über-, neben- oder untergeordneter Software-Produkte differenziert werden (Systemplaner, DV-Organisatoren, Systemanalytiker und Programmierer),
- Anwender oder Fachabteilung,
- Mitarbeiter unabhängige Test- oder Qualitätssicherungsgruppen,
- DV-Revisoren.

Die Testträger können sowohl direkt zur Entwicklungsgruppe gehören als auch außerhalb des Projekts stehen.

In Abhängigkeit von der Art der Beteiligung an den unterschiedlichen Testaktivitäten im Testprozeß werden folgende Rollen unterschieden:
- Verantwortung für eine Testaktivität,
- Durchführung einer Testaktivität,
- Mitwirkung bei der Durchführung einer Testaktivität,
- Beratung bei der Durchführung einer Testaktivität,
- Information über die Durchführung einer Testaktivität.

Die Aufgaben der unterschiedlichen Testträger in bezug auf einzelne Testaktivitäten sind primär von den Testphasen abhängig. Abbildung 6-5 gibt eine Übersicht über die generelle Tendenz zur Verteilung von Aufgaben an Testträger. Die konkrete Festlegung für ein Projekt oder innerhalb einer Institution ist von individuellen Einflußgrößen abhängig und jeweils für den Anwendungsfall festzulegen.

Die Festlegung der im Testprozeß zu beteiligenden Testträger ist u.a. von folgenden Einflußgrößen abhängig:
- Testphase,
- Testart,
- Testaktivität.

Im Abnahmetest ist z.B. zur Analyse des erstellten Software-Produkts hinsichtlich der Lösung der real auftretenden Bearbeitungsfälle folgende Rollenverteilung gegeben (siehe Abb. 6-5):
- Die Verantwortung für den Abnahmetest hat die Fachabteilung.
- Von der Fachabteilung werden die meisten erforderlichen Testaktivitäten (z.B. Testfallermittlung, Testdatenerstellung, Soll-Ergebnis-Ermittlung etc.) durchgeführt.

Testaktivitäten (für Testarten in Testphasen)	Projektleiter	Entwickler/ Analytiker	Entwickler/ Programmierer	Anwender/ Fachabteilung	Test-/Qualitäts- sicherungsgruppe	DV-Revisoren
(1) Testplanung	V/D			I/M	M	
(2) Testen von Dokumenten	V	D	M	M	B	
(3) Testen von Programmen						
- Statisches Testen	V		D		M	I
- Dynamisches Testen						
° Bausteintest	I	M	V/D		B	
° Verfahrenstest	V	D	M		B	
° Installationstest	V	D	M		B/D	I
° Systemtest	V	M	D	M	M/B	M
° Abnahmetest	I			V/D	B	
° Betriebstest				V/D	B	I/M
° Wartungstest	V	M	D	M	M	M
(4) Testkontrolle	V/D			I	M	

__Abb. 6-5:__   Testträger und ihre Rollen im Testprozeß

V: Verantwortung, D: Durchführung, M: Mitwirkung, B: Beratung, I: zur Information

- Bei bestimmten Testaktivitäten (z.B. Ergebnisprüfung) kann eine Beratung durch eine unabhängige Test-/Qualitätssicherungsgruppe bzw. Projektmitarbeiter gegeben sein.

- Der Projektleiter ist über die Aktivitäten des Abnahmetest und die hierbei erzielten Ergebnisse zu informieren.

Insgesamt ist die Planung und Festlegung der Rollen der Testträger, die sowohl allgemein als auch projektspezifisch erfolgen kann, eine wesentliche Voraussetzung für die Effizienz im Testprozeß.

6.2.1.8 Festlegung des Inhalts der Testdokumentation

In der Testplanung wird festgelegt, welche Test-Produkte generell zu dokumentieren sind (siehe Abschnitt 7). Die Festlegung, ob ein bestimmtes Test-Produkt zu dokumentieren ist, wird u.a. unter Berücksichtigung der Ausprägungen folgender Einflußgrößen betrachtet:

- Testphase,
- Grad der Bereitstellung,
- geplante Nutzungsdauer des Software-Systems.

Für die Testdokumentation können gewisse Mindestanforderungen formuliert werden. Es können z.B. Forderungen aufgestellt werden, daß der Testplan und der Testbericht in jedem Fall zu dokumentieren sind, wohingegen bei anderen Test-Produkten die Notwendigkeit der Dokumentation im wesentlichen von der Testphase abhängig ist. Testfälle/Testdaten für den Abnahmetest sind z.B. zu dokumentieren, während etwa für den Verfahrenstest diese Forderung nicht aufgestellt wird.

Neben der grundsätzlichen Festlegung der zu dokumentierenden Testprodukte ist darüber hinaus die Aufbewahrungsdauer der einzelnen dokumentierten Test-Produkte festzulegen. Test-Produkte können z.B.

- bis zum Ende einer Testphase,
- bis zum Ende des Projekts oder
- über das Projektende hinaus aufzubewahren sein.

6.2.1.9 Festlegung der einzusetzenden Verfahren und Werkzeuge zum Testen

Innerhalb der Testplanung ist festzulegen, welche Verfahren und Werkzeuge zum Testen einzusetzen sind. Diese Festlegung ist im wesentlichen von folgenden Faktoren abhängig:

- Implementierungssprache des Testobjekts,
- Verfügbarkeit von Verfahren und Werkzeugen für die gegebenen Systeme,
- Ausbildungsstand der Testträger.

Ein Werkzeug zum Erstellen von Ablaufstatistiken für COBOL-Programme kann z.B. nur dann eingesetzt werden, wenn das Testobjekt ein COBOL-Programm ist; darüber hinaus muß das Werkzeug für den Rechner vorhanden sein, auf dem das Software-Produkt entwickelt wird.

Neben der Festlegung der einzusetzenden Verfahren und Werkzeuge, die innerhalb einer Unternehmung/Institution verfügbar sind, besteht die Möglichkeit bzw. Notwendigkeit, innerhalb eines Software-Projekts zusätzliche Verfahren und Werkzeuge zu beschaffen bzw. zu entwickeln oder anzupassen. Die Beschaffung von Verfahren und Werkzeugen ist im wesentlichen von folgenden Einflußgrößen abhängig:

- Dauer des Projekts,
- Verfügbarkeit entsprechender Verfahren und Werkzeuge am Markt,
- Durchführbarkeit der Testaktivitäten mit und ohne Verfahren oder Werkzeugen,
- Kosten-/Nutzenfaktoren,
- Einsatzzeitpunkt eines zu beschaffenden Verfahrens oder Werkzeugs.

6.2.2 Aktivitäten der Testplanung

In Abhängigkeit davon, ob die Festlegung der Parameter zur Planung des Testprozesses für das gesamte Software-Projekt erfolgt oder ob es sich um eine Festlegung für eine einzelne Testphase handelt, werden folgende Aktivitäten differenziert:

- Strategische Testplanung,
- operative Testplanung.

Testdokumentation
Gesamtheit der Daten für das Testen und/oder über den Ablauf und die Ergebnisse des Testens.

Testdokumentationserstellung
Erfassen, Ordnen, Speichern und Bereitstellen der Testdokumentation.

6.2.2.1 Abgrenzung der strategischen und operativen Testplanung

Die Notwendigkeit zur Differenzierung der strategischen und operativen Testplanung resultiert aus folgenden Erkenntnissen:

- Bestimmte Entscheidungen sind global für den gesamten Testprozeß zu treffen,
- andere Entscheidungen betreffen nur einzelne Testphasen.

Entscheidungen, die den gesamten Testprozeß in einem Software-Projekt betreffen, sind Gegenstand der strategischen Testplanung. Bestimmte Entscheidungen sind möglichst früh in einem Software-Projekt zu treffen, da hiervon die grundsätzliche Vorgehensweise beim Testen beeinflußt wird. Hierzu zählt u.a. die Festlegung der zu differenzierenden Testphasen und die Festlegung der generell im Testprozeß einzusetzenden Verfahren und Werkzeuge für das Testen.

Entscheidungen, die im Rahmen der operativen Testplanung zu treffen sind, beziehen sich im allgemeinen auf eine bestimmte Testphase. Die operative Testplanung betrifft Detailaspekte, deren Festlegung Aufgabe des Projektleiters bzw. Gruppenleiters sein muß und nicht dem Einzelnen überlassen werden kann. Hierbei werden dann z.B. für Testobjekte einer Testphase die Testziele, die einzelnen Testaktivitäten oder die jeweils einzusetzenden Verfahren/Werkzeuge etc. festgelegt. Im Rahmen der operativen Testplanung ist es auch notwendig, die Testträger jetzt nicht mehr - wie in der strategischen Testplanung - nach Personengruppen zu determinieren, sondern die Träger zur Durchführung einzelner Testaktivitäten namentlich zu benennen.

In kleinen Software-Projekten können strategische und operative Testplanung zusammenfallen..

6.2.2.2 Strategische Testplanung

Voraussetzungen für die strategische Testplanung sind die Ergebnisse der Initiierung und der Voruntersuchung eines Software-Projekts. Sofern separat eine Qualitäts-Produktplanung durchgeführt wird, gehen deren Ergebnisse in die strategische Testplanung ein.

Innerhalb der strategischen Testplanung werden folgende generellen Entscheidungen zur Testdurchführung getroffen, die zu den genannten Ergebnissen führen :

- Strukturierung des Testprozesses mit der Festlegung der relevanten Testphasen sowie der in den einzelnen Testphasen zu prüfenden Testobjekte, differenziert nach unterschiedlichen Typen von Testobjekten,
- Festlegung genereller Parameter zur Durchführung der Testaufgaben,
- Festlegung der Strategie(n) zur Bestimmung der Testobjekte als Elemente des gesamten Software-Produkts und der Reihenfolge von Tests für die Testobjekte,
- grober Zeitplan für die Testphasen,
- Festlegung der Rollen unterschiedlicher Personengruppen im Test,
- Festlegung der generell zu dokumentierenden Test-Produkte,
- Festlegung der einzusetzenden Verfahren und Werkzeuge zur Unterstützung von Testaktivitäten.

6.2.2.3 Operative Testplanung

Während in der strategischen Testplanung verschiedene Planungsgrößen nur global determiniert werden (z.B. Testobjekte nach Gruppen, Testträger nach Gruppen), erfolgt im Rahmen der operativen Testplanung eine Detaillierung der vorliegenden sowie die Bestimmung der restlichen Parameter des Testprozesses.

Eingangsgrößen der operativen Testplanung sind

- der strategische Testplan und
- Daten zum Projektfortschritt.

Die operative Testplanung führt zu folgenden Ergebnissen :

- Bezeichnung der einzelnen Testobjekte für die unterschiedlichen Testphasen unter Berücksichtigung der vorgegebenen Strategie(n),
- Beschreibung der durchzuführenden Aufgaben des Testens für jedes Testobjekt und jede Testphase,
- Beschreibung der Testziele für die einzelnen Testobjekte,
- Festsetzung der geeigneten Testarten,
- Festlegung der anzuwendenden Methoden für die relevanten Testaktivitäten,
- Benennung der Testträger für die durchzuführenden Testaktivitäten,
- Benennung der über die Ergebnisse der operativen Testplanung zu informierenden Personen,
- Zeitplanung für die durchzuführenden Testaktivitäten.

6.2.3 Zeitpunkte der Testplanung

Die Testplanung wird grundsätzlich vor der Durchführung einzelner Testaktivitäten vollzogen ("prior to testing" /WALK81, S. 76/). Generell kann die Aussage gemacht werden, daß die strategische Testplanung relativ früh im Software-Projekt durchzuführen ist, während die operative Testplanung in Abhängigkeit vom Projektfortschritt für die einzelnen Testphasen erfolgt.

Entsprechend der Differenzierung der Testaktivitäten strategische und operative Testplanung kann hinsichtlich der Zeitpunkte zur Durchführung dieser Testaktivitäten im einzelnen folgendes festgestellt werden :

- Die strategische Testplanung erfolgt in der Phase "Voruntersuchung" bzw. spätestens in der "Grobkonzeption". Dies ist notwendig, da innerhalb der strategischen Testplanung - wie oben ausgeführt - u.a. Entscheidungen hinsichtlich der Festlegung der durchzuführenden Testphasen gemacht werden: die Festlegung der Testphasen ist wiederum Voraussetzung für die operative Testplanung. Andererseits ist etwa die Festlegung der einzusetzenden Verfahren und Werkzeuge sehr frühzeitig zu treffen. Daher muß die strategische Testplanung also zu einem frühen Zeitpunkt innerhalb eines Software-Projekts erfolgen, um entsprechend der langfristigen Ausrichtung dieser Testaktivität die notwendigen Festlegungen treffen zu können.

- Die operative Testplanung wird nicht einmal, sondern mehrmals entsprechend der
fortschreitenden Konkretisierung der Zwischen- und Endprodukte innerhalb eines
Software-Projekts durchgeführt; sie wird i.a. für jede Testphase vorgenommen.
Hierbei ist zu berücksichtigen, daß die operative Testplanung für eine bestimmte
Testphase die erste Testaktivität in dieser Testphase darstellt; insofern muß die
Testplanung u.U. mit einem erheblichen Vorlauf vor der eigentlichen Testdurch-
führung bzw. Testausführung erfolgen.

Die operative Testplanung für den Abnahmetest z.B. sollte - zumindest teilweise
- schon sehr früh im Laufe des Software-Projekts durchgeführt werden, um
sicherzustellen, daß andere Testaktivitäten (z.B. Testfallermittlung für den Abnahmetest) rechtzeitig begonnen werden können (etwa nach der Fertigstellung
des fachlichen Grobkonzepts).

Unter Berücksichtigung des Zeitpunkts der Testausführung für die einzelnen
Testphasen könnte man darauf schliessen, daß die operative Testplanung für die
einzelnen Testphasen sequentiell entsprechend der Reihenfolge der Testausführung der einzelnen Testphasen zu erfolgen haben. Dies gilt nur für die ersten
Testphasen, d.h. die Testphasen, in denen Dokumente analysiert werden (Test der
Problembeschreibung bis Test des Detailentwurfs). Demgegenüber gilt für die
Testphasen des Testens von Programmen (Bausteintest bis Abnahmetest) das um-
gekehrte; die operative Testplanung für diese Testphasen ist genau in der um-
gekehrten Reihenfolge der Testausführung der einzelnen Testphasen vorzunehmen.

Abbildung 6-6 zeigt den Zusammenhang zwischen den Zeitpunkten der Testplanung für die Testphasen des Testens von Programmen und den in unterschiedlichen Dekompositions-Schritten erstellten Zwischenprodukten. Während die
Testausführung der einzelnen Testphasen bottom-up erfolgt, werden die Testpläne top-down erstellt und zwar in den Entwicklungsphasen, deren Ergebnisse
primär als Soll-Vorgaben für die jeweiligen Testphasen herangezogen werden.
Ziel ist die - zumindest teilweise - Durchführung der Testplanung für diese
Testphase zu dem Zeitpunkt, zu dem die Kenntnis über den zugrunde liegenden
Sachverhalt am größten ist. Die Kenntnisse zur Festlegung der Aufgaben, Ziele
und Vorgehensweise beim Systemtest z.B. sind nach der Erstellung des fachlichen
Feinkonzepts am größten.

Die Notwendigkeit, unterschiedliche Zeitpunkte für die Testplanung und für die
Testausführung zu differenzieren, ist u.a. durch folgende Aspekte begründet. Die
operative Testplanung für eine Testphase ist einerseits Voraussetzung für den
Beginn der Testdurchführung (z.B. Testfallermittlung im Rahmen der Test-

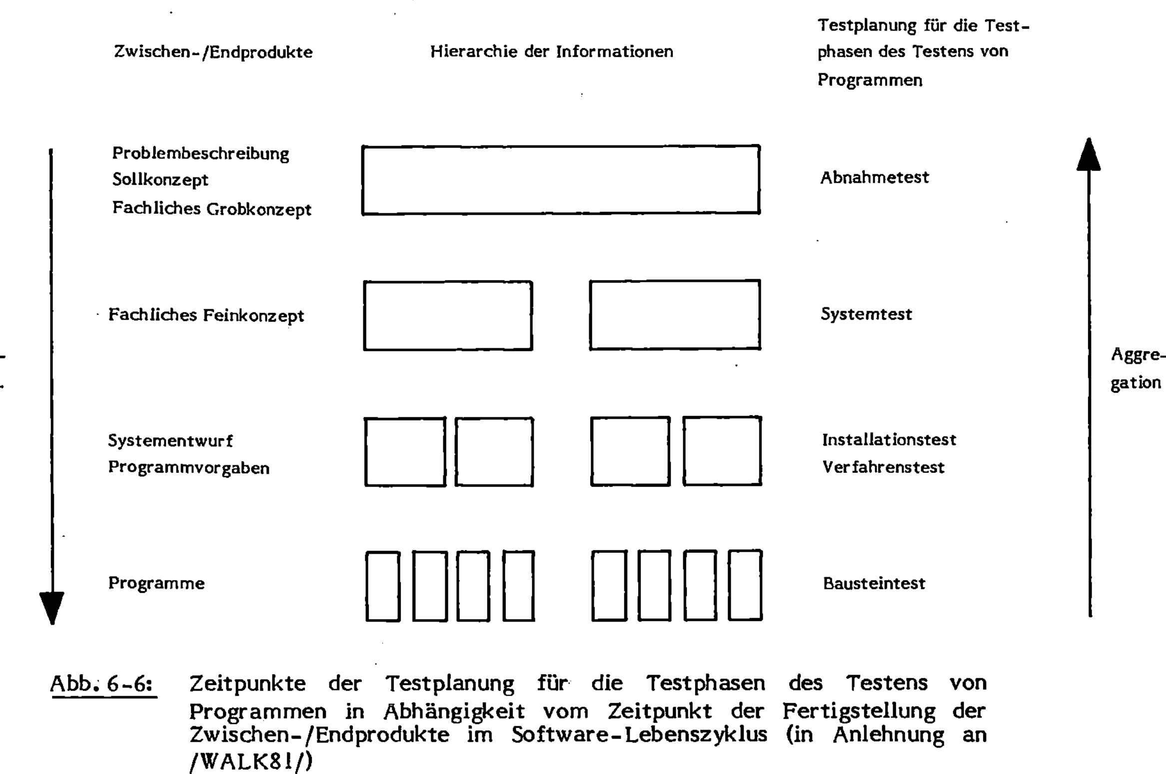

Abb. 6-6:   Zeitpunkte der Testplanung für die Testphasen des Testens von Programmen in Abhängigkeit vom Zeitpunkt der Fertigstellung der Zwischen-/Endprodukte im Software-Lebenszyklus (in Anlehnung an /WALK81/)

vorbereitung). Da andererseits die Testvorbereitung immer dann erfolgen sollte - zumindest begonnen werden sollte -, wenn die Kenntnisse über den Gegenstand der Überprüfung am größten sind, sollte die operative Testplanung als Voraussetzung für den Beginn der Testvorbereitung frühzeitig, d.h. nach der Erstellung der entsprechenden Zwischenprodukte erfolgen. Für den Abnahmetest sollte z.B. nach der Erstellung des Sollkonzepts bzw. fachlichen Grobkonzepts - zumindest teilweise - erfolgen.

Ein Überblick über die "üblichen" Zeitpunkte der strategischen bzw. operativen Testplanung in bezug auf die Phasen der System-Entwicklung und Abnahme ist aus Abbildung 6-7 zu entnehmen.

6.2.4 Aufgabenträger der Testplanung

Die Aufgaben der Testplanung sind im wesentlichen von Verantwortlichen durchzuführen; z.B. vom Projektleiter, Mitarbeitern einer speziellen Testgruppe oder Mitarbeitern, denen eine bestimmte Anzahl Personen zugeordnet/unterstellt sind (z.B. Gruppenleiter).

In Abhängigkeit von unterschiedlichen Einflußgrößen (z.B. Projektgröße, Projektorganisation, Anzahl der beteiligten Mitarbeiter etc.) können die für die jeweiligen Testaktivitäten der Testplanung zuständigen Aufgabenträger festgelegt werden :
- Die strategische Testplanung wird i.a. vom Projektleiter, ggf. unter Mitwirkung der Testgruppe durchgeführt.
- Für diejenigen Testphasen, für die die operative Testplanung innerhalb der Phasen "Initialisierung" bis "logisch-organisatorischer Detailentwurf" erfolgt (siehe Abb. 6-7), wird die operative Testplanung i.a. vom Projektleiter, ggf. unter Mitwirkung der Testgruppe durchgeführt.
- Für die anderen Testphasen hat der Projektleiter zwar die Verantwortung für die operative Testplanung, die eigentliche Durchführung liegt dahingegen vielfach bei Gruppenleitern etc.

6.2.5 Beispiel für einen Testplan

Die gegenwärtige Unterstützung der Testplanung durch Verfahren und Werkzeuge ist relativ begrenzt.

Bisher existieren einige Hilfsmittel, die für bestimmte Aktivitäten der Planung und Kontrolle des Testens Verwendung finden können, wobei hier aber in keinem Fall der oben beschriebene Funktionsumfang der Planung des Testprozesses abgedeckt wird.

Phase Systementwicklung	Strategische Testplanung	Operative Testplanung für Testphasen									
		Test der Problem-beschrei-bung	Test des Sollkon-zepts	Test des fach-lichen Grobkon-zepts	Test des fach-lichen Feinkon-zepts	Test des De-tailentwurfs	Bausteintest	Verfahrens-test	Installa-tionstest	Systemtest	Abnahmetest
Initialisierung		*									
Voruntersuchung	*		*								
Grobkonzept	*			*							*
Logisch-Organisa-torischer Detail-entwurf					*					*	*
DV-technischer Detailentwurf						*		*	*	*	
Logisch-Organisa-torische Einfüh-rung								*			
DV-technische Realisierung							*				
Logisch-Organisa-torische Reali-sierung											
DV-technische Einführung											

Abb. 6-7: Zeitpunkte der strategischen und operativen Testplanung für Entwicklung und Abnahme

Direkte Hilfe bei der Testplanung ist z.B. hinsichtlich der Zeitplanung durch Projektsteuerungs- bzw. Auftragssteuerungsysteme gegeben. Bei derartigen Systemen werden Teilaktivitäten terminiert (für den Testprozeß z.B. einzelne Testphasen oder Testaktivitäten innerhalb der Testphasen). In diesem Zusammenhang erfolgt i.a. auch die Personalplanung für das Testen (Festlegung der von den Testträgern durchzuführenden Testaktivitäten im Testprozeß). Hierdurch ist aber nicht die Gesamtheit der zu planenden Einzelaspekte im Testprozeß abgedeckt; es sind vielmehr nur einige, für die Durchführung von Software-Projekten generell wesentliche Gesichtspunkte einbezogen.

Ein Beispiel für einen operativen Testplan ist in Abbildung 6-8 gegeben. Hier werden für die Testphase "Abnahmetest" die erforderlichen Angaben für die Testdurchführung gemacht. So wird z.B. festgelegt,

- welches Testziel anzustreben ist (1),
- welche Testträger welche Aktivitäten durchzuführen haben (2),
- wann die Testaktivitäten durchzuführen sind (3).

6.3 Vorgehensweise bei der Testkontrolle

Nachfolgend wird auf Aufgaben, Aktivitäten, Zeitpunkte und Aufgabenträger der Testkontrolle eingegangen.

6.3.1 Aufgaben der Testkontrolle

Ziel der Testkontrolle ist die Überwachung und Steuerung des Testprozesses entsprechend den aus den Gesamtzielen des Software-Projekts abgeleiteten und in der strategischen bzw. operativen Testplanung festgelegten Parametern.

Die Testkontrolle dient nicht zur Kontrolle der Qualität von Software-Produkten, sondern ausschließlich zur Kontrolle des Testprozesses. Die Kontrolle der Qualität von Software-Produkten ist Gegenstand der Qualitäts-Produktkontrolle (siehe Abschnitt 2.3, vgl. insbesondere Abb. 2-8). Die wesentliche Aufgabe der Testkontrolle ist die Überwachung der Beendigung des Testens in den Testphasen.

Es können folgende Einzelaufgaben der Testkontrolle differenziert werden:
- Feststellen des Abschlusses von Testphasen,
- Überwachung der Einhaltung des Testplans,
- Abnahme/Freigabe von Zwischen-/Endprodukten.

SQS GmbH Köln	Operational Test Plan	oTP-PTP/ I56 -T O3
	Program Test Preparation – Dynamic Analysis	Ps 21.1.82 1 of ?

TEST T O3

TEST PHASE: Benchmarktest (Abnahmetest)

DUEDATE TEST PREPARATION: 1.Wo 82

TEST OBJECT: Stammpflege-Gesamtprogramm

RESPONSIBILITIES

o TESTING: Müller   sign:________

SOURCE of INFO.: Aufgaben- u. Funktionsbe-
schreibg. Stammpflege-Alt (Benutzerhandb.)

o RELEASE: Meyer (A-Lt) sign:________

PASS CRITERIA: Alle Aufgaben und Funktionen fehlerfrei realisiert

(X) TEST CASE DETERMINATION   Begin: 44.Wo 82   End: 46.Wo 82

NEEDS: Alle Kombinationen v. Aufgaben/Funkt. d. letzten 6 Mon. Alt-System

PERSONS: Fachabtlg. unter Leitung Meyer   sign:________

REF. TEST CASES: ____________________

( ) REVIEWING TEST CASES: NO (X)   YES ( )   End:________

                                                     sign:________

(X) TEST DATA PREPARATION/SELECTION   Begin: 46.Wo 82   End: 47.Wo 82

NEEDS: Basisbestand mit 6o Stammsätzen-Original; TD: Normal-Falschwerte

TOOLS: Verfahren TEST-CADETT   PERSON: Brause   sign:________

REF. TEST DATA: Fill out the corresponding form   oTP-PTP/ I56-T O3 -TR   page 1

for every test file(s) determining a separate test run.

No. of TEST RUNS: ____________________

(X) DETERMINATION of EXPECTED RESULTS for every TEST RUN.   Begin: 47.Wo 82   End: 47.Wo 82

NEEDS: Konkrete Reaktionen des Systems und Ergebnisse bestimmen!

PERSON: Schmidt   sign:________

REF. EXP. RESULTS: fill out the corresponding form   oTP-PTP/ I56 -T O3 -TR   page 1

Abb. 6-8: Auszug aus einem operativen Testplan

Die Testkontrolle dient sowohl der Feststellung des Abschlusses von Testphasen bzw. des gesamten Testprozesses als auch der Steuerung/Lenkung des Testprozesses.

Eine wichtige Voraussetzung der Testkontrolle ist das Vorhandensein einer umfassenden Testdokumentation (siehe Abschnitt 7), aus der sowohl die Durchführung von Testaktivitäten als auch die hierbei erzielten Ergebnisse ersichtlich sind.

Eingangsgrößen der Testkontrolle sind :
- Planwerte aus dem Testplan,
- Istwerte aus unterschiedlichen Test-Produkten (siehe Abschnitt 7).

Istwerte sind z.B. die Aussagen über die Ausführungshäufigkeit bestimmter Strukturelemente eines Programms oder Kennzahlen über Fehlerhäufigkeiten etc. Wichtig ist hierbei, daß die Plan- und Istwerte "zueinander passen", d.h. Planwerte z.B. mit Istwerten verglichen werden, die der gleichen Testphase zuzuordnen sind. Die Möglichkeit der Zuordnung und Verknüpfung von Plan- und Istwerten muß durch die Gestaltung der Testdokumentation gewährleistet werden.

6.3.2 Aktivitäten der Testkontrolle

Die Testkontrolle umfaßt folgende Aktivitäten:
- Kontrolle der Test-Produkte
  Die Kontrolle der Test-Produkte dient der Überwachung der Einhaltung der Vorgaben der Testplanung für diese Produkte. Die Kontrolle kann sich auf sämtliche Test-Produkte beziehen; i.a. erfolgt eine Begrenzung jedoch auf solche Produkte, die signifikante Aussagen über den Fortschritt des Testprozesses zulassen. Hierzu gehören u.a.:
  ° Testfälle,
  ° Testprotokolle,
  ° Fehlerbeschreibungen,
  ° Teststatistiken.

  Anhand der Ergebnisse dieser Kontrolle ist die Überprüfung der "Qualität des Testprozesses" möglich. Die Überprüfung der Testfälle erbringt z.B. Aussagen über die Vollständigkeit der Testfallermittlung. Anhand der Teststatistiken sind Aussagen über die Vollständigkeit der Testausführung möglich. Fehlerbeschreibungen können z.B. herangezogen werden, um - wie u.a. von Myers gefordert /MYER76/ - Aussagen über die Beendigung des Testens, die davon abhängt (abhängen soll), daß eine bestimmte Anzahl Fehler gefunden worden ist, abzuleiten.

- Kontrolle der Zeit-/Aufwandsvorgaben

  Neben der mehr inhaltlich ausgerichteten Kontrolle der Test-Produkte ist eine
  Kontrolle der durch die Testplanung vorgegebenen Testzeiten sowie des Testaufwands erforderlich. Die Notwendigkeit der Zeitkontrolle zeigt sich z.B. dadurch, daß die erforderliche Zeit für das Testen vielfach unterschätzt wird und
  dadurch zu spät mit der Durchführung einzelner Testaktivitäten begonnen wird,
  woraus dann insgesamt resultiert, daß aufgrund der Notwendigkeit der Einhaltung des Zeitrahmens für das gesamte Software-Projekt vielfach die Testaktivitäten nicht mehr in dem eigentlich erforderlichen Umfang durchgeführt werden.

- Aktualisierung des Testplans

  Die Notwendigkeit der Aktualisierung eines Testplans (strategischer oder opera-
  tiver Testplan) ergibt sich immer dann, wenn die durch die Planung vorgegebenen Werte nicht eingehalten werden können. Ergibt sich z.B. bei der Aktivität
  "Kontrolle der Test-Produkte", daß etwa das angestrebte Testziel nicht erreicht
  worden ist (werden konnte), so ist es die Aufgabe des für die Testkontrolle Verantwortlichen, u.U. die Vorgabe entsprechend den Möglichkeiten anzupassen.
  Die Notwendigkeit kann sich auch durch erforderliche Wiederholung von Tests
  bei Änderungen ergeben.

Die Ergebnisse der Aktivitäten der Testkontrolle werden im Testbericht dokumen-
tiert (siehe Abschnitt 7).

6.3.3 Zeitpunkte der Testkontrolle

Der Zeitpunkt zur Durchführung der Testkontrolle ist u.a. abhängig von den Charakteristika eines Software-Projekts. So wird in einem Projekt geringer Dauer i.a. eine
Testkontrolle nur am Ende des Projekts erfolgen; demgegenüber werden in einem
umfangreichen Software-Projekt Testkontrollen laufend zu definierten Zeitpunkten
durchgeführt um sicherzustellen, daß der Testprozeß planmäßig vollzogen wird.

Generell kann davon ausgegangen werden, daß die Testkontrolle jeweils nach Abschluß einer Testphase - eine Testphase muß nicht notwendigerweise einer Phase
des Entwicklungsprozesses entsprechen - erfolgt. Die Notwendigkeit dieser Vorgehensweise resultiert daraus, daß das bis zu diesem Zeitpunkt erstellte Zwischenprodukt Grundlage der weiteren Aktivitäten (z.B. Testaktivitäten) ist. Hervorzuheben ist, daß die Testkontrolle nicht jeweils nach Abschluß einzelner Testaktivitäten der Testdurchführung (siehe Abschnitt 5) erfolgt; so wird z.B. nicht nach der
Durchführung der Testfallermittlung die Kontrolle der entsprechenden Test-Pro-

dukte (Testfälle) durchgeführt. Vielmehr ist es so, daß die Kontrolle hinsichtlich der für eine Testphase durchzuführenden Einzelaktivitäten, die zu bestimmten Test-Produkten führen, i.a. im Anschluß an die Durchführung aller Testaktivitäten der entsprechenden Testphase erfolgt.

Im Einzelfall hängt der Zeitpunkt der Testkontrolle von der Art des Software-Projekts ab. Nachfolgend sollen drei Fälle etwas näher charakterisiert werden :

- Eigenentwicklung eines Software-Systems
  Geht man davon aus, daß bei einem umfangreichen Software-Projekt sämtliche in Abschnitt 4 aufgeführten Testphasen der Entwicklung und Abnahme durchlaufen werden, so würde nach Abschluß jeder Testphase eine Testkontrolle durchgeführt.

- Fremdentwicklung eines Software-Systems
  Für den Fall, daß die eigentliche Entwicklung des Software-Systems durch einen Auftragnehmer außerhalb der Unternehmung/Institution erfolgt, würde - sofern man dies aus der Sicht des Auftraggebers betrachtet - eine Testkontrolle im Anschluß an die Spezifikation der Anforderungen (fachliches Grobkonzept) erforderlich werden; daneben würde für den Auftraggeber die Testkontrolle im Rahmen des von ihm durchzuführenden Abnahmetests relevant werden. Die übrigen Aktivitäten der Testkontrolle, die während der eigentlichen Entwicklung erfolgen, liegen im Verantwortungsbereich des Auftragnehmers. Hier kann es seitens des Auftraggebers in bestimmten Fällen sinnvoll sein, gegenüber dem Auftragnehmer Vorschriften für die Testkontrolle hinsichtlich der von ihm durchzuführenden Testphasen z.B. zum Vertragsbestandteil werden zu lassen.

- Einsatz von Standard-Software
  In diesem Fall, in dem der Käufer ausschließlich einen Abnahmetest durchführt, wäre wiederum die Testkontrolle für diesen Abnahmetest - durch den Käufer - vorzunehmen. Ergebnis der Testkontrolle sollte die Freigabe des Software-Systems für den Betrieb sein.

Anhand dieser Beispiele ist deutlich geworden, daß der (die) Zeitpunkt(e) der Testkontrolle nicht generell determiniert werden kann (können), sondern in Abhängigkeit von dem durchzuführenden Software-Projekt festzulegen ist (sind).

6.3.4 Aufgabenträger der Testkontrolle

Aufgabenträger der Testkontrolle sind generell diejenigen Mitarbeiter, die Verantwortung für Ergebnisse der ihnen unterstellten/zugeordneten Mitarbeiter haben.

Dementsprechend sind folgende Klassen von Aufgabenträgern der Testkontrolle zu differenzieren (siehe auch Abb. 6-5):

- Projektleiter und Gruppenleiter

    Diese beiden Klassen von Aufgabenträgern sind im wesentlichen für die Testphasen der Entwicklung sowie Pflege und Anpassung (Entwicklungstest und Wartungstest) Aufgabenträger der Testkontrolle.

- Leiter der Fachabteilung

    Die Leiter der Fachabteilung sind - ggf. in Zusammenarbeit mit dem Projektleiter - für die Testkontrolle im Abnahmetest zuständig. Darüber hinaus obliegt die Testkontrolle für den Betriebstest dieser Personengruppe.

- Mitarbeiter einer Testgruppe

    Die Mitarbeiter einer speziellen Testgruppe können sowohl für einzelne Testphasen insbesondere innerhalb des Entwicklungstests die Testkontrolle vollständig übernehmen als auch die vorgenannten Gruppen von Aufgabenträgern in Teilbereichen unterstützen.

Durch die hier gemachten Aussagen sollen keine generellen Festlegungen getroffen werden, es wird vielmehr auf die allgemein übliche Zuordnung der Aufgaben abgestellt.

7 Testdokumentation und Testdokumentationserstellung

In den oben beschriebenen Aktivitäten der Testplanung, -durchführung und -kontrolle werden Daten als Eingabe benötigt bzw. es fallen Informationen an, die z.T. als Eingabedaten an Folgeaktivitäten - sowohl der Qualitätssicherung als auch anderer Bereiche (z.B. Projektsteuerung) - weitergegeben werden.

Dieser Zusammenhang zwischen Informationseingabe einerseits und Informationsausgabe andererseits gilt ebenso wie im konstruktiven Bereich der Software-Entwicklung bei allen Aktivitäten zur Durchführung der spezifischen Testaufgaben in den unterschiedlichen Testphasen.

Aus der Notwendigkeit des Informationsbedarfs für bzw. über die Testaktivitäten kann unmittelbar auf die Notwendigkeit der Erstellung von Dokumenten als Träger der benötigten Informationen für bzw. über das Testen, d.h. einer Testdokumentation, geschlossen werden.

Die Testdokumentation stellt die wesentliche Kommunikationsbasis für die unterschiedlichen am Testprozeß beteiligten Personen dar. Mit diesem Verständnis von Testdokumentation verbindet sich ein hoher Anspruch an die Nutzung der Testdokumentation, den diese nur dann erfüllen kann, wenn sie selbst über ein hohes Qualitätsniveau verfügt. Testdokumentation ist eine wesentliche Determinante für die Wirtschaftlichkeit des Testens.

In der Praxis wird jedoch die Bedeutung der Testdokumentation weitgehend unterschätzt. Selbst im konstruktiven Bereich der Software-Entwicklung hat die Praxis auch heute noch vielfach eine skeptische Einstellung zur Dokumentation und zur Dokumentationserstellung. Umso größer ist diese zurückhaltende, ja z.T. völlig ablehnende Haltung für die Testdokumentation. Ihre Erstellung wird in den meisten Fällen als unproduktive Tätigkeit angesehen, wofür weder Budget noch genügend Zeit zu Verfügung steht. Dabei ist diese Haltung nicht allein auf der operativen Ebene, d.h. bei Programmierern und Systementwicklern verbreitet, ihr wird in vielen Fällen auch von der Projektleitungs-/Managementebene nicht entgegengewirkt; vielfach nicht zuletzt deshalb, weil primär der kurzfristige Erfolg, d.h. die Abwicklung des Software-Projekts innerhalb der vorgegebenen Zeit und den vorgegebenen Kosten im Vordergrund steht. Die überaus positiven Auswirkungen der Testdokumentation auf die Pflege und Anpassung bei der Nutzung des Software-Produkts werden hierbei völlig außer acht gelassen.

Nicht selten beschränkt man sich in der Praxis auf dürftige Bemerkungen wie z.B.: "Das Programm wurde mit zufriedenstellenden Ergebnissen getestet". Eine derartige Aussage reflektiert sicherlich ein wenig ausgeprägtes Verständnis für die Notwendigkeit der Durchführung analytischer Maßnahmen überhaupt. Andererseits kann auch eine rein quantitativ aufgeblähte Testdokumentation in Form ungeordneter Mengen von Ausgabelisten oder vollgeschriebener Dateien mit einer Vielzahl von Eingabe- und Ausgabesätzen der durchgeführten Testläufe dem Anspruch an eine systematische Testdokumentation nicht genügen. Denn ebensowenig wie jede andere Dokumentationsart besteht auch die Testdokumentation aus mehr als einer bloßen Aneinanderreihung von Daten.

Eine effiziente Anwendung der Testdokumentation ist u.a. nur dann sichergestellt, wenn das Dokumentationssystem die Verflechtung und Integration aller Elemente und deren Inhalte berücksichtigt und darüber hinaus eine benutzerspezifische Steuerung der Datenausgabe hinsichtlich Art und Umfang ermöglicht.

Vor diesem Hintergrund wird im folgenden eine generelle Einordnung und Beschreibung der Zielsetzung einer Testdokumentation gegeben, um anschließend die einzelnen Elemente der Testdokumentation sowie ihre internen und externen Beziehungen darzustellen.

Hieran schließt sich eine Beschreibung der qualitativen Anforderungen an die Testdokumentation an. Da die Umsetzung dieser Anforderungen bei der Erstellung der Testdokumentation erfolgt, muß dieser Erstellungsprozeß selbst einem speziellen Anforderungsprofil genügen, der im abschließenden Teil dieses Kapitels behandelt wird.

7.1 Einordnung und Zielsetzung der Testdokumentation

Ebenso wie Testen kein isoliert zu betrachtendes Maßnahmenbündel ist, sondern als integraler Bestandteil der Software-Entwicklung aufzufassen ist, ist auch die Testdokumentation als Element in eine größere Einheit, nämlich in die gesamte Software-Dokumentation zu integrieren. Damit wird gleichzeitig die Doppelfunktion der Testdokumentation deutlich : neben der Bereitstellung der Daten für das Testen selbst bildet die Testdokumentation gleichzeitig die Schnittstelle zu anderen Bereichen im Software-Lebenszyklus, wie z.B. Pflege und Anpassung von Software-Produkten, Qualitätskontrolle, Fortschrittskontrolle.

In Abhängigkeit von der unterschiedlichen Zielsetzung hat sich in der Praxis eine inhaltliche Trennung der Software-Dokumentation in die sogenannte Produktdokumentation und in die Prozeßdokumentation durchgesetzt[1].

Die Produktdokumentation beinhaltet die Beschreibung des fachlich technischen Inhalts des Produkts. Dabei wird unter Produkt nicht allein das Endprodukt selbst, sondern es werden auch Entwicklungsdokumente der unterschiedlichen vorgelagerten Konkretisierungsstufen (Zwischenprodukte) verstanden. Eine Teilmenge der Testdokumentation ist dieser Produktdokumentation zuzuordnen, nämlich alle Elemente, die fachlich technische Inhalte der Ergebnisse des Testens umfassen. Hierzu zählen alle Daten, die im Rahmen der Testdurchführung (Testvorbereitung, Testausführung, Testauswertung) überwiegend für die Testdurchführung und darüber hinaus generell für Aktivitäten der operativen Ebene (z.B. Fehlerlokalisierung, -behebung) erstellt werden (vgl. Abschnitt 5). Sie werden im folgenden als Testprodukte/Testproduktdokumentation bezeichnet.

Adressaten der Testproduktdokumentation sind damit Aufgabenträger der operativen Ebene.

Dagegen beinhaltet die Prozeßdokumentation Informationen der Prozeß-/Projektsteuerung. Alle Bestandteile der Testdokumentation, die im Bereich des Testens diese Funktion unterstützen, d.h. also der Testplanung und Testkontrolle dienen, werden der Prozeßdokumentation zugeordnet. Analog zu obiger Begriffsfestlegung wird diese Gruppe im folgenden als Testprozeßdokumentation bezeichnet.

Adressaten der Testprozeßdokumentation sind i.d.R. neben Projekt- und Gruppenleitern auch Leiter der Fachabteilung.

Zusammenfassend kann festgestellt werden, daß die Testproduktdokumentation Zielsetzungen auf der operativen Ebene des Testprozesses verfolgt, wohingegen Zielsetzungen der Testprozeßdokumentation im dispositiven bzw. strategischen Bereich des Testprozesses angeordnet sind.

Generell soll die Testdokumentation dazu beitragen, die Wirtschaftlichkeit des Testens zu verbessern, indem durch sie eine Informationsbedarfsdeckung über die Zeit für alle am Testprozeß Beteiligten sichergestellt wird.

---

1) Dabei soll im folgenden der Begriff Testdokumentation ausschlielich für das Produkt verwendet werden, wohingegen die Tätigkeit des Dokumentiêrens als Testdokumentationserstellung bezeichnet wird; sie ist Bestandteil der Software-Produktion.

Aus der Zuordnung unterschiedlicher Inhalte und Adressaten der Testproduktdokumentation einerseits und der Testprozeßdokumenation andererseits kann diese generelle Zielsetzung der Testdokumentation wie folgt differenziert werden :

- Arbeitsteilung auf der operativen Ebene

  Eine wirtschaftliche Gestaltung des Testprozesses auf der operativen Ebene wird im wesentlichen durch eine sinnvolle Arbeitsteilung zwischen den Aufgabenträgern erreicht. Ab einer bestimmten Projektgröße bzw. Komplexität der zu lösenden Aufgabe sind mehrere Personen mit der Testdurchführung der entwickelten Zwischen-/Endprodukte betraut. So werden z.B. Aktivitäten der Testvorbereitung von anderen Personen durchgeführt als Aktivitäten der Testausführung. Funktionsorientierte Testfälle werden beispielsweise bereits in der Entwurfsphase entwickelt. Als Aufgabenträger kommen hierfür Systemanalytiker in Betracht, die sich i.d.R. für die Programmausführung im Rahmen der Testausführung nicht verantwortlich zeigen. Hier wie in zahlreichen anderen Fällen dient die Testproduktdokumentation als Kommunikationsmittel zwischen Testträgern vor- und nachgelagerter Aktivitäten der operativen Ebene.

- Wiederholung von Tests

  Die Testproduktdokumentation bereits abgeschlossener Entwicklungs-bzw. Testphasen erleichtert die Wiederholung von Tests auf der operativen Ebene. So kann z.B. bei Regressionstests im Rahmen der Fehlerlokalisierung und Fehlerbehebung unmittelbar auf zuvor erstellte und bereits benutzte Ergebnisse der Testvorbereitung (Testfälle, Testdaten, Soll-Ergebnisse u.a.) als Eingabe für die zu wiederholende Testausführung zurückgegriffen werden. Daneben kann der eigentliche Prozeß der Fehlerlokalisierung und -behebung durch bestimmte Elemente der Testproduktdokumentation (Verwendungsnachweis, Testfälle, Soll-Ergebnisse u.a.) wesentlich erleichtert werden.

Die Möglichkeit einer einfachen Wiederholung von Tests mit Hilfe der Testproduktdokumentation kann darüber hinaus in der Wartung effektiv genutzt werden, um im Anschluß an Systempflege-bzw. Erweiterungsarbeiten den Testaufwand zu reduzieren. Gerade diese Zielsetzung wird entscheidend durch die SoftwareNutzungsdauer bzw. durch die Änderungswahrscheinlichkeit des SoftwareProdukts während der Nutzung bestimmt. Falls eine lange Nutzungsdauer der Software angestrebt oder zahlreiche Änderungen im Anforderungsspektrum des Anwenders zu erwarten sind, kann von einer häufigen Wiederholung von Testaktivitäten ausgegangen werden.

- Steuerung auf dispositiver Ebene

  Die Wirtschaftlichkeit des Testens wird wesentlich durch die Güte der Testprozeßsteuerung in ihren Bestandteilen Planung und Kontrolle bestimmt (vgl. Abschnitt 6). Notwendige Voraussetzung für eine effektive Steuerung ist die Testprozeßdokumentation.

  ° Planung

    Wesentliche Bestandteile der Testprozeßdokumentation beinhalten Planungsvorgaben für die eigentliche Testdurchführung. Hierbei handelt es sich um notwendige Voraussetzungen für eine strukturierte und effiziente Gestaltung des Fehlererkennungsprozesses. Darüber hinaus wird eine exakte-Abstimmung zu nachgelagerten oder parallel ablaufenden Aktivitäten der Software-Entwicklung ermöglicht.

    Je größer ein Entwicklungsprojekt bzw. je komplexer die zu realisierende Aufgabenlösung ist, desto dringender ist die Notwendigkeit von expliziten Planungsvorgaben für die Testdurchführung. Dagegen ist eine Dokumentation von Planungsvorgaben für das Testen weitgehend trivialer Problemlösungen entbehrlich.

    Weiterhin steigt die Bedeutung der Testprozeßdokumentation wiederum mit zunehmender Änderungswahrscheinlichkeit und wachsendem Wert des Software-Produkts. Auf die dokumentierten Vorgaben für die Testdurchführung kann bei Systempflege- und Erweiterungsarbeiten zurückgegriffen bzw. aufgebaut werden.

  ° Kontrolle

    Wie für jede Art von Kontrolle bedarf es auch im Rahmen der Testprozeßsteuerung des Nachweises der Durchführung von Aktivitäten. In Abhängigkeit von den Adressaten dieser Informationen verfolgt die Testprozeßdokumentation unterschiedliche Zielsetzungen.

    Projektintern wird sie von Seiten des Projektleiters zur Bestimmung von Aufwandsgrößen für die Projektfortschrittskontrolle und zur Sammlung von Erfahrungswerten für zukünftige Projekte herangezogen. Aus der Sicht des Managements erfüllt die Testprozeßdokumentation nicht zuletzt eine Informationsfunktion für die Mitarbeiterkontrolle.

    Darüber hinaus wird die Testprozeßdokumentation als generelle Informationsbasis für Revisionszwecke herangezogen. Eine besondere Bedeutung wird der Testprozeßdokumentation aus der Sicht des Kunden bzw. der Fachabteilung beigemessen, da hier sowohl Sollvorgaben aus der Testplanung als auch Infor-

mationen zum Ablauf und zu den Ergebnissen der Testdurchführung bereitgestellt werden. Damit ermöglicht die Testprozeßdokumentation eine fundier-
te Abnahme bzw. umfaßt selbst wesentliche Abnahmeprodukte.

Die Bedeutung der Testprozeßdokumentation im Rahmen der Testkontrolle
steigt - ebenso wie im Rahmen der Testplanung - mit zunehmender Komplexität, Änderungswahrscheinlichkeit und steigendem Wert des Software-
Produktes.

7.2 Definition und Zusammenhang der Elemente der Testdokumentation

Wie aus der Beschreibung der Zielsetzung der Testprodukt-bzw. Testprozeßdokumentation bereits hervorgegangen ist, stehen beide Bestandteile der Testdokumentation nicht isoliert nebeneinander; vielmehr wird in wesentlichen Teilen der
Testprozeßdokumentation auf Elemente der Testproduktdokumentation i.a. Bezug
genommen.

Hieraus ergibt sich, daß eine eindeutige inhaltliche Trennung der Elemente in solche
der Testproduktdokumentation und solche der Testprozeßdokumentation i.a. nicht
möglich und auch nicht notwendig ist.

Bei den im folgenden definierten Elementen der Testdokumentation handelt es sich
jeweils um Ergebnisse einer speziellen Testaktivität, die indirekt bereits im Zusammenhang mit der Beschreibung der unterschiedlichen Testaktivitäten (der Testdurchführung einerseits und der Testplanung/-kontrolle andererseits) in den beiden
vorherigen Abschnitten behandelt worden sind. Damit erübrigt sich an dieser Stelle
eine ausführliche inhaltliche Beschreibung.

- Elemente der Testdokumentation, die überwiegend der Testproduktdokumentation zuzuordnen sind:
    ° Verwendungsnachweis
      Darstellung von Informationen über die Elemente eines Testobjekts und deren
      Verwendung
    ° Testfall
      Menge aller Eingabedaten, die bei der Testausführung eines Testobjekts zu
      festgelegten gleichen Wirkungen führen
    ° Testdaten
      Eingabedaten für die Ausführung eines Testobjektes
    ° Soll-Ergebnisse
      Erwartete Ergebnisse bei der Ausführung eines Testobjektes

- ° Testumgebung

  Ressourcen (d.s. Programmbausteine oder Anweisungsfolgen), die externe Schnittstellen des Testobjektes bei der Testausführung repräsentieren und deren Verhalten nachbilden

- ° Instrumentiertes Testobjekt

  Um zusätzliche Anweisungen erweitertes Testobjekt zur Sammlung von Informationen/Daten über das Verhalten des Testobjektes sowie über dessen Zustände während der dynamischen Testausführung

- ° Testprozedur

  Formale Beschreibung der Testausführung eines Testobjektes hinsichtlich der generell bzw. betriebssystemspezifisch notwendigen Abläufe

- ° Fehlerbeschreibung

  Beschreibung eines Fehlers hinsichtlich seines Erscheinungsbildes, seiner Ursache und seiner Beziehungen zu relevanten Testprodukten

- Elemente der Testdokumentation, die überwiegend der Testprozeßdokumentation zuzuordnen sind:

  - ° Testplan

    Beschreibung der Ziele und Vorgehensweise bei der Testdurchführung ggf. differenziert in strategischen und operativen Testplan

  - ° Ablaufprotokoll

    Beschreibung des logischen Ablaufs der Testausführung, die dem dynamischen Verlauf der Programmereignisse oder Verarbeitungsschritte entspricht

  - ° Ablaufstatistik

    Statistische Aufbereitung der Daten des Ablaufprotokolls durch Angabe von Durchlaufhäufigkeiten von Programmpunkten, Nutzungshäufigkeiten und angenommenen Wertebereichen von Datenelementen

  - ° Teststatistik

    Über mehrere Testläufe kumulierte Informationen zum Ablauf und zu den Ergebnissen des Testens

  - ° Testprotokoll

    Sammlung aller Daten der durchgeführten Testaktivitäten für einen Test

  - ° Testbericht

    Zusammenfassende Darstellung der Testergebnisse je Testobjekt (Aktivitäten, Bewertung der Testmaße, Aufwandsgrößen usw.). In Abb. 7-1 und 7-2 wird der Zusammenhang zwischen den Elementen der Testdokumenation dargestellt - differenziert in die unterschiedlichen Vorgehensweisen "Testen ohne bzw. mit Ablauf mit Testdaten". Die beiden Abbildungen stellen dabei keinen zeitlichen Zusammenhang (z.B. Testphasen-spezifisch) dar, vielmehr sollen skizzenhaft die sachlichen, inhaltlichen Beziehungen der Elemente der Testdokumentation herausgestellt werden.

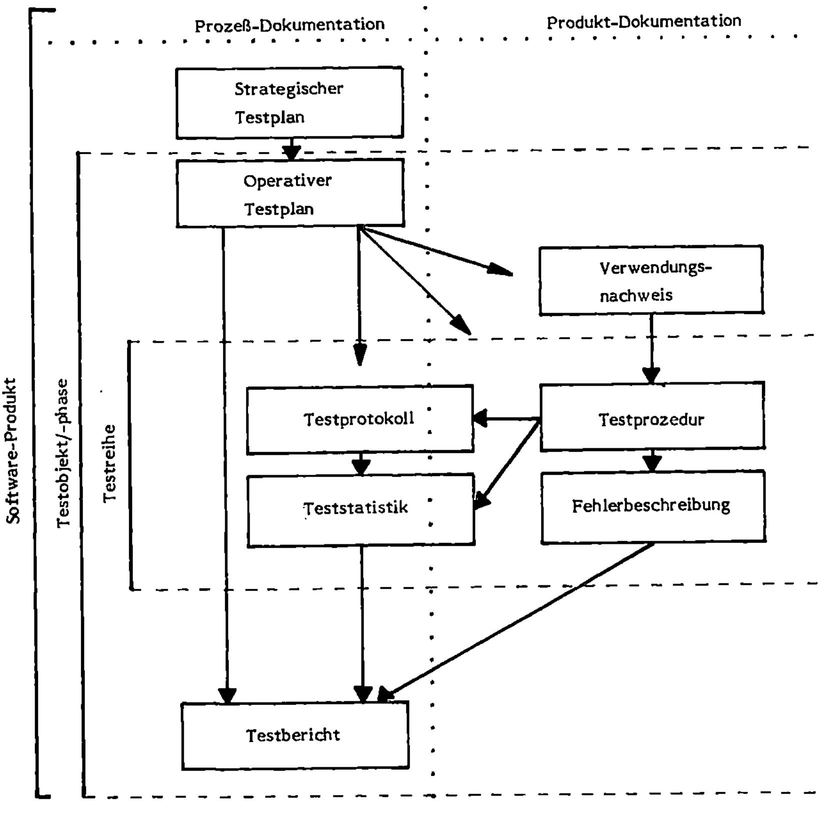

<u>Abb. 7 - 1:</u>   Elemente der Testdokumentation beim statischen Testen

In der vertikalen Richtung sind die unterschiedlichen, oben definierten Elemente der Testdokumentation dargestellt, wobei ihr Beziehungszusammenhang im Sinne von Datenanbieter und Datennachfrager durch Pfeile zwischen den Elementen gekennzeichnet wird. Es findet z.B. ein Informationsfluß zwischen den Tätigkeiten Testfallermittlung und Erstellung von Testdaten oder von der Testdatenerstellung zur Soll-Ergebnis-Ermittlung statt. Informationsbeziehungen zwischen Elementen der Testprodukt- und der Testprozeßdokumentation verdeutlichen auch an dieser Stelle die enge Verknüpfung zwischen diesen beiden Bereichen.

Die Referenz-Größen, auf die sich der Informationstransfer bezieht, sind parallel zum Informationsfluß zwischen den Testdokumenten im linken Teil der Abbildung zugeordnet.

Die Anordnung dieser Bezugsgrößen verdeutlicht ihre hierarchische Struktur. Je länger die Bezugs/Referenz-Klammer im linken Abbildungsteil ist, desto genereller/umfassender ist die bezeichnete Bezugsgröße für die Elemente der Testdokumentation.

So umfaßt z.B. ein Test möglicherweise verschiedene Testläufe. Während Testfälle einer Testreihe zugeordnet sind, sind Testdaten den Testläufen beigeordnet. Hieraus folgt, daß zu einem Testfall mehrere Testdaten gehören. Ein ähnlicher Zusammenhang besteht zwischen Testobjekt/Testphase und operativem Testplan einerseits und Testreihe und Testfällen andererseits.

Aus der inhaltlichen hierarchischen Anordnung der Elemente der Testdokumentation können unmittelbar Kriterien hinsichtlich der Bedeutung der einzelnen Elemente abgeleitet werden. So ist die Bedeutung des Testplans (sowohl des strategischen als auch des operativen Testplans) ganz offensichtlich. Hierbei handelt es sich um das Vorgabe-Dokument schlechthin, aus dem alle Folgedokumente der Testdokumentation- und damit auch die ihnen zugrundeliegenden Testaktivitäten - abgeleitet werden. Adressaten sind sowohl Aufgabenträger der operativen Ebene, d.h. der Testdurchführung, als auch Personen aus dem Bereich der Testkontrolle, die für ihre Aufgabenstellung Vorgaben aus dem Testplan ableiten.

Eine wie in den Abbildungen durchgeführte Differenzierung zwischen strategischem und operativem Testplan wird jedoch nicht in allen Fällen gerechtfertigt sein. Da der operative Testplan letztlich ausschließlich eine Konkretisierung des strategischen Testplans darstellt (es besteht kein unmittelbarer Informationsfluß vom strategischen Testplan zu anderen Elementen der Testdokumentation), ist es sinnvoll, sich in kleineren Projekten mit überschaubarer Komplexität auf ein Dokument 'Testplan' zu beschränken.

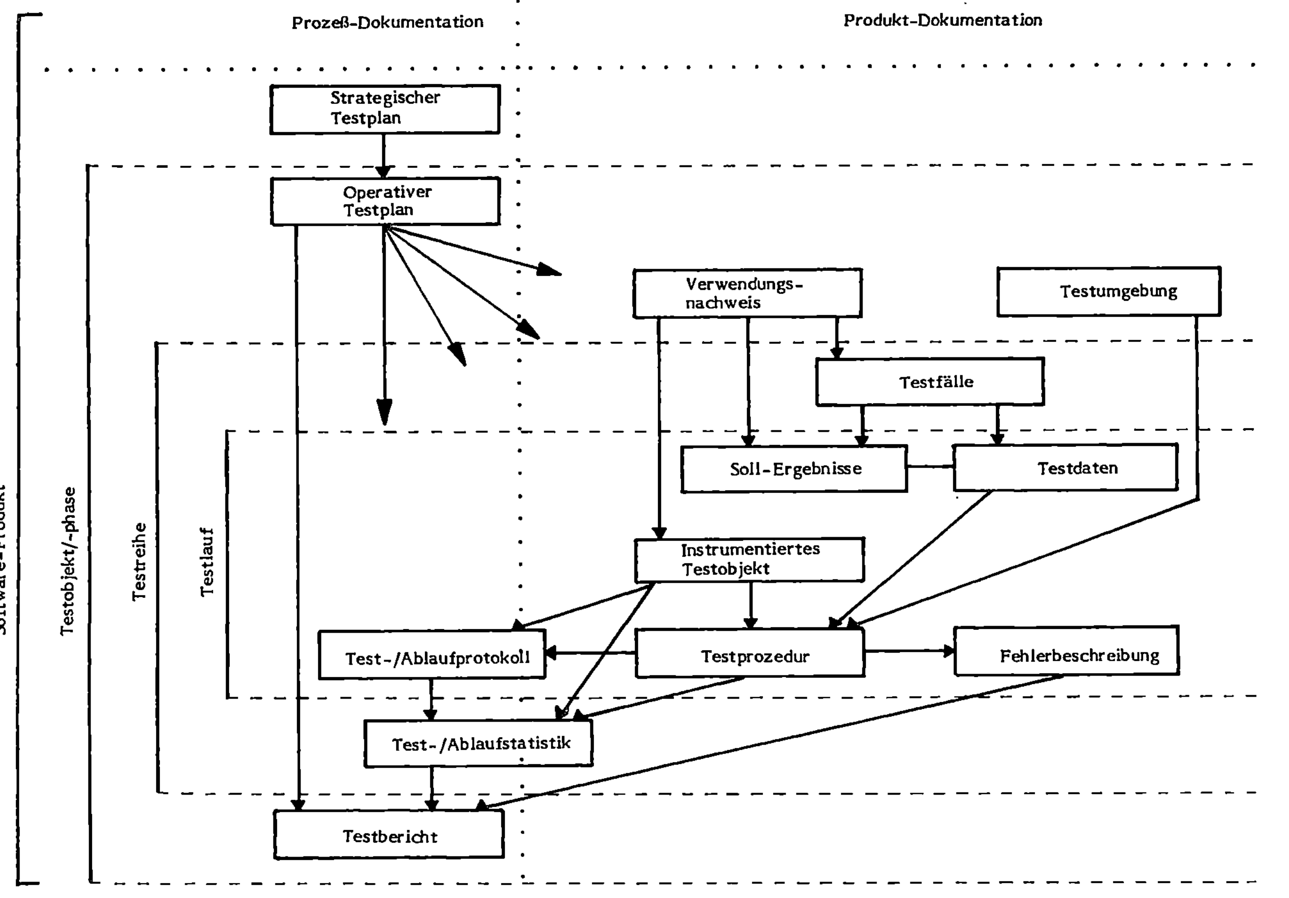

Abb. 7 - 2:   Elemente der Testdokumentation beim dynamischen Testen

Die Bedeutung des Testplans findet u.a. auch darin seinen Niederschlag, daß dieses Dokument über die eigentliche Software-Entwicklung hinaus während des gesamten Software-Lebenszyklus aufzubewahren ist, um z.B. im Rahmen von Wartungsarbeiten bei Produktänderungen auf bewährte Vorgaben für Regressionstests usw. zurückgreifen zu können.

Eine derartige generelle Bewertung der Bedeutung eines Elementes der Testdokumentation ist nicht immer gegeben. Vielmehr sind i.d.R. unterschiedliche Einflußfaktoren, die die Bedeutung des Dokumentes determinieren, zu berücksichtigen. So kommt z.B. der Dokumentation von Testfällen, -daten und -prozeduren im Rahmen des Bausteintests i.a. nur eine temporäre Bedeutung bis zum Abschluß der Testphasen zu. Dagegen haben dieselben Dokumente im Rahmen des System-bzw. Abnahmetests eine weitaus größere Bedeutung, nicht zuletzt weil im Bereich der Kontrollaktivitäten hier ganz andere Aufgabenträger, wie z.B. Revisoren, Auftraggeber usw., involviert sind.

An diesen einfachen Beispielen wird deutlich, wie heterogen Testdokumentation letztlich ist. Die Notwendigkeit der Differenzierung unterschiedlicher Elemente der Testdokumentation ergibt sich u.a. aus der Projektgröße; dieselben Elemente der Testdokumentation werden in Abhängigkeit z.B. von der Testphase an unterschiedliche Adressaten weitergegeben und unterschiedlich lange aufbewahrt, woraus sich unmittelbar Rückschlüsse auf die Bedeutung der Elemente ergeben.

7.3 Qualitative Anforderungen an Testdokumente

Aus der inhaltlichen und bedeutungsmäßigen Heterogenität der Testdokumentation läßt sich unmittelbar die Unmöglichkeit der Formulierung allgemeingültiger Anforderungen an Testdokumente ableiten. Anforderungen an Testdokumente werden aus den Zielsetzungen der Testdokumentation abgeleitet. Da jedoch jede Zielhierarchie individuell ausgestaltet ist, gibt es stets ein individuelles Anforderungsprofil an die Testdokumentation. Trotzdem werden im folgenden wesentliche qualitative Anforderungen an Testdokumente formuliert, wobei die Notwendigkeit einer absoluten Erfüllung dieser Forderungen nur fallweise beurteilt werden kann.

7.3.1 Generelle Qualitätsanforderungen an Testdokumente

Zunächst sind Qualitätsanforderungen beschrieben, die weitgehend in ähnlicher Form auch für Software-Produkte generelle Gültigkeit haben (vgl. Abschnitt 2).

- Elemente der Testdokumentation müssen verständlich sein.

  Die ureigenste Funktion von Dokumenten, nämlich Informationsmedium zwischen unterschiedlichen Aufgabenträgern zu sein, unterstreicht die Dringlichkeit dieser Forderung. Dabei ist die Verständlichkeit aus der Sicht aller Personen zu betrachten, die mit den betreffenden Testdokumenten konfrontiert werden. So ist z.B. die Beschreibung von Testfällen aus dem Entwicklungstest, deren Wiederverwendung für absehbare Wartungsarbeiten mit großer Wahrscheinlichkeit in der Zukunft ansteht, so ausführlich und umfassend zu gestalten, daß sie für diese Zwecke auch von solchen Aufgabenträgern problemlos genutzt werden können, die an den Entwicklungsarbeiten des betreffenden Software-Produkts nicht beteiligt waren.

- Testdokumente müssen inhaltlich richtig sein.

  Diese unmittelbar evidente Forderung an die Qualitätseigenschaften von Testdokumenten bezieht sich neben der internen Konsistenz der Beschreibungen u.a. auch auf eine eindeutige und fehlerfreie Darstellung der Schnittstellen zu anderen Dokumenten (vgl. Beziehungen innerhalb der Elemente der Testdokumentation in Abb. 7-1, 7-2).

- Testdokumente müssen vollständig sein.

  Hierbei ist zu berücksichtigen, daß dem Anspruch auf Vollständigkeit stets nur relativ entsprochen werden kann. Absolute Vollständigkeit würde eine derart detaillierte Beschreibung erfordern, deren Erstellung einerseits wirtschaftlich nicht vertretbar wäre, deren Anwendung darüber hinaus in keiner Weise operational wäre. Deshalb ist zu fordern, daß die Testdokumente alle für ihre ganz spezifische Aufgabenerfüllung relevanten Informationen umfassen. Nicht zuletzt um dem Anwender ein Gefühl für die Vollständigkeit der einzelnen Elemente der Testdokumentation zu vermitteln, sind diese einheitlich und redundanzfrei aufzubauen.

7.3.2 Spezielle Qualitätsanforderungen an Testdokumente

Neben den oben genannten generellen Qualitätsanforderungen sind an Testdokumente u.a. folgende spezielle Anforderungen zu stellen:

- Testdokumente müssen aktuell sein.

  Ein Informationstransfer zwischen unterschiedlichen Aufgabenträgern kann nur dann vom Ergebnis effizient, d.h. ohne überflüssige Rückkoppelungen ablaufen, wenn stets der neueste Informationsstand übermittelt wird. Werden Änderungen im Testplan nicht unmittelbar an die Testdurchführung weitergeleitet, resultiert daraus möglicherweise zusätzlicher Aufwand. In der Testdurchführung ergeben sich nicht verschuldete Abweichungen gegenbüber Soll-Größen, die u.U. erst im Rahmen der Testkontrolle aufgedeckt werden.

- Testdokumente müssen aktualisierbar sein.
  Aus der Forderung nach Aktualität der Testdokumente kann unmittelbar die Forderung nach Aktualisierbarkeit abgeleitet werden. Die Wiederverwendbarkeit von Testdokumenten ist z.B. bei der Wiederholung von Testaktivitäten i.d.R. nicht ohne Modifikation möglich. In diesen Fällen ist die Wiederverwendung nur dann wirtschaftlich sinnvoll, wenn der notwendige Änderungsaufwand geringer ist als der Aufwand zur Neuerstellung.

- Testdokumente müssen verfügbar sein.
  Verfügbarkeit in diesem Zusammenhang bedeutet zunächst, daß die einzelnen Elemente der Testdokumentation nur den Personen zugänglich gemacht werden, die über die entsprechenden Zugriffs-/Zugangsrechte verfügen. Eine Einschränkung der Verfügbarkeit von Testdokumenten in diesem Sinne ist nicht zuletzt deshalb notwendig, um alle Personengruppen, die keine Verwendung für bestimmte Informationen haben, vor einer Informationsflut zu schützen. Den externen Revisor interessieren z.B. die Testdaten des Modultests nicht, genausowenig wie der Programmierer des Entwicklungsprojekts X für Ablaufprotokolle des Systemtests aus Projekt Y i.d.R. keine Verwendung hat.

  Sofern ein begründetes Interesse an Informationen vorliegt und damit Zugriffs-/Zugangsrechte zugesprochen werden können, wird die wirtschaftliche Verwendung der Testdokumente und damit letztlich auch die Wirtschaftlichkeit des Testens durch die Schnelligkeit der Informationsgewinnung bestimmt.

- Testdokumente müssen prüfbar sein.
  Die Qualität des Testprozesses hängt u.a. wesentlich von der Qualität der Testdokumente ab. Um diese sicherzustellen, müssen Testdokumente selbst getestet (geprüft) werden (können). Mangelnde Vollständigkeit von Testfällen würde z.B. zu unvollständigen Tests führen. Prüfbarkeit von Testdokumenten wird dabei im wesentlichen durch die beschriebenen Qualitätsanforderungen wie Verständlichkeit und Verfügbarkeit beschrieben.

7.4 Wirtschaftlichkeit der Testdokumentationserstellung

Der Nutzen bei der Anwendung der Testdokumentation wird im wesentlichen durch die Qualität der Informationsgewinnung, d.h. durch die Ausprägungen der oben beschriebenen Qualitätsanforderungen an Testdokumente bestimmt. Diese werden durch die Testdokumentationserstellung festgelegt. Hier werden die entscheidenden Weichen für eine effiziente Nutzung der Testdokumentation und damit auch für die Wirtschaftlichkeit des Testens gestellt. Um diesen Nutzen realisieren zu können, ist ein entsprechender Aufwand bei der Erstellung der Testdokumentation zu akzeptieren. Die Testdokumentationserstellung stellt daher eine Investition für die Zukunft dar.

Betrachtet man die Teilaktivitäten der Testdokumentationserstellung, so beinhaltet
- die Teilaktivität des Ordnens die Frage nach dem "Wie",
- die Teilaktivität des Erfassens im wesentlichen die Fragen nach dem "Was" und "Wann" der Testdokumentationserstellung,
- die Teilaktivität des Speicherns die Frage nach dem "Wie lange" und "Wo",
- die Teilaktivität Bereitstellen die Frage "Wofür".

Dabei läßt sich die Teilaktivität Bereitstellen weiter in die Elementaraktivitäten Selektieren, Aufbereiten und Ausgeben (spez. bei ADV-gestützer Dokumentationserstellung) aufteilen. Art und Weise des Erfassens und Speicherns determinieren damit die Wartungs- und Änderungsfreundlichkeit der Testdokumentation bzw. deren Aktualisierbarkeit. Demgegenüber wird durch das Bereitstellen die Verfügbarkeit der Testdokumentation im Sinne einer Festlegung der Zugriffsrechte und der Schnelligkeit der Informationsgewinnung festgeschrieben (vgl. Abb. 7-3).

Die Aufteilung der Testdokumentationserstellung in Teilaktivitäten verdeutlicht gleichzeitig deren unmittelbare Interdependenz zu den Testdokumenten. Ein Testdokumentationssystem besteht aus beiden Bereichen, den Objekten, d.h. den Testdokumenten und den Tätigkeiten, d.h. der Testdokumentationserstellung (vgl. Abb. 7-4).

Bei der Testdokumentationserstellung ist sicherzustellen, daß ihr Aufwand wirtschaftlich vertretbar bleibt. Die Erstellung der Testdokumentation darf keinen Aufwand um ihrer selbst willen erzeugen. Im Idealfall fällt sie bei der Projektarbeit als Protokoll mit an.

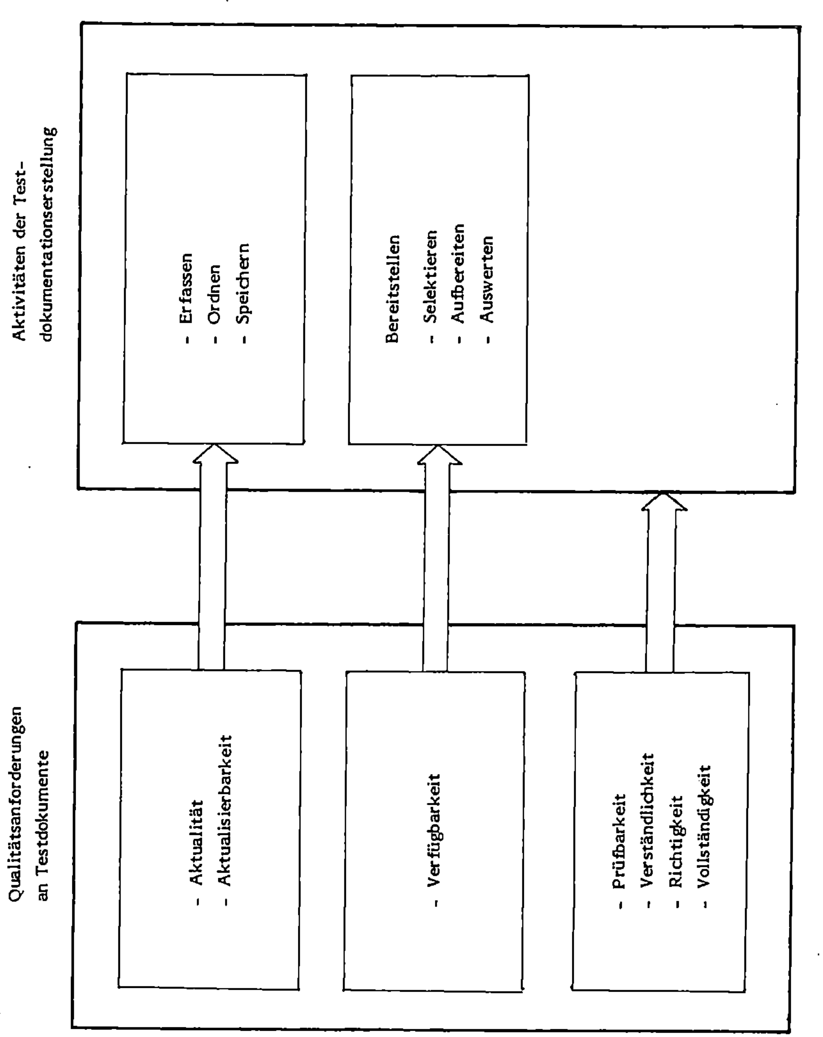

<u>Abb. 7-3:</u> Qualitätsanforderungen an Testdokumente und Aktivitäten der Testdokumentationserstellung

Diesen Anforderungen an den Testdokumentationserstellungs und -wartungsprozeß kann nur dann entsprochen werden, wenn die Testdokumentation auf einer methodisch fundierten Basis aufbaut.

Testdokumente sind das schriftliche Abbild des Testprozesses. Es gibt keine qualitativ hochstehende Testdokumentation ohne eine systematisch aufgebaute und erfolgreich umgesetzte Testkonzeption. Andererseits ist damit aber nur die Voraussetzung für eine erfolgreiche Testdokumentation beschrieben. In der Zukunft muß die Testdokumentationserstellung verstärkt durch geeignete Verfahren umfassend unterstützt werden.

Festlegung von verbindlichen organisatorischen Regeln für die Informationsbeziehungen zum Testen in Form von Standards, die beschreiben, von wem, für wen, wann, womit, wie, bei welchen Zugriffsrechten und Verteilungsschlüsseln was zu dokumentieren ist, sind ein erster Schritt auf diesem Weg. Damit wird den unterschiedlichen Aufgabenträgern der Testdokumentationserstellung eine Vorgabe an die Hand gegeben, nach der sie ihre Tätigkeiten einheitlich durchführen können. In der Praxis hat sich die Anwendung von Standards auch im Bereich der Testdokumentationserstellung hinsichtlich einer Verbesserung der Vollständigkeit, Einheitlichkeit und damit auch der Wartungs- und Änderungsfreundlichkeit der Dokumentation bewährt. Inwieweit diese Standards einen eher allgemeingültigen Charakter aufweisen bzw. nur für einen Teilbereich eine verbindliche Vorgehensweise vorschreiben sollten (z.B. projekt-, anwendungs- oder kundenspezifisch), kann generell nicht beantwortet werden. Die Praktikabilität der Standards wird jedoch in dem Maße erhöht, in dem eine Anpassung an die speziellen Gegebenheiten möglich ist. Dabei ist jedoch zu beachten, daß der Standardcharakter im wesentlichen erhalten bleibt.

Darüber hinaus ist in Teilbereichen eine Werkzeugunterstützung anzustreben. Für alle genannten Teilaktivitäten der Testdokumentationserstellung ist diese automatische Unterstützung möglich und zur Verbesserung der Wirtschaftlichkeit der Testdokumentationserstellung auch notwendig.

Integriert in ein gesamtes Projektkontroll- und Informationssystem für Erstellung, Wartung und Nutzung verspricht dies, ein erfolgreicher Weg für eine Verbesserung der Testdokumentation und damit des gesamten Testprozesses zu sein.

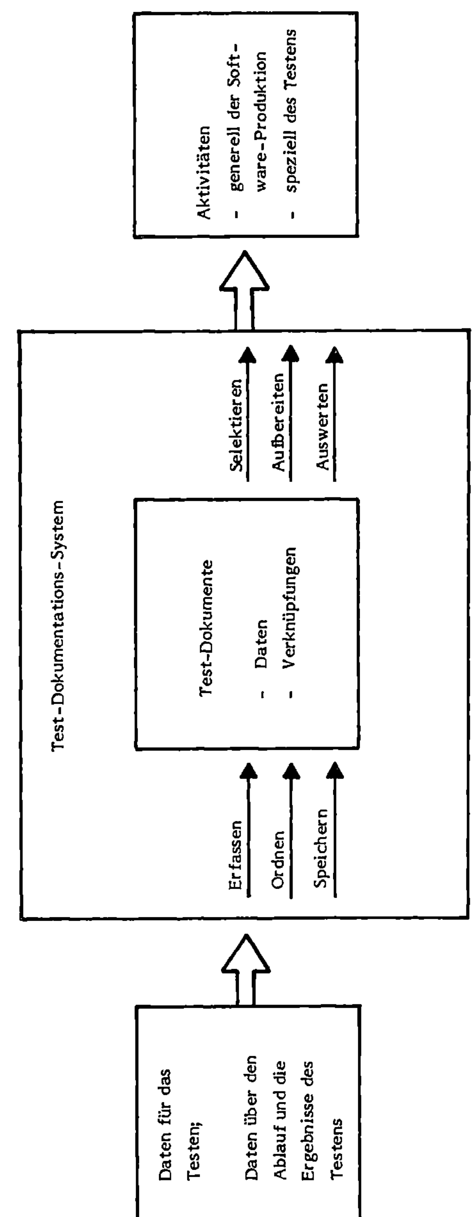

Abb. 7-4: Funktionen eines Testdokumentationssystems

8 Vorgehensweise beim Testen von Dokumenten und Programmen im Software-Lebenszyklus – Beispiele

Die Notwendigkeit der Systematisierung des Testens im Software-Lebenszyklus - das haben die Ausführungen in den vorangegangenen Abschnitten deutlich gemacht - ist insbesondere wegen der Vielzahl der unterschiedlichen Parameter bzw. Einflußgrößen erforderlich.

Zwischen diesen unterschiedlichen Komponenten, die bei der Systematisierung des Testprozesses von Bedeutung sind, bestehen die in Abbildung 8-1 zum Ausdruck gebrachten Beziehungen.

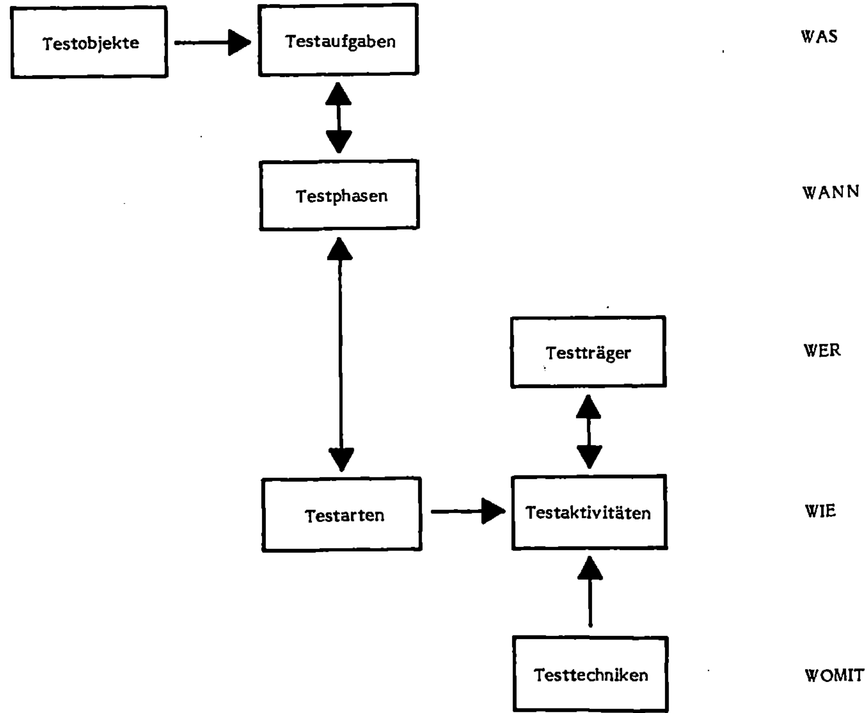

Abb. 8-1:   Komponenten der Systematisierung des Testens in ihrem Zusammenwirken

Durch die Testobjekte und die hierfür relevanten Testaufgaben wird das WAS des Testens determiniert, während durch die Testphasen die Zeitpunkte (WANN) festgelegt werden. Die Testarten und unterschiedlichen Gruppen von Testaktivitäten (Aktivitäten zur Testplanung, Testdurchführung, Testkontrolle und Testdokumentationserstellung) determinieren das WIE. Die Beschreibung der Methoden zur Durchführung dieser Testaktivitäten dient - neben den Verfahren und Werkzeugen - zur Bestimmung des WOMIT.

Um dem Leser die Umsetzung auf seine speziellen Belange zu erleichtern und ein besseres Verständnis des Zusammenwirkens der unterschiedlichen Komponenten zu ermöglichen, soll nachfolgend für die beiden grundsätzlich zu differenzierenden Typen von Testobjekten, d.h. Dokumente und Programme, jeweils ein Beispiel aufgeführt werden.

- Dokumententest (Beispiel)

   Hinsichtlich der Planung und Durchführung des Testens von Dokumenten ist zunächst die Festlegung des Testobjekts erforderlich; in diesem Beispiel soll der Detailentwurf, d.h. die Programmiervorgaben, als Testobjekt betrachtet werden.

   Für den Detailentwurf sind unterschiedliche Testaufgaben (siehe Abschnitt 3) von Bedeutung. Prinzipiell sind alle differenzierten Testaufgaben (TAG1 bis TAG6) durchzuführen; dies resultiert daraus, daß der Detailentwurf - betrachtet man z.B. eine Entscheidungstabelle - sowohl gegen Elemente in der Umgebung des Testobjekts (TAG1), d.h. hinsichtlich der Konsistenz z.B. mit anderen Entscheidungstabellen zu testen ist, andererseits aber auch gegen vorhergehend erstellte Zwischenprodukte (z.B. das fachliche Feinkonzept) (TAG2) und schließlich ggf. gegen gleiche Problemlösungen - z.B. ein bestehendes System - zu testen ist. Nachfolgend soll nur eine Testaufgabe etwas detaillierter betrachtet werden; es soll beispielhaft auf das Testen der Entscheidungstabelle gegen generelle Regeln (Teilaufgabe von TAG4) eingegangen werden. Testaufgaben sind hierbei z.B. die Analyse hinsichtlich

   - Unvollständigkeit,
   - Redundanzen,
   - Widersprüchen.

Diese Testaufgabe wird in der Testphase "Test des Detailentwurfs" durchgeführt (siehe Abschnitt 4).

Hierfür kann als Testziel beispielweise formuliert werden, daß alle Entscheidungstabellen formal überprüft werden müssen.

Die genannte Testaufgabe wird i.a. durch White-box-Testen statisch, d.h. ohne Ablauf/Ausführung mit Testdaten, erledigt (siehe Abschnitt 5.1).

Für diese Testart sind folgende Testaktivitäten (siehe Abschnitt 5.2) erforderlich:
- Bereitstellen von Checklisten,
- statische Testausführung,
- Testergebnisprotokollierung und
- Erstellen der Teststatistik.

Sofern diese Testart automatisiert durchgeführt wird, sind zwar keine Checklisten bereitzustellen, alle anderen Aktivitäten sind aber gleichermaßen durchzuführen.

Testträger für die Durchführung dieser Testaktivitäten sind im wesentlichen Systemanalytiker bzw. Programmierer, d.h. diejenigen Personen, welche diese Entscheidungstabellen erstellt haben.

Die Testkontrolle (siehe Abschnitt 6.3) beschränkt sich in diesem Fall i.a. auf die Kontrolle des Erreichens des vorgegebenen Testziels, d.h. es wird anhand der Teststatistik überprüft, ob alle Entscheidungstabellen getestet worden sind.

Gegenstand der Testdokumentation (s. Abschnitt 7) sind die Teststatistik, die i.a. bis zum Ende der Testphase, sowie der Testbericht, der bis zum Projektende oder darüber hinaus aufbewahrt wird.

Die Festlegung der für die Testaktivitäten einzusetzenden Verfahren und Werkzeuge ist abhängig von den verfügbaren Ressourcen. Es sei darauf hingewiesen, daß diese Testaktivitäten sowohl durch nicht-automatisierte Analysen, d.h. durch Verfahren (z.B. Walk Throughs /MEGE82a/), als auch durch Werkzeuge (z.B. Entscheidungstabellen-Vorübersetzer /NICK82/) durchgeführt werden können.

- Programmtest (Beispiel)
  Für das Testen eines Software-Produkts, das ein Programm oder Teil eines Programms ist, könnte sich z.B. folgendes ergeben: Hinsichtlich des Testobjekts soll davon ausgegangen werden, daß ein einzelner Modul - der aufgrund des vorher getesteten Detailentwurfs (der Entscheidungstabelle) erstellt worden ist - getestet werden soll.

  Aus der Geamtheit der für diesen Modul durchzuführenden Testaufgaben (siehe Abschnitt 3) soll auf das Testen gegen das Vorprodukt, d.h. die Programmiervorgabe, eingegangen werden (TAG2); hierbei soll das Testen hinsichtlich des Vorhandenseins nicht-gewünschter Funktionen betrachtet werden.

Diese Testaufgabe gelte dann als erfüllt, wenn 90% der Verzweigungen in jeder Richtung mindestens einmal ausgeführt worden sind (Testziel).

Als Testarten (siehe Abschnitt 5.1) ist für die oben genannte Testaufgabe zunächst White-box-Testen geeignet. Darüber hinaus soll in dem Beispiel das dynamische Testen, d.h. das Testen durch Ablauf mit Testdaten eingesetzt werden; hierbei soll repräsentativ getestet werden, um - entsprechend dem Testziel - die unterschiedliche Zahl von Strukturelementen mit möglichst wenigen Testdatensätzen auszuführen.

Um diese (Kombination von) Testarten zu realisieren, sind folgende Testaktivitäten (siehe Abschnitt 5.2) mit den angegebenen Methoden erforderlich:

° Die Testfallermittlung soll testobjektorientiert (programmorientiert) durchgeführt werden, d.h. Testfälle werden unter Berücksichtigung der Struktur des zu testenden Moduls ermittelt.

° Um mit möglichst wenigen Daten die vorhandenen Testfälle abzudecken, werden die Testdaten konstruiert.

° Die Soll-Ergebnis-Ermittlung wird datenorientiert für die erstellten Testdaten durchgeführt.

° Da der Modul nicht selbständig ablauffähig ist, muß eine Testumgebung erstellt werden. Durch die Testumgebung werden ein Treiber sowie in Abhängigkeit davon, ob untergeordnete Moduln aufgerufen werden, ggf. ein oder mehrere Platzhalter zur Verfügung gestellt.

° Um die Ausführungshäufigkeit der Verzweigungen zu messen, ist eine Instrumentierung im Quellprogramm durchzuführen.

° Im Rahmen des Erstellens der Testprozedur werden Anweisungen zusammengestellt, um die erforderlichen Dateien zuzuweisen, den Modul zu übersetzen bzw. zu binden, die Programmausführung zu initiieren und die Ergebnisdateien den gewünschten Ausgabemedien zuzuordnen.

° Bei der dynamischen Testausführung ist die Simulation in der geschaffenen Testumgebung erforderlich.

° Die Ablaufprotokollierung bzw. das Erstellen der Ablaufstatistik erfolgt bezogen auf den Kontrollfluß zur Ermittlung der Durchlaufhäufigkeit an definierten Stellen im Testobjekt (hier: Verzweigungen bzw. Verzweigungsausgänge).

° Die Ergebnisprüfung erfolgt datenorientiert, d.h. die Soll-Ergebnisse werden mit den Ist-Ergebnissen, die als Ausgaben der Testausführung zur Verfügung stehen, verglichen.

○   Im Rahmen der Testergebnisprotokollierung werden die beteiligten Personen, die Ist-Werte der Testausführung sowie mögliche Fehler erfaßt.

○   Gegenstand des Erstellens der Teststatistik ist die Kumulierung der Ausführungshäufigkeiten, d.h. der Ergebnisse des Erstellens der Ablaufstatistiken über unterschiedliche Testläufe.

Die Testaktivitäten sollen insgesamt vom Programmierer durchgeführt werden.

Die Testkontrolle (siehe Abschnitt 6.3) ist primär auf die Kontrolle des Erreichens der Testziele aufgrund der Angaben der Teststatistik ausgerichtet. Die Testaufgabe würde dann als abgeschlossen betrachtet, wenn - entsprechend dem Testziel - eine Testmaßzahl von 90 % der ausgeführten Verzweigungen erreicht worden ist.

Hinsichtlich der Testdokumentationserstellung (siehe Abschnitt 7) sind für den gegebenen Fall die Testfälle, Testdaten, Soll-Ergebnisse, Testprozeduren, Ablaufstatistiken und Testprotokolle zu dokumentieren; als Aufbewahrungsdauer dieser Dokumente wird i.a. die Zeit bis zum Ende des Tests dieses Moduls vorgegeben. Darüber hinaus sind die Teststatistik und der Testbericht zu dokumentieren; diese Dokumente werden i.d.R. bis zum Projektende aufbewahrt.

Die Unterstützung der Testaktivitäten durch Verfahren und Werkzeuge ist abhängig von den verfügbaren Ressourcen. So könnte z.B. ein Werkzeug zur Erstellung der Testumgebung bzw. zur Simulation in einer Testumgebung den Bausteintest wesentlich erleichtern. Für das Erstellen der Ablauf- bzw. Teststatistiken ist die Verfügbarkeit eines entsprechenden Werkzeugs i.a. nicht nur sinnvoll, sondern notwendig /MEGE82b/.

Diese beiden Beispiele, in denen die unterschiedlichen in diesem Buch beschriebenen Komponenten, die insgesamt zur Systematisierung des Testens beitragen, für zwei Fälle exemplarisch in ihrem Zusammenwirken dargestellt worden sind, haben einerseits die Möglichkeit der sinnvollen Übertragung der beschriebenen Vorgehensweise in den "Alltag des Testens" deutlich gemacht; darüber hinaus wurde nicht zuletzt aber auch die Notwendigkeit der Systematisierung des Testens betont. Insbesondere wird durch die differenzierte Betrachtung deutlich, daß zunächst die zu unterschiedlichen Zeitpunkten, von bestimmten Personen, unter Zuhilfenahme festgelegter Testaktivitäten zu lösenden Testaufgaben zu bestimmen sind und erst dann die hierbei einzusetzenden Verfahren und Werkzeuge von Bedeutung sind.

Die Festlegung der Vorgehensweise beim Testen in Form der Systematik kann -
insbesondere bei einer unternehmungsspezifischen Ausrichtung - in gewissem Maße
für die einzelnen Testphasen bzw. Testobjekte festgeschrieben werden (z.B. TEST-
KON /KON82/). Durch Festschreibung bestimmter Größen ist eine nicht
unwesentliche Vereinfachung der eigentlich für jedes Software-Projekt neu festzulegenden Planungsparameter gegeben. Allerdings sei noch einmal darauf hingewiesen, daß eine generelle Festlegung aller Planungsparameter nicht möglich ist.

Literaturverzeichnis

/BALZ81/   Balzert, H.: Quantitative Ansätze zur Bestimmung der Komplexität
            von Software-Systemen. In: Brauer, W. (Hrsg): GI-11. Jahrestagung.
            Informatik-Fachberichte 50. München 1981, S. 170 - 190

/BASI80/   Basili, V. R.: Models and Metrics for Software Management and
            Engineering: IEEE Tutorial. New York 1980

/BISC82/   Bischoff, R.: Softwarequalität, Qualitätssicherung, Qualitätskontrolle.
            In: HMD Handbuch der modernen Datenverarbeitung, 19. Jg., Mai 1982,
            H. 105, S. 3-16

/BMI82/   Bundesminister des Innern (Hrsg.): Test-Methoden und -Richtlinien für
            die Bereiche der Bundesverwaltung und der sozialen Sicherung. Bonn,
            April 1982

/BOEH78/   Boehm, B. W. u.a.: Characteristics of Software Quality. Amsterdam-
            New York-Oxford 1978

/BOEH75/   Boehm, B. W.; McClean, R.K.: Urfig, D. B.: Some experience with
            automated aids to the design of large-scale reliable software. In: IEEE
            Transactions on Software Engineering, Vol. SE-1, 1975, Nr. 1, S. 125-
            133

/BOEH76/   Boehm, B. W.: Software Engineering. In: IEEE Transactions on Com-
            puters, Vol. C-25, 1976, S. 1226-1241

/BONS80/   Bons, H.; van Megen, R.: Bericht zur Anwendung des Structured Walk
            Through. Köln 1980

/BONS81/   Bons, H.: Vorgehensweise bei der Testplanung und Testkontrolle. In:
            BIFOA (Hrsg): Tagungsband zum Fachseminar: Methoden, Verfahren
            und Werkzeuge des Testens im Software-Entwicklungsprozess. Born-
            heim-Walberberg 1981

/BONS82a/   Bons, H., van Megen, R.: Zur Festlegung von Qualitätszielen als
            Grundlage der Qualitätsplanung und -kontrolle. In: Sneed, H. M.:
            Wiehle, H. R. (Hrsg.): Software-Qualitätssicherung. Tagung I/1982 des
            German Chapter of the ACM am 25. und 26.3.1982 in Neubiberg bei
            München. Stuttgart 1982, S. 35-50

/BONS82b/   Bons, H., van Megen, R.: Softwarequalität darf kein Zufallsprodukt
            sein. In: Computerwoche, Heft 14-18, April-Mai 1982

/BONS82c/   Bons, H.; van Megen, R.: Situationen und Entwicklungstendenzen des
            Testens in der Praxis. In: HMD Handbuch der modernen Datenverar-
            beitung, 19. Jg., Mai 1982, H. 105, S. 85-95

/BONS82d/   Bons, H.; van Megen, R.: Qualitätsmaße im Ablauf des Software-Ent-
            wicklungsprozesses. Vortrag auf der 11. Jahrestagung der Deutschen
            Gesellschaft für Operations.Research, Frankfurt/Main, September 1982

/BOWE79/   Bowen, J. B.: Survey of Standards and Proposed Metrics for Software
            Quality Testing. IEEE Computer Magazine, (1979) S. 37-42

/BROO75/ Brooks F. P. Jr.: The Mythical Man Month. Essays on Software Engineering. Reading, Mass. 1975

/CHEC82/ TEST-CHECK. Checklisten zum nicht-automatisierten Testen. Produktinformation. SQS Gesellschaft für Software-Qualitätssicherung mbH (Hrsg.), Köln 1982.

/CHO80/ Cho., C.-K.:An Introduction to Software Quality Control. New York-Chichester-Brisbane-Toronto 1980

/CHOW79/ Chow, T.S.: Software Quality Assurance for large Scale Systems. In: Infotech International (Hrsg.): Infotech State of the Art Report: Software Testing. Maidenhead, Berkshire 1979, S. 29-41

/CLAR76/ Clarke, L. A.: A System to Generate Test Data and Symbolically Execute Programs. In: IEEE Transactions on Software Engineering, Vol. SE-2, 1976, Nr. 3, S. 215-222

/DAHL72/ Dahl, O. J.; Dijkstra, E. W.; Hoare, C. A. R.: Structured Programming. London-New York 1972

/DARR78/ Darringer, J.A.: The Use of Symbolic Execution in Program Testing. In : Infotech State of the Art Conference: Software Testing. London, 20.-23. Spetember 1978, S. 10/1-10/20

/DIJK75/ Dijkstra, E. W.: Correctness Concerns and, among other Things, why they are resented. In: SIGPLAN Notices, Vol. 10, Proc. Int. Conf. on Reliable Software, Los Angeles, 21-23. April 1975, Nr. 6, S. 546-550

/DNA75/ Deutscher Normenausschuß e.V. (DNA) (Hrsg.): DIN Taschenbuch 25: Informationsverarbeitung. 3. Aufl., Berlin-Köln-Frankfurt/Main 1975

/DIN80 / Deutscher Normenausschuß e.V. (DNA) (Hrsg.): Begriffe der Qualitätssicherung und Statistik. Begriffe der Qualitätssicherung. Grundbegriffe. Vornorm Din 55 350, Teil 11, Berlin 1980

/FAIR78a/ Fairley, R. E.: Static and Dynamic Testing Methodologies. Infotech State of the Art Conference: Software-Testing. London 1978

/FAIR78b/ Fairley, R. E.: Static Analysis and Dynamic Testing of Computer Software. In: IEEE Tutorial 1978, S. 14-23

/FOSD76/ Fosdick, L. D.; Osterweil, L. V.: Data Flow Analysis in Software Reliability. In: ACM Computing Surveys, Vol. 8, 1976, Nr. 3

/ENDR77/ Endres, A.: Analyse und Verifikation von Programmen. München-Wien 1977

/GEWA77/ Gewald, K.; Haake, G.; Pfadler, W.: Software-Engineering. Grundlagen und Technik rationeller Programmentwicklung. München-Wien 1977

/GILB77/ Gilb, T.: Software Metrics. Cambridge, Mass. 1977

/HART77/   Hartwick, R. D.: Test Planning. In: AFIPS Conference Proceeding, Vol.
            46, National Computer Conference 1977, S. 285-294

/HEID78/   Heidrich, W.: Testmethoden und die Wirtschaftlichkeit ihrer Anwen-
            dungen. In: BIFOA (Hrsg.): Tagungsband zur Fachtagung Wirtschaft-
            liche Programmierung. Köln 5.-6. Oktober 1978

/HEID79/   Heidrich, W.: Maßnahmen zur Sicherung der Zuverlässigkeit von Soft-
            wareprodukten. In: Goerke, W. (Hrsg.): Zuverlässigkeit von Rechen-
            systemen. Vorträge einer NTG/GI-Diskussionssitzung am 28. und 29.
            September in Karlsruhe. München-Wien 1979, S. 257-265

/HEMM77/   Hemm, R.: Zur systematisierten Entwicklung langlebiger Programme.
            Diss. Aachen 1977

/HENN79/   Hennell, M. A.; Woodward, M.R.; Hedley, D.: Towards More Advanced
            Testing Techniques. In: Raulefs, P. (Hrsg.): Workshop on Reliable Soft-
            ware. München-Wien 1979, S. 19-29

/HOLT79/   Holthouse, M. A.: Experience with Automated Testing Analysis. In:
            Computer, August 1979, S. 33-36

/HOWD77/   Howden, W. E.: Reliability of Symbolic Evaluation. In: Proc. IEEE
            COMPSAC-77, Computer Software and Applications Conference,
            Chicago 1977, S. 442-447

/HOWD78a/   Howden, W. E.: DISSECT-A Symbolic Evaluation and Program Testing
            System. In: IEEE Transactions on Software Engineering, Vol. SE-4,
            1978, Nr. 1, S. 70-73

/HOWD78b/   Howden, W. E.: Functional Program Testing. In: Proceedings IEEE
            COMPSAC-78, Computer Software and Applications Conference,
            Chicago 1978, S. 321-325

/HOWD78c/   Howden, W. E.: Empirical Studies of Software Validation. In: Miller, E.
            F. Jr.; Howden, W. E. (Hrsg.): Tutorial: Software Testing and Validation
            Techniques. IEEE Computer Society, Long Beach, California 1978, S.
            280-285

/IEEE81/   IEEE Task Group. Software Engineering Standards Subcommittee
            (Hrsg.): Standard for Software Test Documentation. Draft. November
            1981

/KEUT81/   Keutgen, H.: Eine Metrik zur Bewertung der Modularisierung. In:
            Brauer, W. (Hrsg.): GI-11. Jahrestagung. Informatik-Fachberichte 50.
            München 1981, S. 191-200.

/KING75/   King, J. C.: A New Approach to Program Testing. In: Proceedings of
            the International Conference on Reliable Software, Los Angeles, 21.-
            23. April 1975, SIGPLAN Notices,Vol. 10, Nr.6, 1975, S. 228-233

/KISH80/   Kishida, K.: Techniques of C1 Coverage Analysis. In: Software Re-
            search Associates (Hrsg.): Testing Techniques Newsletter. Vol. 3, Nr.
            3, 1980, S. 4-5

KON82/   TEST-KON. Test-Konventionen. Produktinformation. SQS Gesell-
              schaft für Software-Qualitätssicherung mbH (Hrsg.), Köln 1982

/KOPE76/   Kopetz, H.: Computer Monographien 11: Software-Zuverlässigkeit.
              München-Wien 1976

/LUMB82/   Lumbeck, H.; Schubert, K.-P.: Qualitätssicherungssysteme für Soft-
              ware. In: Sneed, H. M.; Wiehle, H. R. (Hrsg.): Software-Qualitätssi-
              cherung. Tagung I/1982 des German Chapter of the ACM am 25. und
              26.3.1982 in Neubiberg bei München. Stuttgart 1982, S. 67-86

/MCCA77/   McCall, J. A.; Richards, P. K.; Walters, G. F.: Factors in Software
              Quality. Vol. I. Concepts and Definitions of Software Quality. General
              Electric (Hrsg.), Sunnyvale California 1977

/MEGE81a/   van Megen, R.:Methoden und Verfahren zur Testfallermittlung. In.:
              Tagungsband zum Fachseminar Methoden, Verfahren und Werkzeuge
              des Testens im Software-Entwicklungsprozeß. BIFOA (Hrsg.),
              Bornheim-Walberberg 1981.

/MEGE81b/   van Megen, R.; Bons, H.:Ermittlung und Verwendung quantitativer
              Angaben zur Bewertung der Qualität von Software-Produkten. In:
              Brauer, W. (Hrsg.) GI-11. Jahrestagung. Informatik-Fachberichte 50.
              München 1981, S. 144-159.

/MEGE82a/   van Megen, R.; Bons, H.: Testen als Methode der Software-Quali-
              tätssicherung-Vorgehensweise zur frühzeitigen und systematischen
              Fehlererkennung. CSMI/TTP-Schriftenreihe Band 22-030, G. Maurer
              (Hrsg.). München 1982

/MEGE82b/   Megen van, R.; Bons, H.: TEST-COVER - Ein Werkzeug zur Testüber-
              wachung und Teststatistik und seine Anwendung in der Software-Ent-
              wicklung. In: Sneed, H. M.; Wiehle, H. R. (Hrsg.): Software-Qualitäts-
              sicherung. Tagung I/1982 des German Chapter of the ACM am 25. und
              26.3.1982 in Neubiberg bei München. Stuttgart 1982, S. 219-234

/MEGE82c/   van Megen, R.; Bons, H.: Sicherstellung der Qualität von Programm-
              systemen durch systematisches Testen. Vorgehensweise beim ziel-
              orientierten, effizienten Testen. In: HMD Handbuch der modernen
              Datenverarbeitung, 19. Jg., Mai 1982, H. 105, S. 23-36

/MILL77/   Miller, E. F. Jr.: Program Testing. Infotech Special State of the Art
              Seminar. London 1977

/MILL78/   Miller, E. F. Jr.: Introduction to Software Testing Technology. In:
              Miller, E. F. Jr.; Howden, W. E. (Hrsg.): Tutorial: Software Testing and
              Vali- dation Techniques. IEEE Computer Society Long Beach,
              California 1978, S. 3-14

/MULL77/   Mullin, F. J.: Software Test Management. In: TRW Software Series,
              TRW-SS-77

/MYER76/   Myers, G. J.: Software Reliability, Principles and Practices. New
              York-London-Sydney-Toronto 1976

/MYER82/   Myers, G. J.: Methodisches Testen von Programmen. München-Wien
             1982

/NICK82/   Nick, F.: Prüfung auf funktionale Vollständigkeit mit Entscheidungs-
             tabellen. In: /MEGE82a/, S. 124-134

/NTG82/   NTG Fachausschuß 6 (Technische Informatik): Erläuterungen zur
             NTG-Empfehlung 3004, Entwurf 1982: Zuverlässigkeitsbegriffe im
             Hinblick auf komplexe Software und Hardware. In: utz Bd. 35 (1982),
             Heft 5, S. 325-333

/OEST82/   Oesterle, H.: Qualitätssicherung in Spezifikation und Entwurf. In: HMD
             Handbuch der modernen Datenverarbeitung, 19. Jg., Mai 1982, H. 105,
             S. 17-22

/OSTE76/   Osterweil, L. J.; Fosdick, L. D.: Some experience with DAVE - A
             Fortran program analyzer. In: AFIPS Conference Proceedings, Vol. 45,
             National Computer Conference 1976, S. 909-915

/RAMA74/   Ramamoorthy, C. V.; Cheung, R. C.; Kim, K. H.: Reliability and
             Integrity of Large Computer Programs. In: Krüger, G.; Friehmelt, R.
             (Hrsg.): Fachtagung Prozessrechner 1974. Lecture Notes in Computer
             Science. Karlsruhe Berlin-Heidelberg-New York 1974, S. 86-161

/RAMA75/   Ramamoorthy, C. V.; Ho, S.-B. F.: Testing Large Software with auto-
             mated Software Evaluation Systems. In: IEEE Transactions on Soft-
             ware Engineering, Vol. SE-1, 1975, Nr. 1, S. 46-58

/RAMA76/   Ramamoorthy, C. V.; Ho, S.-B.; Chen, W. T.: On the Automated
             Generation of Program Test Data. In: IEEE Transactions on Software
             Engineering, Vol. SE-2, 1976, Nr. 4, S. 293-300

/RAMA82/   Ramamoorthy, C. V.; Dong, S. L.; Ganesh, S. L.; Jen, C.-H.; Tsai, W.
             T.: Techniques in Software Quality Assurance. In: In: Sneed, H. M.;
             Wiehle, H. R. (Hrsg.): Software-Qualitätssicherung. Tagung I/1982 des
             German Chapter of the ACM am 25. und 26.3.1982 in Neubiberg bei
             München. Stuttgart 1982, S. 11-34

/ROSS77/   Ross, D. T., Schomann, K. E. Jr.: Structured Analysis for Requirements
             Definition. In: IEEE Transactions on Software Engineering, Vol. SE-3,
             1977, Nr. 1, S. 6-15

/RUBE75/   Rubey, R. J.; Dana, J. A.; Biche, P. W.: Quantitative Aspects of Soft-
             ware Validation. In: IEEE Transactions on Software Engineering, Vol.
             SE-1, Nr. 2, 1975, S. 150-155

/SCHM78/   Schmitz, P.; Bons, H.; Linnartz, W.; van Megen, R.: Situation des
             Testens und der Aufwandschätzung in der Praxis. Auswertung einer
             Fragebogenaktion. Köln 1978

/SCHM79/   Schmitz, P.; Bons, H.; van Megen, R.: Bericht zur Anwendung des
             Systems SADAT2. Köln 1979

/SCHM80a/   Schmitz, P.; Bons, H.; van Megen, R.: Methoden und Richtlinien für das
             Testen in Software-Entwicklungsprojekten für die öffentliche Ver-
             waltung (TMR-Vorstudie). Köln 1980

/SCHM80b/ Schmitz, P., Bons, H., van Megen, R.: Abschlußbericht zum Forschungsprojekt: Softwaretechnologische Methoden für das Programmtesten und für die Aufwandschätzung. Köln, Dezember 1980

/SCHM80c/ Schmitz, P.; van Megen, R.; Bons, H.: Testdatenerstellung als Voraussetzung des dynamischen Programmtestens. Köln 1980

/SCHM81/ Schmitz, P.; Bons, H.; van Megen, R.: Methoden und Richtlinien für das Testen in Software-Entwicklungsprojekten für die öffentliche Verwaltung (TMR-Studie). Köln 1981

/SCHM82/ Schmitz, P.; Seibt, D.: Einführung in die anwendungsorientierte Informatik. 2. Aufl., München 1982

/SCHU81/ Schulz, A.: Der Einfluß von Strukturierungsmethoden der Anwendungsprogrammierung auf die Durchlaufzeit von Programmen. In: Brauer, W. (Hrsg.): GI-11. Jahrestagung. Informatik-Fachberichte 50. München 1981, S. 160-169.

/SIF82/ TEST-SIF. Testsystem zur Instrumentierung von FORTRAN - Programmen. Produktinformation. SQS Gesellschaft für Software-Qualitätssicherung mbH (Hrsg.), Köln 1982

/TASS78/ van Tassel, D.: Program Style, Design, Efficiency, Debugging and Testing. 2. Aufl., Englewood Cliffs, New Jersey 1978

/TEIC77/ Teichroew, D.; Hershey, E. A.; Yamamoto, Y.: Computer-aided Software Development. In: Infotech International (Hrsg.): Infotech State of the Art Report: Software Requirements Techniques. Maidenhead, Berkshire 1977, S. 299-368

/THAY78/ Thayer, T. A.; Lipow, M.; Nelson, E. C.: Software Reliability. Amsterdam- New York- Oxford 1978

/VOGE81/ Voges, U.: Quantifizierung der Qualität von Software. In: Brauer, G. (Hrsg.): GI-11. Jahrestagung. Informatik-Fachberichte 50. München 1981, S. 131-143

/WALK81/ Walker, M. G.: Managing Software Reliability. The Paradigmatic Approach. New York-Oxford 1981

Stichwortverzeichnis

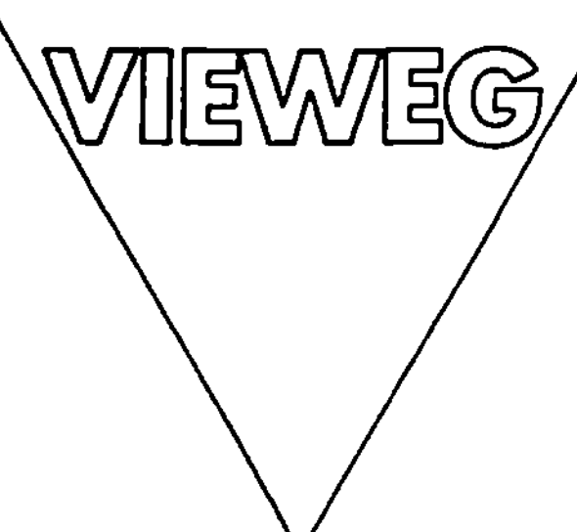

Dietrich Seibt, Norbert Szyperski und Ulrich Hasenkamp (Hrsg.)

Angewandte Informatik

1985. XII, 412 S. 16,2 X 22,9 cm. Geb. DM 89,–

Inhalt: Mit Beiträgen von E. Grochla, N. Szyperski, D. Seibt, G. Krüger, J. Scherff, U. Hasenkamp, K. Höring, H. Weber, W. Ameling, D. Haupt, W. Brack, M. A. Graef, D. Krekel, W. Trier, J. Griese, H. Bons, R. v. Megen, G. Obelode, M. Windfuhr, W. Ziolkowski, M. Timm, H. G. Pärli, H. Strunz, R. Gunzenhäuser, E. Horlacher, M. Twardy, Th. Ellinger, R. Kranüchel, P. Stahlknecht, A. Schönlein, W. Wirtz, H. J. Hummel und W. Sodeur.

Informatik ist die Wissenschaft, die der Beschreibung, Erklärung und Gestaltung von technologiegestützten Informationssystemen als Mensch-Maschine-Systemen in Organisationen dient. In diesem Sammelwerk werden grundsätzliche Entwicklungslinien und ausgewählte Spezialaspekte der Angewandten Informatik von kompetenten Fachleuten aus Wissenschaft und Praxis dargestellt und diskutiert.

Grundfragen von technologiegestützten Informationssystemen werden unter Berücksichtigung der Integration und des Managements in drei Beiträgen untersucht. Fünf Beiträge sind den aktuellen Entwicklungen auf dem Gebiet der Arbeitsplatzsysteme und der Bürokommunikation gewidmet. Weitere fünf Aufsätze befassen sich mit der Rolle von Rechenzentren, den Rechnerstrukturen und dem Rechnerbetrieb im Blickwinkel heutiger Anforderungen und technischer Entwicklungen.

Vier Beiträge behandeln Aspekte des Software-Engineering mit einem Schwerpunkt auf der in neuerer Zeit als eminent wichtig erkannten Software-Qualitätssicherung. Zwei Kenner der Software-Industrie ziehen Resumees aus der bisherigen Entwicklung der Branche und charakterisieren den heutigen Stand und die Entwicklungstrends.

Besondere Bedeutung gewinnt in Zukunft der computerunterstützte Unterricht, der im Mittelpunkt von zwei Beiträgen steht. Der letzte Teil des vielseitigen Buches untersucht die Rolle von quantitativen Verfahren und OR-Modellen, insbesondere die Rolle von rechnergestützten Lösungen solcher Modelle. Fünf Beiträge befassen sich jeweils mit einem Aspekt dieses Bereichs.

Mit diesen Beiträgen wird insgesamt ein Überblick über aktuelle Forschungs-, Entwicklungs- und Anwendungsschwerpunkte der Angewandten Informatik gegeben. Das Buch wendet sich an Wissenschaftler und Praktiker, die sich mit der Anwendung der Informatik befassen.

Angewandte Informatik applied informatics

Herausgeber:

Paul Schmitz, Universität zu Köln
Norbert Szyperski, GMD, St. Augustin
und Universität zu Köln

Redaktion:

Ulrich Hasenkamp,
Universität zu Köln

Herausgeberrat:

W. Ameling, Aachen
H. Fiedler, Birlinghoven
J. Griese, Bern
E. Grochla, Köln
R. Gunzenhäuser, Stuttgart
Ch. Heinrich, Dortmund
L.J. Heinrich, Linz/Österreich
E. Henze, Braunschweig
R. Jünemann, Dortmund
W. Kämmerer, Jena/DDR
G. Krüger, Karlsruhe
H. Maurer, Graz/Österreich
H.G. Pärli, Dortmund
P.J. Pahl, Berlin
P.L. Reichertz, Hannover
D. Seibt, Essen

Angewandte Informatik
erscheint 12 mal im Jahr

Die Angewandte Informatik/applied informatics ist eine Datenverarbeitungs-Fachzeitschrift gehobenen Niveaus, in der theoretisch und praktisch orientierte Beiträge aus dem Bereich der Anwendung der Informationstechnologie veröffentlicht werden.

Sie ist anwendungsorientiert, weil es sich bei der Berichterstattung über Informatik und automatisierte Datenverarbeitung nicht um theoretisierende Erwägungen handelt, sondern um praktische und theoretische Probleme. Dazu gehören: Berichte über die allgemeine Situation auf dem Gebiet der Datenverarbeitungsanlagen, über Ergebnisse der Grundlagenforschung, über Neuentwicklungen, Theorie und Praxis der Betriebsautomatisierung, Berichte aus der Praxis der Anwendung von Datenverarbeitungsanlagen, der Praxis der Programmierung mit entsprechenden Beispielen. Die Berichterstattung wird durch Informationen über neue Produkte, Tagungsankündigungen und Literaturübersichten abgerundet.

Aus dem Inhalt Heft 12/1985

Christian M. Hamann: Chronologie der Programmierung des japanischen Brettspiels GO — Eine Herausforderung an die Künstliche Intelligenz / *Hans-Joachim Albinus:* Ein dezentraler Synchronisationsmechanismus auf Grundlage der UNIX-Kommandosprache / *Reinhard Posch:* Verwendung dynamischer Verdichtungsverfahren zur Erhöhung der Übertragungsleistung auf langsamen Datenverbindungen / *Harald Zycha:* Das intelligente Datensystem IDAS / *Gottfried Vossen, Volkert Brosda:* Die Einrelationen-Benutzerschnittstelle des MEMODAX-Datenbank-Systems / Veranstaltungsankündigungen / Veranstaltungsbesprechungen / Kurze Mitteilungen / Buchbesprechungen.

Friedr. Vieweg & Sohn Verlagsgesellschaft mbH · Braunschweig/Wiesbaden